アルク
選書

第2言語習得と母語習得から「言葉の学び」を考える

より良い英語学習と英語教育へのヒント

和泉伸一・著

はじめに

　世の中には、外国語学習に関するあやふやな俗説が溢れている。例えば、「文法学習はさておき、英語をたくさん聞き流せば自然と話せるようになる」といった魔法のような宣伝文句があるかと思えば、「文法を正しく理解しない限りコミュニケーション力はつかない」と頑なに文法学習を強調するものもある。はたまた、「英語はとにかく喋りまくれば上達する」といったアウトプット派もいれば、「海外留学すれば、英語は自然とうまくなる」と考える留学期待派もいる。英語ができれば「頭が良い」、できなければ「頭が悪い」といった極端な発想も日常的に見られる。早期英語教育に関しては、「子どもの頃から英語を学習すればネイティブのようになれる」といった謳い文句が親心をくすぐり、逆に「思春期を越えての外国語学習は遅すぎる」と意味もなく諦めモードになっている場合もある。

　これらの説が、事実に基づいているのであれば何ら問題はないのだが、実際はそうでないことが多い。多くの場合は、根拠のない単なる思い込みや理想論であったり、個人の限られた学習体験からの感想や持論であったり、もしくは他人から聞いたエピソードを集めて形成された継ぎはぎ論であったりもする。それらが仮に事実に基づいていたとしても、部分的に拡大解釈されていたり、極端に単純化されていたり、歪曲されていたりということも珍しくない。こうした通説は、人々の心を大きく惑わせ、学習者を非効率的あるいは非効果的な学習に陥れる危険がある。いつから始めても遅くはない英語学習を、早々に断念させてしまうような事態を招くこともあるだろう。

　こういった状況を避けるためにも、我々はしっかりとした根拠に基づいて、言葉の学習とはどういうものなのか、人はどんな過程を経て言葉を習得していくのかを考えていかなければならない。教育者の立場から考えるのであれば、何が学習者に対しての正しい期待であり、何が理不尽な要求なのか、また、どうしたら生徒が最大限に力を伸ばしていけるのかを、見極めていかなければならない。こうした疑問に的確な情報と知恵を提供してくれるのが、データに基づいて言葉の学びを探求する「言

語習得研究」(language acquisition research) である。

　いま一度日本の英語学習事情を見てみると、英語がうまくなりたいにもかかわらず、気持ちはすでに苦手意識でいっぱいになっている人が多くいる。学年が上がるにつれて、英語嫌いの生徒が増える傾向は、何も今に始まったことではない。しかし、果たしてこれらの学習者が「英語が苦手」「英語が嫌い」と言うときの「英語」とは、一体何を指しているのだろうか。反英米感情を持っていて、アメリカ人やイギリス人の母語を毛嫌いしているのだろうか。それとも、日本語とは全く異なる英語の発音や表現形態に嫌気がさしているのだろうか。

　筆者が思うに、この場合の「英語」とは、彼らがそれまでに教わった方法、学習した方法に基づいたイメージの「英語」であろう。それは文法規則や単語の暗記に縛られたイメージであったり、文法演習や訳読の勉強であったりと、必ずしも「英語」や「英語学習」を正当な形で理解しての判断ではないと思われる。こうして多くの人々は、本当の意味での英語学習の楽しさと醍醐味を経験する前に、間違った英語観に縛られているように感じられてならない。もしそうだとしたら、それは学習者個人にとっても、また日本社会にとっても、あまりにももったいない損失である。英語という言葉が、世界とつながるための必須の"パスポート"となった現代世界では、こういった「食わず嫌い」が生む損失はあまりにも大きい。そして、その事実を見過ごしている、もしくは助長してしまっている日本の英語教育がそこにあるとするならば、それは今すぐに是正されなければならない大きな問題であろう。

　本書は、言語習得研究の観点から英語学習のあり方を見つめ直すことによって、世間に溢れる英語学習に対しての偏見や混迷を晴らし、より充実した英語学習と教育に寄与する目的で執筆された。事実に基づいた正しい英語学習観と教育観があってこそ、学習と教育における賢明かつ具体的な選択が可能となる。そうなって初めて有意義な学習過程が可能になり、期待する結果を導き出していけるのである。本書では具体的な勉強方法や指導方法については詳述しないが、言語習得研究でわかって

きた言葉の学びの実態を紹介し、言語習得の理論についてできるだけわかりやすく紹介することで、読者の英語学習と英語教育の糧となることを目指している。読者の方々が、英語学習と教育に対する考えをいま一度振り返り、必要とあらば軌道修正をして、より一層充実した英語の学びと教育につなげていっていただければと願っている。

　ここで本書の構成を紹介しよう。第1章では、データを基に、英語を母語とする子どもの言語習得過程について見ていく。母語習得研究とは、子どもがどのようにして言語を身につけていくのかを探る分野であり、哲学的、また実践的な観点からも研究が進められている。また、それは第2言語習得研究に多大な影響を与えているものでもある。まず最初に母語習得を見ることで、後に述べる第2言語習得との対比を可能にさせることを意図している。第2章では、第2言語としての英語習得を、母語習得との類似性について焦点を当てて見ていく。そして続く第3章では、第2言語習得と母語習得との相違点に着目していきたい。第4章で、母語習得に関する代表的な理論を概観し、第5章で、そうした母語習得の理論が、いかに第2言語習得と教育に応用されているのかを見ていく。最終章となる第6章では、第2言語習得の代表的な習得モデルを紹介しながら、そこから得られる英語学習への示唆と英語教育へのヒントを汲み取っていきたい。

　全体として、第1章から第3章は、言語習得で何が起こっているのかという"what"、"what order"、"what error"といった問題を扱い、第4章以降は、言語習得がなぜ、またどのように起こっているのかという"why"と"how"に焦点を当てていく。第5・6章では、第2言語習得研究と英語教育の関係をクローズアップして、"how to apply"と"what to expect"の問題を論じていく。本書全体から読み取っていただきたいことは、母語習得でも第2言語習得でも、それらがいかにダイナミックで創造的なプロセスであるかということと、言語習得は学習者に内在する要因と外から与えられる環境的要因との複雑な交わりの中で起こっていくということである。そして、教育に応用する際は、そういった理解

に基づいて、多面的な指導のあり方を模索していっていただきたい。

　各章の終わりに設けたコラムでは、リスニング、スピーキング、リーディング、ライティングの4技能を習得する上での注意点と、留学する上での英語学習の考え方、そしてネイティブ主義と英語学習との関係について取り上げる。それぞれ第2言語習得の知見に照らして、学習のためのアイデアやヒントを紹介していきたい。各コラムの最後には、筆者の英語学習体験も紹介させてもらっている。自らの学習体験を語ることは、個人的で主観的な響きがあるのではと懸念してきたが、全国各地の英語学習者や教員の方々と話す中で、個人的体験を共有することも重要であることを再認識させられた。そのため、未熟ではあるが自らの学習体験も、コラムの場を借りて紹介させていただきたいと思う。コラムでは主に学習面に焦点を当てるが、教育的観点から解釈していただくことも可能である。教師は指導者という役割とともに、自らが学習者・探求者（lifelong learner, eternal explorer）という立場でもあるので、自分自身の英語鍛錬の参考にもしていただければ幸いである。

　なお、本書は読みやすさを考慮して、学術的な引用の仕方はなるべく避けた。参考文献は全て巻末にまとめて紹介させていただいているので、もっと詳しく言語習得の理論や教育実践方法について知りたい読者は、参考文献表を参照していただければと思う。また、本書とともに、筆者の拙著である以下の文献も合わせて参考にしていただければ幸いである。前者が比較的理論と研究面に焦点を当てているのに対して、後者がより教育実践の応用面を重視した内容となっている。

● 『「フォーカス・オン・フォーム」を取り入れた新しい英語教育』大修館書店
● 『フォーカス・オン・フォームと CLIL の英語授業』アルク

　これらの著書が「言葉を教えること」を強調しているのに対して、本書は主に「言葉の学び」に焦点を当てている。より良い言葉の教育を実

はじめに　5

現させるためには、この「言葉の学び」についてよく知ることが不可欠である。そして、この「言葉の学び」についての知見を教育実践で十二分に生かしていくためには、それに基づいた自由で柔軟な発想と創造性が大事であると考える。読者のニーズに応じて、これらの拙著をお読み比べいただければ幸いである。

　最後に、本書の出版にあたってお世話になった株式会社アルクの水島潮氏に、この場を借りて心からの謝意を述べさせていただきたいと思う。

和泉 伸一

目　次

はじめに　2

第1章　子どもの母語としての英語習得の実際　13

言語習得研究とは何か？　14
　　第1言語習得と第2言語習得　14
　　母語習得の不思議さ　15
子どもは言葉の正確さをどのように身につけていくか？　17
　　子どもの過去形の習得過程　17
　　「制限的使用」から「創造的使用」、そして「柔軟な使用」へ　18
　　U字型発達曲線　20
子どもは文法をどのように習得していくか？　22
　　子どもの文法発達の過程　22
　　状況依存型から状況独立型への成長　26
子どもは複雑な文法をどのように習得していくか？　29
　　疑問文の場合　29
　　受動態の場合　32
まとめ　36

Column 1：リスニング能力を伸ばすために　38

第2章　大人の英語習得の実際（1）　～子どもの母語習得と似ている点～　43

第2言語習得とは何か？　44
　　もはや「外国語」とは呼べない英語の役割　44
大人が間違えることは恥ずかしいことか？　46
　　形態素の場合　46
　　自動詞 vs. 他動詞の場合　49
　　仮定法の場合　53
　　U字型発達曲線が示す英語学習と教育へのヒント　55
大人が文法を使いこなしていくプロセスとは？　61
　　日本人英語学習者の発話に見られる発達段階　61

　　　　子どもと大人では習得順序は全く違うか？　64
　　　　　　疑問文の場合　64
　　　　　　否定文の場合　67
　　　　まとめ　70
　　Column 2：スピーキング能力を伸ばすために　73

第**3**章　大人の英語習得の実際（2）
　　　　〜子どもの母語習得と違う点〜　79

　　　　母語は第2言語習得にどのような影響を与えるか？　80
　　　　　　言語転移の考え方　80
　　　　　　言語間影響と心理的類型　80
　　　　日本語英語の発音から脱却するために必要なこととは？　83
　　　　　　英語発音を身につける上での二つの問題　83
　　　　　　セグメンタル特徴における問題　84
　　　　　　スープラ・セグメンタル特徴における問題　88
　　　　日本人英語学習者の犯す間違いとは？　93
　　　　　　日本人英語学習者の誤りの分析　93
　　　　　　複合的な要因が考えられるケース　96
　　　　母語の影響はいつも目に見えるものなのか？　99
　　　　　　関係詞の使用　99
　　　　　　回避行動と縮小方略　101
　　　　　　過剰産出　102
　　　　英語的発想に切り替えるために何が必要か？　104
　　　　　　学習者の英作文例から考える　104
　　　　　　トピック・コメント構造の影響　105
　　　　　　主題優勢言語 vs. 主語優勢言語　108
　　　　　　トピック・コメント型から主語・述語型への転換　110
　　　　間違いを犯すことは学習不足を意味するのか？　115
　　　　　　「対照分析」から「中間言語」研究へ　115
　　　　　　"悪い癖"から"学習への主体的関与"へ　116
　　　　まとめ　118
　　Column 3：リーディング能力を伸ばすために　119

第4章　どうやって言葉は習得されるのか?
～母語習得の理論～　125

- 言語習得を説明する三つのアプローチとは?　126
  - 言語習得理論とは何か?　126
  - "養育派"対"自然派"の論争　127
  - 言語習得を説明する3大アプローチ　128
- 親が教えることを強調したアプローチ　130
  - 行動主義の基本的な考え方　130
  - 模倣の限界　131
  - 間違い訂正の限界　132
- 子どもが学びとることを強調したアプローチ　136
  - 生得主義の基本的な考え方　136
  - 普遍文法と言語習得の論理的な問題　137
  - 臨界期仮説　138
  - 特殊生得主義と一般生得主義の違い　140
- 親子が交流することを強調したアプローチ　142
  - 相互交流主義の基本的な考え方　142
  - 養育者言葉の役割　142
  - 子どもの誤りに対する言い直しの効果　144
  - 一方的なインプット vs. 相互交流を通して与えられるインプット　146
  - 社会文化理論の考え方　147
- どの理論が一番いいのか?　152
  - 行動主義の評価　152
  - 生得主義の評価　153
  - 相互交流主義の評価　154
- まとめ　154

Column 4：ライティング能力を伸ばすために　156

第5章　どうやって第2言語は習得されるのか?
～第2言語習得の理論と教育アプローチ～　161

- 教師が教えることを強調したアプローチ　162
  - 第2言語習得における行動主義　162
  - オーディオリンガル・メソッド　162
  - オーディオリンガル・メソッドの利点と弱点　163
- 学習者が学びとることを強調したアプローチ　167
  - 第2言語習得における生得主義　167
  - モニター・モデル　167
  - ナチュラル・アプローチ　171
  - イマージョン教育　172
  - 生得的アプローチの利点と弱点　175
- 相互交流を強調したアプローチ　179
  - 第2言語習得における相互交流主義　179
  - インタラクションによる習得促進要因　179
  - ティーチャー・トーク　183
  - 社会文化理論と第2言語習得　188
  - タスク中心言語教授法　191
  - フォーカス・オン・フォームとCLIL　195
  - 相互交流的アプローチの貢献点と今後の課題　196
- それぞれの教授法はどういう関係にあるのか?　199
  - 第2言語習得の理論と教育法の相対的関係　199
- まとめ　201

Column 5：留学の効果を最大限に引き出すために　202

第6章　言葉の学び方　～第2言語習得モデルから得られる英語学習と教育へのヒント～　207

　　文法学習とコミュニケーション能力はどう関係しているか?
　　～インターフェース・モデル～　208
　　　　明示的学習と暗示的学習とは?　208
　　　　「文法学習はコミュニケーション能力につながらない」
　　　　　～非インターフェースの主張～　209
　　　　「練習すれば使えるようになる」
　　　　　～強形のインターフェースの主張～　210
　　　　「文法学習は気づきを促す」
　　　　　～弱形のインターフェースの主張～　215
　　　　インターフェース・モデルが示す英語学習と教育へのヒント　218
　　正確さと流暢さはどう関係しているか?
　　～分析と統制の2次元モデル～　220
　　　　分析と統制の2次元モデルの概観　220
　　　　発達の方向性を決める要因　222
　　　　典型的な発達パターン　225
　　　　分析と統制の2次元モデルが示す英語学習と教育へのヒント　227
　　インプットとアウトプットはどう関係しているか?
　　～インプット・アウトプット・モデル～　229
　　　　インプットからアウトプットへ　229
　　　　第2言語習得に影響を与える内的要因と外的要因　231
　　　　インプット・アウトプット・モデルが示す英語学習と教育へのヒント　236
　　まとめ　238

Column 6：ネイティブ主義と英語学習　240

索引　245
参考文献　253
おわりに　256

第1章
子どもの母語としての英語習得の実際

小さい子どもがどのように母語を習得していくのかを研究する第1言語習得研究は、第2言語習得や外国語教育について考える際の一つの重要な情報源となっている。そこで本章では、まず母語として英語がどのように学ばれていくかということをさまざまな観点から見ていくことで、第2・3章に続く第2言語習得研究の参考としていきたい。

- 言語習得研究とは何か？　14
- 子どもは言葉の正確さをどのように身につけていくか？　17
- 子どもは文法をどのように習得していくか？　22
- 子どもは複雑な文法をどのように習得していくか？　29

言語習得研究とは何か？

言葉がいかに学ばれていくかを科学的に研究する学問分野が、言語習得研究である。まずは、その紹介と言語習得の不思議さについて触れておこう。

第1言語習得と第2言語習得

　言葉の習得について、ほぼ例外なく誰でも何らかの意見や考えを持っているものである。誰もが経験する母語習得に基づいて、人それぞれの考えが形成されていくのだろう。また、多くの人は外国語学習も経験しているため、それも持論の形成に関わってくるのだろう。「真似ることは、言葉の学習の基本だ」「間違いは悪い癖になるから、逐一指摘してもらって早く直した方がいい」「文法は言葉の基礎なので、正しく理解していかなければならない」等々。このような意見が本当に正しいものなのか、またその意見を基に実践していけば、本当に効果がある言語習得が可能なのかを突き止めるためには、関連するデータを集め、それを科学的に分析していく以外に手立てはない。そうした研究を行うのが、**言語習得研究（Language Acquisition Research）** と呼ばれる学問分野である。

　言語習得研究には、大きく分けて二つある。一つが母語習得（母語獲得とも呼ばれる）を扱う**第1言語習得研究（First Language Acquisition Research）**であり、二つ目が母語習得後の別の言葉の習得を扱う**第2言語習得研究（Second Language Acquisition Research）**である。前者はLanguage 1の略として**L1**習得研究とも呼ばれ、後者はLanguage 2の略として**L2**習得研究、もしくはSecond Language Acquisitionの頭文字をとって**SLA**と呼ばれている。第1言語習得は乳幼児期から始まる初めての言葉の獲得であるのに対して、第2言語習得は母語獲得後に起こるため、必然的に幼児よりも年齢が上の子ども、多くの場合、思春期以降の年齢に達した学習者による二つ目以降の言葉の習得となる。この点だけを見ても、母語習得と第2言語習得には大きな違いがあることになるが、その習得過程をつぶさに見てみると、両者には違いと同時に、似通った部分も多くあることを発見する。本書では、母語習得と第2言語習得の類似点と相違点を順に見ながら、言葉の学びが実際にどのように起こっているかについて考えていきたい。そこで、まず第1章では、母語としての英語習得から見ていこう。

母語習得の不思議さ

　我々は、生まれ育った環境で触れる言葉を自然に習得していくわけだが、それをごく当たり前のこととして捉えている。しかし、よくよく考えてみると、「当たり前」にしては実に複雑で不思議な現象であることに気づくだろう。子どもの母語習得は、驚きに溢れている。まず第一に、人間として生まれ育つ過程で、誰でも言葉を習得していくという事実は、実に不思議なことである。個人個人の知能や、性格、興味・関心、好き嫌いなど個人差が多くある中で、皆が同じように平等に母語を習得していく。しかも、全員がネイティブ・レベルの言語力を持つようになる。これは実にすごいことである。他の分野の学びと比較してみると、驚きはより一層鮮明となろう。運動や音楽、算数等の分野では、それぞれ得意な人もいれば、苦手な人もいる。全員が同じくらい上手になるということは普通考えられない。

　母語習得を第2言語習得と比較しても、その違いは歴然である。前者は皆ネイティブ・レベルに達するのに対し、後者の成果は人それぞれ全くバラバラである。外国語学習を得意とする人もいれば、苦手な人もいる。発音だけをとってみても、母語習得ではその言語のネイティブかどうかを疑われるような発音を身につける人は皆無だが、第2言語習得ではネイティブ並みに上手に発音できるようになる人もいれば、母語の癖がなかなか抜けない人もいるなど、さまざまである。同様のことは、文法についても当てはまる。第2言語習得で、皆誰でもネイティブのように流暢かつ正確に文法を操れるようになるということは、まさに夢のような話である。

　言葉というものの複雑さに焦点を当ててみると、母語習得の不思議さはより一層際立ってくる。英語をはじめとする外国語を学んできた人なら誰でもわかるように、言葉の文法規則というのは実に複雑である。それを一つひとつ理解して身につけていくのだから、気の遠くなるような作業である。英語で言うと、be動詞と一般動詞の違いは何か、to不定詞の名詞的用法と副詞的用法の違いは何か、関係代名詞の目的格用法とはどういったものかなど、数々の規則を覚えて使いこなせるようにならなければならない。単語も何千、何万とあり、どれがどんな意味で、品詞は何かを知った上で、文を組み立てられなければならない。発音も同様で、音の組み合わせや使われ方は複雑な規則の上に成り立っており、個々の音素に加えてストレスやイントネーション・パターンなどもマスターしなければな

らない。英語は世界で一番研究が進んでいる言語だが、それでも未だその構造の全解明には至っていない。そのように非常に複雑な言葉を、知能が未熟な小さな子どもたちが驚異的な速さでどんどん習得していくのだから、これは実に不思議なことである。

　英語に限らずどんな言語でも、子どもは周りで話されている言葉を、同じようなペースで習得していく。どの言葉が簡単だとか、難しいといった差別は全くない。しかも、端から見ると、子どもたちが特段努力をしているようには見受けられない。日常生活の中で言葉に触れるうちに、ごく自然に習得していき、気がつけばネイティブのレベルに達しているのである。この「ごく自然に」という表現の中には、一体どんな秘密が隠されているのだろうか。子どもはどのような段階を経て言葉を習得していくのだろうか。習得過程で、間違いは犯さないのだろうか。もし間違うとしたら、どのような間違いをするのか。また、間違いはどのように修正されていくのだろうか。子どもが母語習得で犯す間違いは、大人が第2言語習得で犯す間違いと似たものなのか、それとも全く異なったものなのだろうか。母語習得の事実を注意深く見ていくことで、大人の第2言語習得で参考になる大事なヒントが見つかるかもしれない。

　これら母語習得の数々の"不思議"を念頭に、以下では実際のデータを基に英語が母語としてどのように習得されていくかを見ていく。実際の研究で集められるデータには、ノイズをはじめさまざまな情報が含まれているのが普通だが、本書では読者の読みやすさと理解しやすさのために、できるだけ整理した形でデータを簡素化して提示していくこととする。

子どもは言葉の正確さをどのように身につけていくか?

子どもの母語発達では、正確さはどのように伸びていくのだろうか。以下では、子どもが母語として英語を習得する際の正確さの発達過程を見ていく。

子どもの過去形の習得過程

　一般論で考えると、最初、言葉を習いたての頃は正確さに欠けるが、知識が増えるに従って、徐々に正確さが増していくと思われることが多い。しかし、本当にそうなのだろうか。言語習得のデータを基に見てみよう。表1に、子どもの過去形の習得データを示そう。表の上欄は、子どもが2歳半の時点で発した言葉を示し、その下に6カ月後の3歳時での発話、そして最後の欄にはさらに6カ月後の3歳児半の時点での発話データを表している。当然、子どもや養育環境によっては、習得の速度や時期は多少異なるが、ここでは典型的な例として見ていただきたい。さて、子どもの過去形の習得にはどういったパターンが見られるだろうか。

表1 ● 子どもの過去形の習得の様子

年齢	発話
2歳半	I played with mom.
	Daddy laughed.
	I rode on elephant.
	I ate everything.
	Mommy smiled.
	Dinosaurs cried.
	I went there.
3歳	I learned about the teacher.
	He rided on an elephant.
	We eated gummy bears.
	We played together.
	He bited my finger.
	She smiled.
	I goed to mom.

第1章　子どもの母語としての英語習得の実際

3歳半	We played together.
	I learned many things.
	I rode on daddy's back.
	The teacher laughed at me.
	We ate a hamburger.
	That boy bit me.
	I went to the house.

「制限的使用」から「創造的使用」、そして「柔軟な使用」へ

　まず2歳半の時点では、played, laughed, rode, ate, …と過去形の使用において誤りは見られず、ほぼ完璧である。ただこれが3歳になると、learned, played, smiledといった単語では間違えないが、rided, eated, bitedと、いくつかの単語で誤りが目立ち始める。そして、3歳半の時点では、3歳時で間違っていた単語が、再びrode, ate, bitと正しく使われるようになっている。

　さて、ここでいくつかの疑問が生じる。まず、2歳半の時点で誤りがないのは、この時点で過去形の習得が完了しているということを意味するのだろうか。親の立場ならば、「うちの子は、もう過去形を完璧に使いこなせますよ」と言ってしまいたくなるかもしれない。しかしその半年後には、なぜか習得したはずの言葉が、間違って使われるようになる。これは言語習得の後退を意味するのだろうか。半年前にわが子を自慢してしまった親なら、「この子はどうしてしまったのか。頭が混乱しているのかしら」と心配になるかもしれない。そして、さらに半年後のわが子を見た親は、前にできていたように、また正しく過去形を使いこなせるようになったことに安堵感を覚えるかもしれない。この一連の流れをどう解釈すればいいのだろうか。結局1年間かけて、元の状態に単に逆戻りしてしまったのであろうか。

　それでは、まず2歳半の時点での習得状況を考えてみよう。この時点で子どもの誤りが少ないのは、子どもは大人が言ったことをそのまま覚えて再生しているからである。いわゆる模倣である。ただ模倣と言っても、何でも闇雲に真似しているのではなく、ちゃんと文脈や意味を把握した上で表現していることに注目したい。例えば、*I ate everything.* と言う際は、食事の後に何も残さず食べたということを自慢するときに使い、*Dinosaurs cried.* は、恐竜のおもちゃが誤って踏み

つけられたときに発せられるといった具合である。つまり、子どもは、言葉の「形式」と「意味」と「場面」を密接に結びつけた上で、表現したい意図を表しているのである。これが習得の第1段階である。

　しかし、覚えたことをそのまま再生するということは、誤りが少ないという反面、まだ限られたことしか表現できないということを意味する。もっと自由に言葉を使いこなしていくためには、覚えたことをそのまま再生するだけでなく、言葉の背後にある規則、つまり文法を習得していかなければならない。その文法学習が起こるのが、上のデータで言えば3歳の時点である。習得する単語が多くなっていく中で、子どもは無意識に「-ed ＝ 過去」といったパターンを見いだしていく。このパターンは多くの動詞に当てはまる英語の文法規則であるため、単語を学べば学ぶほど、子どもの脳内ではより強固な規則が確立されていくことになる。これが、習得の第2段階である。だが、言葉の規則が作られていくに従って、規則の適用が広範囲に起こるようになり、例外なく当てはめられてしまうことにもなる。**過剰般化（over-generalization）** と呼ばれる現象である。そのため、以前は *rode, ate* と正しく言っていたものが、規則の過剰般化のため *rided*、*eated* となってしまう。

　そして習得の第3段階になると、規則が当てはめられる単語と当てはめられない単語、つまり規則動詞と不規則動詞を使い分けられるようになっていく。規則動詞には規則を当てはめ、不規則動詞の場合はそのまま暗記した形を使っていくということである。この使い分けがうまくできるようになっていくと、言葉の正確さは再び向上していく。習得の第1段階と第3段階を比べてみると、両者は表層的には似ているかもしれないが、第3段階の子どもの言語能力は第1段階のそれとは大きな違いがある。まず使える単語の数が飛躍的に増え、同時に表現の幅も広がる。言葉の使用という面から見ると、第1段階の状態は、まだ表現の幅が狭い「限られた言語使用」（limited use）だが、第2段階では、自ら考えながら言葉を操っていく「創造的な言語使用」（creative use）へと進む。そして、第3段階になると、規則と記憶の両方を駆使して言葉を操る「柔軟な言語使用」（flexible use）の段階へと発展していくのである。

U字型発達曲線

以上の発達過程を図に表してみると、図1のようになる。縦軸は正確さを、横軸は子どもの年齢と成長を表している。ここで示される発達の軌跡はアルファベットのU字型を描いているため、**U字型発達曲線（U-shaped learning curve)** と呼ばれている。

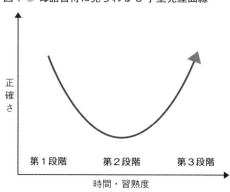

図1 ● 母語習得に見られるU字型発達曲線

要するに、子どもの言語習得では、最初は正確さが高いが、徐々に誤りが多くなって正確さが下がっていき、最終的には再び正確さが向上していくという軌跡をたどることが多い。このような発達過程は、「丸暗記 → 規則の抽出 → 規則の柔軟な応用」といった学習過程から生じると考えられる。第2段階で誤りが増えるのは、決して学習が後退したからではなく、むしろ学習が前進したから起こる現象である。脳内に蓄積される単語量が増え、「-ed ＝ 過去」の規則が確立され強化される中で、過剰般化が起きるために誤りが増えるからである。第1段階と第3段階の子どもの発話は、表面上は似ているが、内実は全く違ったものである。このことから、表面的な正確さだけを見て、子どもの言語発達を判断することは注意が必要である。

U字型発達曲線で特に重要なのは、U字が下向きに下がる第2段階である。周りの大人から見ると、第1段階でせっかく正しい言葉遣いを身につけたのだから、そのまま正確さを維持して単語量を増やしていけばいいのにと考えるかもしれない。しかし、子どもにとっては、第1段階を過ぎた時点で、大人が言っていることをただ模倣するだけでは物足りなくなってくる。そして第2段階で、子どもは自ら見つけ出した言葉の規則に従って、自身の発話を自由に操ろうと試みるので

ある。それは、親の言うことを何でも素直に聞いていた子どもが、次第に自分なりの考えで行動し始める思春期の過程と似ていると言えるかもしれない。このいわゆる反抗期こそ、これからの大きな成長を保証する大事な時期となるのである。ゆえに、この時点で自ら積極的に考えて犯してしまう誤りは、「成長の証」とも言えよう。

　さて、U字型発達曲線は、子どもだけに限られた現象なのだろうか。それとも、大人の第2言語習得にも当てはまるのだろうか。小学校高学年以降の学習者ともなると、知能もかなり発達し、暗記力も理解力もかなり高くなってきている。そうすると、第2言語習得では誤りを犯すはずの第2段階を飛ばして、第1段階から第3段階へと一気に突き進むことが可能なのだろうか。この問題は第2章で詳しく見ていくこととするが、こうした疑問を頭の片隅に置きつつ、次に読み進んでいただきたい。

子どもは文法をどのように習得していくか?

今度はもう少し広く、文法の習得について見てみよう。子どもの文法発達にはどのような段階があるのか? 子どもは一体どのようにして複雑な文法規則を身につけていくのだろうか? ここでもデータを基に、その発達段階を見ていこう。

子どもの文法発達の過程

　文法の発達には、大まかに見て四つのステージがある。一番目のステージが、単語レベルでしか話せない**一語発話期（one-word stage）**である。これは、文法出現の前段階に位置し、通常1歳から1歳半頃の子どもが経験するものである。次が、**二語発話期（two-word stage）**である。大体1歳半から2歳児に起こり、この段階で二つの単語がつなげられるようになる。そして、2歳から2歳半になると、**電報文発話期（telegraphic stage）**へと移行していく。そして、その後はより複雑な文法構造を習得していく時期となり、特にその期間を呼ぶ名称は存在しない。表2にこれらの発達過程を記しておこう。

表2 ● 子どもの文法発達過程

発達段階	大体の年齢	発達内容
一語発話期	1歳から1歳半	単語レベルの発話
二語発話期	1歳半から2歳	単語のつなぎ合わせ初期
電報文発話期	2歳から2歳半	文法構造の出現期
さらなる発展	2歳半以降	文法構造の複雑化

　それでは、実際のデータを見てみよう。表3に示すのが、それぞれの時期の子どもが発する典型的な発話例である。表の右側には、それぞれの発話の場面、もしくは発話意図が記してある。子どもは、それぞれの時期でどのような発話を試みているだろうか。単語はどういったものを学び使っているのか。そして、全体として、発達段階はどう進行していくのだろうか。

表3 ● 子どもの初期の文法発達に関する典型的な発話データ

発達段階	発話例	発話場面・意図
一語発話期	*Dada*	お父さんが家に帰ってきたとき
	Down	子どもが座ったとき
	Mama	子どもがお母さんに何かをあげるとき
	Again	上に高く持ち上げてもらったとき
二語発話期	*Sit chair*	The baby is sitting on the chair.
	Doggie bark	The dog is barking.
	Ken water	Ken is drinking water.
	Kick ball	I kicked the ball.
電報文発話期	*Daddy like book.*	Daddy likes books.
	Car make noise.	The car makes noise.
	I good girl.	I am a good girl.
	I lost shoe.	I lost a shoe.
さらなる発展	*I like horses.*	I like horses.
	I broke my racing car.	I broke my racing car.
	I can't wear it today.	I can't wear it today.
	Are you sleepy, mommy?	Are you sleepy, mommy?

⭕ ホロフラスティック発話期

　まず、一語発話期から見ていこう。この時期の子どもは、一つの単語でセンテンスの意味に値する内容を表現している。例えば、*Dada* だけで、Is that Daddy who has just come home? あるいは Daddy has just come home! といったことを表現しようとしている。子どもは日頃から周りの大人が使っている言葉に接する中で、自分なりに学びの優先順位を決めて、聞き取り、使う言葉を選んでいると言える。そこで、もし読者がこの時期の子どもの立場にあるとして、一語しか発する言葉が使えないとしたら、この場合どの単語を選択するだろうか。daddy だろうか、has、just、come、それとも home となろうか。

　子どもの場合は、その選択は daddy となることが多いようである。それはなぜか。その単語の意味、品詞（この場合、名詞）、聞く際に単語が文中のどこに置かれているか（通常、真ん中よりも最初か最後の方が聞き取りやすい）、強勢の有無、聞く頻度等、さまざまな理由が考えられる。その中で、一つの有力な可能性とし

て、その単語の意味、とりわけ意思伝達上の重要性ということが考えられる。つまり、daddyと発話することで、自分の気持ちを端的に表そうとしていると考えられる。当然、一語だけではその正確な意図はわかりかねるが、コンテクストから判断して大方の意味は伝わるだろう。こういった例から言えることは、子どもがコミュニケーションの手段として言葉を学びながら、的確に意思疎通しようとしていることである。

　同様の観点から見ると、*Again*は特に見事な例であろう。*Again*の一言で表される意図を大人の表現で言い換えると、Could you lift me up high again, please?という感じとなろうか。ここである選択肢には、again以外にも、could, you, lift, me, up, high, pleaseと多くあるはずである。しかし、子どもは得てしてagainを選択する。こういった際に、couldと発する子どもは皆無であるし、youやliftという子どももほとんどいないであろう。これもagainがコミュニケーションの中で目立って重要な言葉であるために使われるのではないかと考えられる。

　もし仮に成熟した初級英語学習者の大人が同じような状況に置かれたとして、一語だけしか使ってはならないという制約があった場合、やはりagainを選ぶのではないだろうか。母語の習得を始めて間もない子どもたちが、その限られた言語能力を使って、このように意思伝達を始めていくのである。まだまだ限られたことしか伝えられず、意思疎通のためには周りの大人の推測や手助けが多く必要だが、それでも言葉をどんどん積極的に使ってコミュニケーションしていこうとしている。

　この言語発達の段階は一語発話期と呼ばれているが、より正確に言うと、**ホロフラスティック発話期 (holophrastic stage)** と呼ばれている。ホロフラスティックとは、ホール（whole）とフレーズ（phrase）を合わせた表現で、単一表現でフレーズ全体、もしくは文全体の意味を表すことを指す。ここで言う単一表現とは、必ずしも一つの単語とは限らず、二つもしくは三つの単語が合わさったチャンクという場合もある。よく知られる例として、"What's-that?" や "Me-too" がある。"What's-that?" は、子どもが大人の注意を引くときによく使われる典型的な表現であるが、初期の段階では、What + is + that?ではなく、あくまでも"What's-that?"としての一つのチャンクとして捉えられる。"Me-too" も、Me + tooといった2語の形態ではなく、"Me-too"と一言である。日本語で言えば、「あれなに？」「私も」といった表現をチャンクで覚えて、そのまま使っているのと同じである。

この時点では、「あれ」＋「なに」と理解しているわけではないので、「これなに？」「それなに？」と応用して使うことはできない。英語の "Me-too" も、最初はチャンク表現としてそのまま使われるだけであるが、学習が進んでくると、"Me-too" だけでなく、"Me, three." と言ったりする子も現れてくる。"Me, three." は子どもの造語だが、誰かが "I want an ice cream." と言って、別の子が "Me, too." と返答した際、その次の子が「自分も」と表現するときに使われたりする。"two"（= too）はすでに別の子が言ってしまったので、3番目という意味で "Me, three." となるのである。大人には、同音語である two と too がただ単に混同されているように見えるが、言語習得の観点から言うと、チャンクの "Me-too" が Me + too に分解されて解釈されるようになった証拠として捉えられる。言葉について考える**メタ言語能力**（metalinguistic abilities）が発達しつつあるとも言えよう。この段階に達すると、今度は "Me, three" だけでなく、"You, too?" "He, too." "My mom, too." といった表現が使われ始めることも期待される。子どもの脳内でチャンクが分析・分解され、次第に文法化されていく言語発達の様子がここに見て取れよう。

◯ 処理能力の発達の必要性

　今度は、二語発話期を見てみよう。この時期の子どもたちは、単語力を飛躍的に伸ばしていくが、発話の際に使うのは、二語までの単語をつなぎ合わせたものとなっている。単語の組み合わせは、動詞と目的語、主語と動詞、主語と目的語とさまざまである。このようにパターンは必ずしも固定されていないが、いずれの場合も共通しているのは、組み合わせ順序が英語の語順（word order）に沿っているということである。すなわち、いずれのパターンも「主語＋動詞＋目的語」（Subject + Verb + Object）の英語の基本語順に沿った形となっているのが特徴である。ここでも、意思疎通の上で意味内容が豊かな言葉が選択されている点に注目したい。

　そして二語発話期の次に来るのが、電報文発話期である。この段階では、三語、あるいはそれ以上の単語を、英語の語順に沿って組み合わせることが可能になる。その特徴は、名前の通り「電報文」のような形をとることである。一昔前の電報文と言えば、「チチキトク　スグカエレ」といった文章が思いつくだろう。電報は文字数ごとに料金を取られるため、意思伝達の上で重要な単語しか記載しないという傾向がある。そのため、内容語を中心に構成されることが多く、「チチ（が）

キトク（です）。スグ（に）カエレ」であれば「が」「です」「に」といった文法語は省かれることになる。これらの語はそれぞれ重要な文法的役割を持つが、意味伝達の上ではさほど重要ではないため、省かれても問題が生じることはない。

　これと同じような現象が、子どもの電報文発話期の発話にも見られる。*Daddy like book.* では、動詞の3人称単数現在形の -s と、book の複数形を表す -s が抜けているが、意味伝達は十分に果たされている。*I good girl.* では、*I* の後の be 動詞 am が抜けて、*good girl* の前の不定冠詞の a が省かれているが、コミュニケーション上は何ら問題ないだろう。先に、実際の電報では料金節約のために言葉を限ると言ったが、子どもの発話の場合、当然お金ということは問題にならない。子どもが文法語を省く理由は、言語処理過程で必要な労力を少しでも軽減するためだと考えられる。言い換えれば、子どものまだ限られた**処理能力**（processing capacity）に応じて、使えるエネルギーを優先的に配分した結果、電報文のような発話になると考えられる。

　人は発話の際には、適切な単語を**脳内辞書**（mental dictionary）から検索して取り出す必要があるが、この作業だけでも慣れないうちはなかなか大変である。それが複数の単語を使わなければならなくなると、単語を検索して取り出すだけでなく、文法規則に則ってそれらを順序良く組み立て、必要な文法語をつけ加えて、さらに音素と抑揚に注意を払って発音する作業も加わる。大人なら母語を操る際、こういった一連の作業を何気なく行ってしまうが、実はそれを瞬時に行うことは、かなり複雑な作業を要することなのである。そこに達するまでには、言葉の処理能力を十分に発達させていかなければならず、慣れないうちは、まずはコミュニケーションのために重要となる**内容語**（content words）に注目していくこととなる。そして慣れてくるに従って、文法上必要となる**文法語・機能語**（grammatical words / function words）をつけ加えていくのである。言葉の処理能力は、時間と言語使用の経験を十分に経る中で、徐々にしか発達していかないものである。その過程で、p.23 の表3に見られるような、文法の発達段階が現れてくると考えられるのである。

状況依存型から状況独立型への成長

　発話内容の観点から言語発達を見ると、一語発話期と二語発話期では、主にそのときにその場で起きていることについての言及がほとんどであるが（*Doggie bark.*〔＝The dog is barking.〕など）、電報文発話期以降は、その場での出来事に限らず、より一般的で、また抽象的な内容についても話すことが多くなってくる（*Daddy like book. I can't wear it today.* など）。つまり、最初のうちは**「今、ここで」**（here and now）から始まるが、徐々に**「そのとき、あの場所で」**（there and then）と、時空を超えた内容について理解し、話すことができるようになってくるのである。

　動物と人間のコミュニケーションの比較で、人間が圧倒的に優れているのは、その場に限定されない物事について、感情や意見を自由に表現できることである。動物のコミュニケーションでは、ほとんどの場合、今現在のことしか扱われない。「餌が欲しい」、「あなたが好き・会えてうれしい」、「俺の縄張りに入るな」等の内容は、犬をはじめとする動物の多くが、鳴き声や唸り声、また尻尾振り等の体の動きを使って表現することができる。しかし、「昨日遊びに行ったところがとても気に入った」とか、「来週は海に行きたい」、はたまた「昔々あるところにおじいさんとおばあさんが住んでいました」といったことを表現することは不可能であろう。このように、今現在その場では見えないことに関して意思や情報を巧みに伝達できるのは、人間だけに備わった高度なコミュニケーション能力なのである。

　そうは言っても、人間の子どもも一足飛びにそういった能力を身につけるのではなく、最初はhere and nowのコミュニケーションから始まり、徐々にthere and thenの世界に入っていくのである。例えば、何かを差し出しながら*Mama*と言えば、お母さんに物をあげることを意図していると推測することができよう。こういった例が、**状況依存型（context-dependent）**のコミュニケーションの姿である。here and nowだからこそ、わかり合える意思伝達の方法である。これが言葉の力がついてくると、文脈やそれに基づく推測に依存することなく、自由自在に言葉を操ることで意思疎通をすることが可能になってくる。すなわち、**状況独立型（context-independent）**のコミュニケーションの力が身についていくのである。表3に示される発達過程は、その移行する流れを描いていると言えよう。

　これが子どもの初期の文法発達の過程であるが、ここでもまた第2言語習得について思いをはせてみよう。英語を第2言語として学ぶ際も、これと似たような発達過程をたどるのであろうか。とりわけ中学校以降の英語学習では、とかく文法学習が重視されるため、内容語と機能語をほぼ同時に学習しようとする傾向が強い。例えば、be動詞や冠詞などは、その他の多くの内容語と一緒に、中学1

年次の早いうちから学習することになる。そうすると、ホロフラスティック期や二語発話期は経ないのであろうか。また、電報文発話期などは第2言語習得では無関係となるのであろうか。文法について頭で概念として理解することと、実際に使えることと、同一視してしまっても構わないのだろうか。こういった疑問は、実際の第2言語習得のデータを見ない限り、自信を持って答えることは難しい。これも第2章以降に見ていく課題である。

子どもは複雑な文法をどのように習得していくか？

ここまで、子どもの文法発達の初期過程について見てきたが、このセクションでは、より複雑な文法項目がどのように習得されていくのかを、具体例とともに見ていきたい。

疑問文の場合

これまでの研究で解明されてきた文法習得の例として、疑問文が挙げられる。英語の疑問文と言うと、yes/no 疑問文と wh- 疑問文があるが、それぞれ図２と３に示された規則が当てはめられると考えられる。

図２ ● 平叙文と yes/no 疑問文の違い

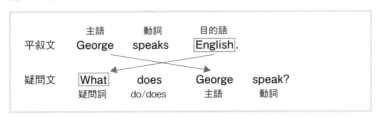

図３ ● 平叙文と wh- 疑問文の違い

図２に示されるように、yes/no 疑問文の場合は、主語と助動詞の場所の入れ替えがなされる「倒置」（subject-auxiliary inversion）が必要となる。図３に表されるwh-疑問文の場合は、wh-語の前置き（fronting of wh-words）と合わせて、同時に主語・助動詞倒置が必要になる。いずれの場合も、主語の数・人称と動詞形を一致させなければならないので、主語がyouならare / do、3人称単数のhe / sheならis / doesとなる（ここでは時制を考慮しないことにする）。さて、子どもはこういった英語の文法規則を、どのように習得していくのだろうか。

子どもの発話に見られる疑問文の**発達順序**（developmental sequence）を表4に示そう。ここで、子どもがどのような段階を経て英語の疑問文をマスターしていくかを考えていただきたい。それぞれの段階で何ができて、何ができないのだろうか。また、全体として、どのような発達過程を経て複雑な疑問文まで発話できるようになるのであろうか。

表4 ● 子どもの疑問文の発達順序

発達段階	発話例
1	*Cookie?*
	Mommy book?
	You like this?
	Where's daddy?
	What's that?
2	*Can I go?*
	Do you like ice cream?
	Is daddy is tired?
	Do I can have a cookie?
	Where I can draw them?
	What Mary will read?
	Why you have one?
3	*Can he eat the cookie?*
	Can I have a piece of paper?
	Where I can draw them?
	What he can ride?
4	*Why can he go out?*
	Why are you smiling?
	What Tom can't have?
	Why he can't go out?
5	*Why can't he go out?*
	What doesn't she know?
	I don't know why can't he go out.
	I asked him what does she know.

6　*What's his name?*
　What does she like?
　I know what his name is.
　The teacher told me what she likes.

疑問文の発達順序

　まず、第1段階を見てみよう。表4に書かれた発話例を実際に声に出して読んでいただきたい。*Cookie? Mommy book? You like this?* いずれの場合も、語尾を上げて発音していることがわかるだろう。*Where's daddy? What's that?* の場合は、Where's ...? What's ...? の部分を一塊のチャンクとして扱い、その後に続く単語を変えて言っている可能性が高い。そのため、Where's my toys? What's these? と、数の一致はまだ見られない段階である。What's that? においては、What + is + that ではなく、全体がチャンクとして使われている可能性が高い。いずれにしても、第1段階では疑問文を作る際の文法的操作はまだ何もされていない。

　第2段階はどうだろうか。この段階では、*Can I go? Do you like ice cream?* と、一見、主語・助動詞倒置の規則をマスターしたかのように見える。しかし、*Is daddy is tired?* を見てみると、be動詞が繰り返し使われており、*Do I can have a cookie?* では、canを倒置せずにそのままに置き、その代わりに文頭にdoが使われている。また、*Where I can draw them? What Mary will read?* では、疑問詞を前置きするところまではできているが、主語・助動詞倒置はなされていない。これは一体何を意味するのだろうか。こういったデータを多く集めてみると、この時点で子どもが行っていることは、主語・助動詞倒置といった文法操作ではなく、疑問形を表す単語（例えば、do, can, is, wh-語）を文頭につけて疑問文らしい文を作っているにすぎないということが明らかになってくる。つまり、疑問詞とされる単語の「前づけ」（fronting of question words）によって、疑問文を作ろうとしていると考えられる。そのため、疑問詞以降の形態は平叙文のままであるし、主語と動詞の一致といったことも見られない。

　それが第3段階になると、*Can he eat the cookie? Can I have a piece of paper?* といったように、主語・助動詞倒置が可能になってくる。ただ、*Where I can draw them? What he can ride?* とwh-疑問文では、未だ主語・助動詞倒置が起きていない。なぜ第3段階になっても、wh-疑問文で倒置が起きないのか。その答えは、おそ

らく前のセクションでも触れた処理能力の発達が関係していると考えられる。すなわち、wh-疑問文では、疑問詞の前置きと同時に主語・助動詞倒置を行わなければならず、この時点での子どもの処理能力では、こういった複数同時処理が難しいのである。それが可能になるのは、子どもが第4段階に達してからとなる。

　第4段階では、*Why can he go out? Why are you smiling?* と、yes/no疑問文だけでなくwh-疑問文の中でも主語・助動詞倒置が可能となる。ただ、*What Tom can't have? Why he can't go out?* と否定疑問文になると、主語・助動詞倒置ができなくなってしまう。これも処理能力の観点から考えると、納得できることである。なぜなら、wh-否定疑問文では疑問詞の前置きと主語・助動詞倒置に加えて、否定語の適所挿入という三つの文法操作を同時に行わなければならないからである。これは言語習得過程の子どもにとっては、実に大変な作業となる。それが第5段階となると、*Why can't he go out? What doesn't she know?* と否定形を含む複雑な文法操作を行えるようになる。だが、それが度を超えてしまい、*I don't know why can't he go out.* と、間接疑問文でも主語・助動詞倒置をしてしまうことにもなってしまう。そういった過度な倒置が修正され、あらゆる疑問形態が使いこなせるようになるのは、最後の第6段階に入ってからである。

　このように、子どもは時間をかけて言葉の処理能力を高めていき、段階を経て英語の疑問文をマスターしていく。いくら子どもの母語習得が自然に起きるとは言っても、それは必ずしも一足飛びに、また平坦な過程を経てそうなるわけではなく、その過程でさまざまな間違いを犯しながらも、徐々に複雑な言語形式を使えるように発達していくのである。

受動態の場合

　最後にもう一つ、複雑な文法構造の習得として、受動態の習得について見ておこう。受動態文は、能動態文と違って語順が著しく変わるため、能動態文にやっと慣れてきた子どもにとっては、特に難しく感じられる文型である。確認のため、図4に能動態文と受動態文の違いを比較して提示しておこう。

図4 ● 能動態文と受動態文の比較

　能動態の文では、動作主が主語となり、受動者が目的語となる。しかし、受動態文では、受動者が主語の位置に来て焦点が置かれ、その後にbe動詞＋過去分詞、そして最後に前置詞のbyによって動作主が表される。この語順の違いと細かな文法操作が、受動態を習得しようとする子どもにとって、大きな障害となる。

　能動態と受動態は話題の焦点や強調点こそ違えども、基本的には同じ意味内容を表しているため、受動態を使わなくても、同じ内容を能動態を使って伝えることが可能である。そのため、子どもが受動態を発話するのを待っていても、なかなか聞く機会が現れないことが多い。だが、子どもが受動態文を発しないからといって、それだけで受動態を習得していないという証拠にはならない。そこで、受動態の習得を見極めるために、発話データではなく、まず理解データに焦点を当てる研究がなされてきている。子どもが受動態文を聞いた際、どの時点でどこまでその伝える意味内容を理解できるかを探るのである。

交換可能な受動態と交換不可能な受動態

　受動態の習得データを見る前に、もう一点述べておきたいことがある。それは、受動態には二種類のタイプがあるということである。下に示す(a)(b)のタイプと、(c)(d)のタイプである。

交換可能な受動態
(a) The boy was kicked by the girl.
(b) The car was bumped by the truck.

交換不可能な受動態
(c) The cake was eaten by the boy.
(d) The baby was fed by the mother.

第1章　子どもの母語としての英語習得の実際

(a)(b)のタイプは、受動者と動作主の名詞句を入れ替えても、解釈が可能な文である。The boy was kicked by the girl. と言っても、The girl was kicked by the boy. と言っても、意味は変わってくるが、どちらも普通に成り立つ文である。このような受動態文は、「交換可能な受動態」(reversible passives)と呼ばれている。それに対して、(c)(d)のタイプの受動態文は、受動者と動作主の名詞句を入れ替えてしまうと、常識的に意味が通らなくなってしまう。The cake was eaten by the boy. ならわかるが、The boy was eaten by the cake. となると常識的に考えておかしな意味の文となってしまう。同様に、The baby was fed by the mother. ならいいが、The mother was fed by the baby. となると、非現実的で受け入れられない意味となってしまう。これらの受動態文は、名詞句の入れ替えができないので、「交換不可能な受動態」(irreversible passives)と呼ばれている。

　さて、交換可能な受動態文と交換不可能な受動態文のどちらの方が、子どもにとって簡単に感じられるだろうか。答えは、交換不可能な受動態文である。なぜなら、交換不可能な受動態文では、受動態の文法規則の習得の有無にかかわらず、内容語だけで理解が可能となってしまうからである。つまり、cake, eat, boyや、baby, fed, motherさえわかれば、あとは常識を使って考えれば意味が把握できてしまう。それに対して、交換可能な受動態文では、boy, kick, girlやcar, bump, truckだけわかっても正確な意味がつかめない。be動詞、過去分詞、byといった部分が理解できて、初めて正しい意味の解釈が可能となるのである。そのため、子どもの受動態の習得を調べる際は、文法形態を見ずしては正確な意味解釈ができない交換可能な受動態文をあえて使うことがポイントとなる。

　実際行われた実験では、子どもに交換可能な受動態文と能動態文を混ぜて順不同で聞かせ、理解した内容を与えられた人形やおもちゃを使って表現させることで、その理解度が測られた。年齢の違った子どものグループを調査して比べることで、どの時点で能動態文の理解力が伸びているかが調べられた。表5では、4歳児から8歳児までの子どもの受動態理解度のデータを示している。さて、この表から一体何が読み取れるだろうか。

表5 ● 子どもの交換可能な受動態文の理解度

年齢	正解率
4歳	20%
5歳	35%
6歳	48%
7歳	63%
8歳	88%

◯ 受動態の理解度の進歩

　表5からわかるように、4歳児の受動態文の理解度はわずか20％である。つまり、8割は誤った解釈をしているということになる。この年齢の子どもがThe boy was kicked by the girl. という文を聞いた際、男の子が女の子に蹴られたとは解釈せずに、男の子が女の子を蹴ったと解釈する方が圧倒的に多いということである。つまり、The boy was kicked by the girl. と聞いても、結局注目しているのは、The boy ... kicked ... the girlであり、be動詞やbyの機能は無視されている。

　5歳児になると、正解率は少し高くなるが、それでも受動態文を能動態文と同じ意味に取る傾向はまだ続く。正解率は6歳児になって初めて5割近くになってくる。5割とは半分正解、半分誤りであり、一見するとでたらめに答えているようにも見える。しかし、それまでの答えのパターンが能動態の解釈に偏っていたことを考えると、この年齢の子どもは明らかに文解釈の判断を決めかねて迷っている様子がうかがわれる。受動態文を聞いて、何かが違うと感じ始めているが、まだそれが何かはっきりとはわからず、半ば当てずっぽうの推測となっている状態と言えよう。しかし、このようなあやふや状態も、言語習得の流れから見てみると、発達の一部だということがわかる。それが7歳、8歳と成長していくに従って、正解率は6割、そして9割へと飛躍的に伸びていく。この年齢の子どもたちは、be動詞や過去分詞といった文法形態にも安定して注意を払えるようになり、しっかりと受動態文を解釈できるようになってくる。

　実に、そこまで上達するのに、4年以上の歳月がかかっている。ここでも、子どもがいろいろと試行錯誤を繰り返しながら、言葉を習得している様子が垣間見られるのではないだろうか。6歳を境に、受動態の理解度が増していくという結果も、興味深いところである。6歳と言えば、小学校が始まる時期であり、子ど

もが文字に触れる機会が飛躍的に増えるときでもある。受動態は、口語よりも書き言葉でより多く使用されているという実態と併せて考えてみると、小学校入学以降から文字学習を通して受動態文に触れる頻度が多くなることが習得を加速させていくのではないかと推測される。

まとめ

本章では、子どもの母語としての英語習得を、さまざまな観点から見てきた。まず最初に言語習得の不思議について、言葉の複雑さ、習得の自然さ、速さ、完璧さ、そして誰もが母語を習得するという平等性について指摘した。そして、実際の習得データを基に、過去形の習得、初期文法の習得順序、疑問文と受動態といった複雑な文法形態の習得に焦点を当てて見てきた。いずれの観点からも言えることは、子どもの言語習得はダイナミックに、また創造的に展開されていく営みであるということである。その過程でいくつもの段階を経て、また数々の誤りを犯しながら、子どもは確実に母語話者としての言語能力を身につけていく。

本章を締めくくるにあたって、子どもの母語習得の特徴を4点にまとめておこう。

(1) 系統性（Regularity）

子どもの言語習得は、多くの部分で規則的に進んでいくものである。その過程で数々の誤りを犯すが、それらは決してでたらめであったり、無意味、無駄であったりするものではなく、その背後には何らかの妥当な理由が見いだされることがほとんどである。その発達過程には、共通した段階が見て取れる。

(2) 創造性（Creativity）

子どもは、聞いた言葉を何でもかんでもオウム返しに繰り返し、言われるがままに習得していっているわけではない。多くの言葉に触れる中で、自分なりに優先順位を決めて選択して言葉を取り込んでいき、次第にその背後にある規則を見いだしていく。その過程は、単なるモノマネや丸暗記といった域をはるかに超えた、高度で創造的なプロセスである。

(3) 自律性（Autonomy）

子どもはコミュニケーションを通して言葉を学んでいく。最初のうちは文脈や状況に依存しつつ、「今、ここで」の内容を伝え合うことを学ぶ。そして、次第に文脈や状況に依存せずに、「あのときに、あの場所で」と時空を超えた内容を伝え合うことを学んでいく。その過程は、体験的な学びを通して、他者の助けや推測に頼らずに自らの力で意思疎通しようとしていく、自律性

獲得のプロセスと捉えることができる。

(4) 漸進性（Graduality）

たとえ母語の習得が自然に起こり、また誰にとっても可能であるとは言え、それは一朝一夕に起こり得るものではない。言語習得はどんな状況であってもそれなりに時間のかかるプロセスであり、一つひとつの発達段階を経て徐々に習得されていくものである。

次の章では、こういった母語習得を無事に終えた学習者が、第2言語としての英語をどのように学んでいくのか、そのプロセスを見ていきたい。

Column ❶

リスニング能力を
伸ばすために

リスニングは全ての技能の基礎

　リスニングは、言語能力の4技能の中でも一番基本的な能力である。母語習得で子どもは、まずリスニング能力を伸ばし、その後にスピーキング力を伸ばす。リーディング力はリスニング力がベースとなり、ライティング力はリーディング力がベースとなっている。こういったリスニング → スピーキング → リーディング → ライティングの習得順序は、第2言語習得においても基本的には同じはずである。従来の日本の英語教育では、リスニングよりもリーディングが、スピーキングよりもライティングが優先されてきたが、近年の文部科学省主導の英語教育改革により、この傾向に変化が見られるようになってきた。それでもまだ、学習上、また教育実践上で、リスニングは過小評価されており、その重要性は今後もっと広く認識されていかなければならないだろう。

リスニングのプロセス

　ここで、リスニングにはどういった要素が関わっているかを考えてみよう。人は三つの情報源を頼りに内容理解を可能にすると言われている。一つは、聞き取った単語や文構造などの言語情報（linguistic information）を使って**ボトムアップ処理（bottom-up processing）** によって得られる理解である。二つ目は既有知識（existing knowledge / background information）、三つ目はその場の状況から得られる文脈情報（situational / contextual information）を使って、**トップダウン処理（top-down processing）** によって得られる理解である。普通、人はこのボトムアップ処理とトップダウン処理を同時に行っているため、両方を合わせて**インタラクティブ処理（interactive processing）** となり、これが自然かつ効

果的な言語理解のプロセスとなる（図A参照）。

図A ● リスニングのプロセス

(和泉, 2016, p.172に基づく)

　子どもは、母語習得と同時に生活上のあらゆる知識を吸収していくため、ボトムアップ処理とトップダウン処理の両方の能力を、ある程度同時に養っていくと考えられる。それに対して第2言語習得では、両方の能力が母語習得ほどバランスよく養われない可能性がある。というのも、第2言語学習者は、言葉を学ぶ前から豊富な一般常識や既有知識を持っているため、ともすればトップダウン処理能力に頼りすぎてしまい、ボトムアップ能力を鍛える機会を逃してしまうからである。逆に、英語の細かい部分ばかりに気を取られてしまうと、要点を捉え損ねたり、集中力が長く続かなくなってしまったりする。結果、英語を聞くことが億劫になり、リスニングに苦手意識を持って避けることにつながることもある。どちらかに偏るのではなく、トップダウン処理とボトムアップ処理の両方の力を身につけて、目的に応じてこれらをバランスよく使えるようにしていくことが、総合的なリスニング能力を身につける上で大切なことである。

リスニング能力を伸ばすためのヒント

　一言でリスニングと言っても、要点を押さえる聞き方から、必要な情報を探し出す聞き方、一つひとつの言葉を丁寧に拾う聞き方、さらには言語表現を学ぶための聞き方など、さまざまな聞き方がある。細かいことは気にせずに、大まかな話の筋を捉えるリスニングは、**多聴（extensive listening / pleasure listening）** によって鍛えることができる。聞いて何となくわかる、面白いと感じられればよしとする聞き方の訓練である。しかし多聴だからといって、ただ聞き流しているだけの"ヒアリング"（hearing）では不十分で、しっ

かり意識して聞く"リスニング"(listening)が大事である。多聴では、何よりも聞く量が重要になるため、聞き続けられるだけの興味・関心の湧く教材を選ぶことが肝心になる。多聴によって、全部わからなくても忍耐強く聞き続けられる**曖昧さの許容性（tolerance of ambiguity）**と、わかる部分をつなげて要点を把握する**グローバル・コンプリヘンション（global comprehension）**の力を養うのである。

　一方、言葉一つひとつを拾う訓練として適しているのが、**シャドーイング（shadowing）**と**ディクテーション（dictation）**である。シャドーイングは、その名の通り「影のようについていく」方法であり、音声を聞きながら、そのすぐ直後に同じ音を再生する訓練である。ディクテーションは、聞き取った音声を書き取っていく作業である。シャドーイングもディクテーションも、スクリプトと照らし合わせて後から見直すことができるので、どこが聞き取れていないかを確認することができる。これらの練習がそれ相応の効果を上げるためには、併せて英語発音の練習も必要となってこよう。しかし、「発音をマスターしてからリスニング」と厳密な順番にこだわってしまうと、いつまで経ってもリスニング練習が始められなくなってしまうので、これらの練習は全て同時進行で行っていくことをおすすめしたい。発音練習の成果がシャドーイングやディクテーションに反映され、より英語を聞くことに興味が生まれれば、相乗効果も期待できる。

　シャドーイングは、特に認知的負荷が高いので、少し易しめの教材を使うといいだろう。それに対して、多聴の場合は、少し難しめの教材を使い、ディクテーションは、ちょうどその真ん中くらいがいいだろう。多聴は、最初のうちは特にトップダウン処理が主力となりやすいので、すでに持っている背景知識を含む題材から始めるとやりやすい。そして慣れてくるに従って、徐々に未知の題材を扱った教材へと移行していくといいだろう。教室指導の際は、必要に応じて背景情報を与えたり（トップダウンのサポート）、単語や文構造あるいは発音ポイントをチェックしたり（ボトムアップのサポート）、さまざまな補助を加えながらリスニング向上過程をサポートしていくといいだろう。トップダウンの支援は聞く前に与えるのが良く、ボトムアップの支援は聞いている途中、あるいは一度聞いて再確認する前に与えるのが効果的である。

　多聴、シャドーイング、ディクテーションに関しては、さまざまな教材が市販されているので、自分の（または自分の教える生徒の）レベルや興味に合わ

せて選んでみてはどうだろうか。多聴には、アルクのニュースフラッシュ・シリーズやシネマシナリオ・シリーズ、また以下のような各種インターネット無料サイトなどが参考になる。

- Global News Podcast
  https://itunes.apple.com/jp/podcast/global-news/id135067274?mt=2
  http://www.bbc.co.uk/programmes/p02nq0gn/episodes/downloads
- バイリンガルニュース
  https://itunes.apple.com/jp/podcast/bairingarunyusu-bilingual/id653415937?mt=2
  http://bilingualnews.libsyn.com/

　シャドーイングとディクテーションには、市販教材以外にも、以下のサイトが参考になる。

- VOA Learning English
  http://learningenglish.voanews.com/
- English Central
  http://ja.englishcentral.com/videos
- 英語リスニング無料学習館
  http://english-listening-center.com
- ニュースで英会話
  https://cgi2.nhk.or.jp/e-news/news/archive.cgi

　こうして身につけたリスニング能力は、スピーキングやその他の技能を磨くことへと確実につながっていく。

筆者のリスニング学習体験

筆者も、英語のリスニングではずいぶん苦労してきた。日本の公立中学校で、初めて英語に出会い勉強し始めたが、教師が英語で話すわけでもなく、オーディオ教材もさほど使われなかったので、授業で英語を聞くことは本当に少なかった。この状況は高校に入ってもあまり変わらず、ALTを時折見かけることはあっても、授業で接する機会はほとんどなかった。大学でESS（English Speaking Society：英語クラブ）に所属して、そこで先輩が話す英語に触れたのが、筆者にとって初めての英語コミュニケーション体験であった。先輩が流暢な英語で話すのを聞いたとき、自分もあのようになりたいと思ってすぐに入部手続きをした。ESS活動では、いろいろな人の英語に触れられる機会があったが、本格的に英語に触れられるようになったのは、大学4年次にアメリカ、オレゴン州へ交換留学に行ったときである。こうした一連の経験が、今に至る私の英語学習と教育の原点となっている。

大学4年で初めて外国に行き、言語面ではさまざまな苦労があったが、本当につらいと感じたのは、大学で授業を取り始めてからである。日常生活では、「何となくわかる」で済まされていたことが、そうはいかなくなってしまったからである。履修した授業の一つがIntroduction to American Governmentというクラスであったが、講義内容に集中しようとするとノートが取れず、ノートを取ろうとすると書いている間に講義がスポンと抜けてしまう。講義内容を必死で理解しようとする極度な緊張感のため、1時間の授業を受けた後はヘトヘトになった。

そこで考えたのが、教授の許しを得て講義を録音させてもらうことである。授業中は講義に集中して、授業後にテープを書き起こす作業をした。週3回の授業だったが、毎回数時間かけて録音テープの内容を一字一句もらさずノートにディクテーションした。その当時はノートを取るコツを知らなかったので、教授の言っていることをそのまま書き写し、わからない箇所は直接教授に聞いた。このような努力を約1年間にわたって続けたところ、筆者のリスニング能力は飛躍的に向上し、留学2年目からは録音しなくても授業についていけるようになった。

留学当初は、アメリカ政治についての背景知識が乏しく、トップダウン処理能力が極端に欠けていたので、ボトムアップ処理能力に頼らざるを得なかった。ただ留学中は、授業以外でもインプットに触れることができたので、トップダウン、ボトムアップ処理能力のどちらも鍛えることができ、インタラクティブ処理能力の向上につなげることができた。

現在でも、時間があればインターネットの映像や映画などを観て、できるだけ生の英語に触れるようにしている。そのときに気をつけているのは、ただ聞き流すのではなく、しっかりと聞いて理解しようとすることである。

第2章
大人の英語習得の実際（1）
～子どもの母語習得と似ている点～

前章では、母語としての英語習得の実際について見てきた。本章では、第2言語としての英語習得がどのように起こるかについて、習得データを基に考えていきたい。まず第2言語習得と母語習得との類似点に焦点を当てていきたいと思う。

第2言語習得とは何か？　44
大人が間違えることは恥ずかしいことか？　46
大人が文法を使いこなしていくプロセスとは？　61
子どもと大人では習得順序は全く違うか？　64

第2言語習得とは何か？

まず、第2言語、外国語、国際語といった用語の使い方について、はっきりさせておこう。

もはや「外国語」とは呼べない英語の役割

　最初に、**第2言語（second language）** という言葉の使い方について断っておきたい。第2言語という言葉には、狭い解釈と広い解釈がある。狭い解釈での第2言語とは、母語以外で日常的に使われる二つ目の言葉を指す。例えば、アメリカに移住した日本人が、日常生活で英語を使う場合は、英語が第2言語となる。また、インドやシンガポールなどの国では、ヒンディー語やマレー語などの現地語以外に英語が公用語として使われているが、この場合も、英語は第2言語と呼ばれる。それに対して、そこまで頻繁には使わず、特に外国に行ったときにだけ使うような言葉は、**外国語（foreign language）** と呼ばれる。

　一方、広い解釈の第2言語とは、母語習得以降に学ぶ二つ目以降の言葉全てを指す。それは狭い解釈の第2言語や外国語も同時に含むことになる。また、二つ目以降に学ぶ言葉には第3言語や第4言語も含まれるが、それら全てを総称して第2言語と呼ぶ。国内外を問わず、国際会議やビジネスなどで頻繁に使用される**国際語（international language）** や**共通語（lingua franca）** も、母語話者以外の者が使う際はやはり第2言語となる。要は、使用状況や使用場面で区別するのではなく、あくまでも順番として母語習得の後で学ばれる言葉というところに着目して第2言語と呼ぶこととなる。本書では、この広い解釈の意味で「第2言語」という言葉を使うこととする。なお、学問分野としての第2言語習得研究という用語も、通常、この広い意味での解釈となっている。

　人によっては、両親の母語が違うため、生まれたときから二つ以上の言葉に触れて育つこともある。その場合は、母語が二つとなり、どちらかが第2言語といった捉え方はしない。ただ、母語が二つあったとしても、必ずしも両方とも同等に上達するとは限らず、一方は理解力と発話力の両方が伸びるが、もう片方は理解力だけしか伸びないといったことも起こり得る。また、一方は口語だけでなく読み書きもできるようになるが、もう一方の言葉は口語能力だけ身につけるといったことも決して珍しくない。それは、それぞれの言語の社会的役割の違いととも

に、子どもがどういった言語環境で育てられたかということに大きく左右される。母語習得がいつ完了するかということも、さまざまな議論があるが、言語学の分野では、大体就学前の5～6歳ぐらいまでに母語の骨格がほぼ形成されると言われている。そのため、一応の目安として、5～6歳以降に学ばれた言葉が、第2言語と呼ばれるようになる。

　そうすると、大半の日本人英語学習者にとっては、英語は広い意味での第2言語となるだろう。同時に、英語はすでに「外国語」の範疇をはるかに超えた言葉となっている点も強調しておきたい。グローバル化の進展で、英語は世界中で広く使われる言葉となり、国内外にかかわらず、ビジネスから社会交流、情報収集、学術研究、趣味、観光案内、観光旅行など実にさまざまな目的で使われる言葉である。対話相手も、英語母語話者に限らず、多くの非母語話者との間でも使われるし、時には英語の非母語話者しかいない状況でも共通語として英語が使われることも珍しくない。その意味で、英語はまさに「国際語」あるいは「共通語」と呼ぶことのできる言葉である。そういった言葉をいかに我々が学んでいっているのか、次のセクションからその習得の実際について見ていきたい。

大人が間違えることは恥ずかしいことか?

ここでは、母語習得で見たU字型発達曲線が、どのように第2言語習得でも当てはまるかについて見ていこう。

形態素の場合

　第1章では、子どもが母語として英語を習得する際、最初は一見正しい発話をするが、しばらくすると誤りが目立つようになり、それがまたしばらくすると正確な言葉遣いとなっていくことを見た。このU字型発達曲線と呼ばれる習得プロセスは、第2言語習得でも見られるのだろうか。読者自身の英語学習経験を振り返って思い起こしてみていただきたい。また、教えている生徒たちの実態を考えてみていただきたい。どうだろうか。

　それではまず、形態素の習得に注目してみよう。学習者が日常的に犯す誤りとして、過剰般化が挙げられる。それには、少なくとも次のようなケースが含まれる。自身が、あるいは教える生徒がこういった間違いを犯したことに心当たりがあるのではないだろうか。

過去形の場合

gived, breaked, maked, bringed, winned, losed, quitted, throwed

---

複数形の場合

womans, foots, tooths, mouses, informations, researches, evidences

---

比較級・最上級の場合

expensiver, more happy, more big, beautifulest, baddest, bestest

---

　過去形の場合は、習いたての頃は *played, studied, cried, gave, broke, made* と規則動詞も不規則動詞も両方とも正確に言えていたものが、いつの間にか -ed のパターンを不規則動詞にも当てはめてしまい、*gived, breaked, maked* と言ってしまった

りする。複数形の場合は、最初はwomanの複数形はwomen、footの複数形はfeetと教わり、またinformationはそのままでは数えられない不可算名詞なので、informationsとはならないと覚える。しかし、これらの単語はいつの間にか*womans, foots, informations*となってしまったりする。高校生や大学生が、ディベート活動やリサーチ・ペーパーなどで、*researches*や*evidences*と使っているのを目にすることは多い。面白いことに、本人はそれが間違いだと気づいている場合もあったり、間違いをはっきりと指摘されても、なかなか改まらなかったりする。

　比較級や最上級の場合は、-erと-estを語尾につける単語（high, small, cheap, longなど）、moreとmostを前に置く単語（beautiful, expensive, important, interestingなど）、そしてそれらのパターンに当てはまらない不規則形（good-better-best, bad-worse-worst, little-less-leastなど）と、形容詞によって異なったパターンを学ばなければならない。そこでいくら最初に正しく教えられた、あるいは覚えたとしても、いつの間にか*expensiver, more happy, more big*と言ってしまうことがある。また、*more harder, bestest, worstest*といった二重のマーキングの誤りも見られる。実はこういった間違いは英語の母語習得でも起きることであり、何も日本人英語学習者に限った問題ではない。

◯ 第2言語習得で見られるU字型発達曲線

　学習の初期段階で、生徒が教師の言うことをオウム返ししている間は、誤りの数はさほど目立たない。それは言われたことをそのまま鵜呑みにして再生しているだけだからである。この段階では、学習者はまだ自分の頭の中で言葉を十分に消化していない状態と言える。しかし、学ぶ言葉が増えてきたり、あるいは教わったことを実際に使ってみようとしたりすると、間違いが急に増えてくることがある。それは単に覚えたことを忘れてしまったからではなく、学んだことを自分なりに頭の中で整理していこうとする働きが生じるからである。

　習得の第2段階では、教師や教科書などの外部から与えられる情報よりも、自分の脳内で見いだした規則の方が重要性を帯びてくるようになる。一旦取り入れた情報に何らかの一貫性を求めようとする試みは、人間が本来持って生まれた学習本能であると言える。そのため、「前に説明したでしょ」とか、「何度言ったらわかるの」といったような助言や叱責は、この時点ではあまり意味を成さない。ある程度脳内での整理が終わらないと、外部からの情報と脳内で構築した知識形態を、落ち着いて比較分析することができないのである。そして、やがて比較分

析ができるようになると、その結果、初めて内部知識と外部情報との間でバランスの取れた言語能力を獲得できるようになっていくのである。こういった発達過程を、第2言語習得におけるU字型発達曲線として図5に改めて示しておこう。

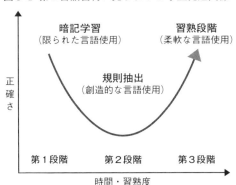

図5 ● 第2言語習得に見られるU字型発達曲線

　以上のような観点から見ると、母語習得と第2言語習得は、年齢や学習環境が大きく異なるにもかかわらず、こういった発達過程の面でかなりの類似性があることがわかるだろう。それは、母語と第2言語のどちらの習得の場合でも、学習の根本的なメカニズムに似通った部分があるからだと考えられる。

　図5と対比されるのが、図6に示されるような従来型の英語教育で期待される発達過程である。最初は知識不足のため間違うことが多いが、何度も練習を重ねるうちに、徐々に正確さが増していくという考え方である。仮に発達がまっすぐに直線として伸びないとしても、知識を徐々に積み重ねる中で、階段を上がるように向上していくと想定するものもある。どちらの場合も、積み重ね学習に重きを置いたものであり、断片的な知識の一つひとつの着実な定着により右肩上がりの発達を期待するものである。しかし、それは図5に示されるような第2言語習得の事実とは矛盾する考え方となっている。

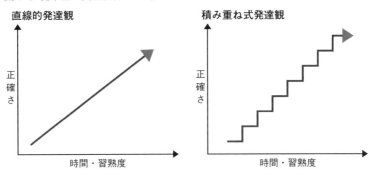

図6 従来型の英語教育で想定されている発達過程

　学習者の言語に関する知識が少ないということは、それだけ表現の幅も狭く、言えることも限られることを意味する。しかし、言語使用の正確さから言うと、「言えないことが多い」イコール「誤りが多い」ということには必ずしもならない。逆に、知識量が少ない分だけ、聞いた文やフレーズをそのまま繰り返すことが多くなるため、誤りを犯す確率は少なくなりやすい。皮肉にも、学習が進んで情報量が多くなり、言葉が創造的に使われるようになると、正確さが著しく下がってくるのである。そのため、「言語能力の伸展」イコール「正確さの向上」と必ずしもならないのは、母語習得でも第2言語習得でも共通した事実である。

自動詞 vs. 他動詞の場合

　それでは次に、第2言語習得研究で報告されてきている、他のU字型発達曲線の事例を紹介しよう。

◯ Breakの場合

　次の英文を見ていただきたい。読者はそれぞれの文が正しい英文だと思われるだろうか。それとも間違った英文だと思われるだろうか。

- He broke his leg.
- The cup broke.

　最初のHe broke his leg.はbreakという動詞を他動詞として使っており、この

場合は「壊す」「折る」といった意味である。一方、二番目のThe cup broke.ではbreakが自動詞として使われており、「壊れる」「割れる」という意味となる。どちらも正しい文であり、文法的に問題はない。こういった文を日本の中学生、高校生、大学生に見せたら、どういった反応を見せるだろうか。

ここでKellerman（1985）が行った実験の結果を紹介しよう。この実験では、年齢の異なるオランダ人の英語学習者グループに、これらの文を見てもらい、それぞれの文法性を判断してもらった。簡単な実験だが、その結果はとても示唆に富むものである。図7にその結果をグラフで示そう。図の縦軸には正解率が、横軸には学習者の年齢が示されている。実線がHe broke his leg.の結果であり、破線がThe cup broke.の結果である。

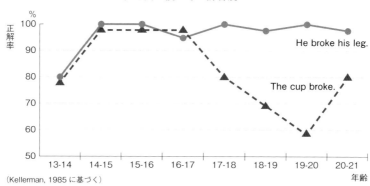

図7 ● Breakの自動詞と他動詞の使い方の許容度

(Kellerman, 1985に基づく)

He broke his leg.の場合は、14-15歳時点からの正解率は20-21歳に至るまで、ほぼ一貫して100％近くとなっており、その動きに特段変わった様子は見られない。一方、The cup broke.の方は、14-15歳から16-17歳ぐらいまでは正解率が高いが、17-18歳になると正解率が急激に下がり始める。19-20歳時点では、正解率が5割近くまで落ちてしまう。つまり、この文が正しくないと判断するようになるのである。そしてその後、再度正解率が上がり始め、The cup broke.を正しい文として認識するようになる。この文法性判断の年齢別による変化は、ちょうどU字型発達曲線を描く結果となっている。

◯ 言語的感受性の成長

　なぜこのような結果になったのだろうか。特に、年齢が上がって英語学習の習熟度が高まるにつれてThe cup broke.の正解率が落ちていくのは、なぜだろうか。その一つの有力な可能性として、学習初期の段階では、学習者は他動詞と自動詞の違いにさほど敏感ではないということが挙げられる。この段階の学習者にとって、「壊す」と「壊れる」の違いはあまり重要ではなく、注意を引くことではないのかもしれない。しかし、学習が進むにつれて、主語・動詞・目的語（Subject-Verb-Object）の英語の語順パターンが定着していくと、breakという単語が「壊す」という他動詞の意味でより強く認識されるようになっていく。コップはひとりでに壊れることはないので、誰か動作主として壊す人がいるという認識が芽えてくる。その時点で、The cup broke.に見られる自動詞のbreakの使われ方に不確かさや違和感を抱くようになり、その疑問は19-20歳ぐらいでピークを迎えると考えられる。その後、さらに学習が進むと、他動詞と自動詞の区別がつくようになり、次第に言語的疑問が解消されていく。

　ここで重要なのは、これらの学習者は教わったことを忘れてしまったり、頭が混乱してしまったから正解率が下がるわけではないということである。前にも述べたように、U字型発達曲線の中心で正解率が落ち込むのは、学習の"後退"からではなく、"前進"（あるいは"深化"）によって起こる現象である。これまでは無関心であった他動詞・自動詞の違いに敏感になり、動作主といった概念について意識を高めるからこそ起こる現象であると考えられる。そして、この段階を経てこそ、初めて動詞の柔軟な使い分けが可能になってくるのである。

　この実験の被験者はオランダ人の英語学習者であるが、日本人の英語学習者でも、おそらく似たような結果が得られるのではないかと推測される。筆者自身も、以前はThe cup broke.といった自動詞のbreakの使われ方に、かなり違和感を覚えていた時期があったのを思い出す。また、大学の授業で学生にこのような文を提示して尋ねると、多くの学生がThe cup broke.に対して「おかしいのではないか」といった反応を示す。大学生と言えば、ちょうど19〜20歳ぐらいの年齢である点が、上の研究結果と似ていて興味深いところである。

◯ その他の動詞の例

break 以外にも、似たような例は数々ある。例えば、次のような動詞例を考えてみていただきたい。

● I will show you my photographs tomorrow.
● His underwear is showing.

● I have to read the book by tomorrow.
● Your paper reads very well.

● My boyfriend plays the guitar very well.
● The movie is now playing at theaters everywhere.

● I walk along the beach every evening.
● I walk my dog in the park every day.

---

show の場合も break と同様に、他動詞としての意味の「見せる」の方が、自動詞の「見える」よりも一般的なのではないだろうか。しかし、His underwear is showing.（下着が見えている）もごく自然な言い方であり、これを He is showing his underwear.（彼は下着を見せている）と言ってしまうと、ずいぶん意味が違ってきてしまう。人に「失礼ですが……」と教えてあげたいとき、"Your underwear is showing." なら問題ないが、"You are showing your underwear." と言ったならば、「あなた、何でそんな物見せているのですか」といったニュアンスに取られてしまいかねず、気分を害してしまうかもしれない。

read の場合も、read the book といった他動詞的な使われ方の方が馴染み深く、Your paper reads well.（あなたの論文はよく書けている）といった自動詞的な使われ方には、どうもしっくりこない学習者も少なくないのではないだろうか。筆者自身も、アメリカ留学中に教授から "Your paper reads well." といったコメントをもらったときは、最初何を言わんとしているのかがよくわからず、戸惑ったことがあった。そして、頭の中で密かに、まさかアメリカ人の教授が間違った read の使い方をするはずがないと勘繰ったことを覚えている。

playでは、play the guitarといった他動詞的な使われ方と同時に、The movie is playing now.（その映画は今上映中だ）や、What's playing this weekend?（今週末何を上映している？）といった自動詞的な使われ方もよくされる。walkの場合は、逆に自動詞的な意味の方が馴染み深く、walk my dogといった他動詞的な使われ方は、ずいぶん後になってから習う学習者も多いだろう。もし読者がアメリカの大学のキャンパスなどで、"Walk bike"（もしくは"Walk your bike"）と書かれた標識を見たら、どういう意味だと捉えるだろうか。筆者は、周りの人の行動を見て、初めてそのエリアでは「自転車は押して歩きなさい」という意味であることがわかった。この場合のwalkは、他動詞としての「〜を連れて歩く、〜を押して歩く」といった意味で使われており、walkの自動詞的な意味しか知らない学習者にとっては、意外な驚きと映ることもある。

このように、動詞の自動詞と他動詞の使い方に違和感を覚えるようになったり、以前は気にしなかったことに敏感になったりするのも、英語習得が進んでいるからこそ現れる現象である。ここにも、必ずしも直線的には進まない言語習得の発達過程が見て取れるのではないだろうか。

仮定法の場合

もう少し複雑なU字型発達曲線の例として、仮定法について見てみよう。まず準備段階として、以下の文を英語に訳していただきたい。

- もし彼が来るとしたら、我々は出かけるだろう。（でも、来ないことがわかっているので、我々は出かけない。）
- もしもっと時間があるなら、私はあなたを手伝ってあげるだろう。（でも、実際は時間がないので、手伝えない。）
- もし雨が降るならば、彼らはコンサートをキャンセルするだろう。（でも、おそらく降らないので、コンサートは行われるだろう。）

これは仮定法過去の文を使うことを促した問題であるが、Kellerman (1985) は、オランダ人英語学習者がこういった文を作成する際、次のような誤った文を作成してしまうことを報告している。

- *If he would come, we would go out.*
- *If I would have more time, I would help you.*
- *If it would rain, they would cancel the concert.*

　仮定法過去は、現在の事実に反することを仮定するものであり、条件節では過去形の動詞を用い、主節では「would（should, could, might）＋ 動詞の原形」を使う。そのため、正しい言い方は、If he came, we would go out.、If I had more time, I would help you.、If it rained, they would cancel the concert.となる。しかし、上に記したオランダ人学習者の文では、主節だけでなく条件節でも「would ＋ 動詞の原形」を使ってしまっている。面白いことに、このような間違いはより英語力の高い大学生に多く見られ、彼らよりも英語力の劣る高校生は、大学生ほど間違わないことが発見されている。また、大学生の間では、英語習熟度が上がるに従って、正しい言い方ができるようになってくるという。つまり、仮定法過去の文の作成でも、正確さは高いものから一旦は低くなり、また再度上がっていくというU字型発達曲線を示すのである。この過程はどう説明されるのだろうか。

「過去じゃないのに過去形っておかしくない？！」

　Kellermanの説明はこうである。仮定法過去を学んだばかりの初期学習者は、過去の意味でないのに過去形を使うことに対して、何の違和感も持たない。それはそういったものなのだと素直に受け入れる。しかし、英語学習が進むにつれて、次第に意味と形式のギャップに違和感を覚えるようになってくる。表現したい内容は「過去」ではなく、"〜ならば"という「仮定」であるため、それに相応しい表現を自分なりに模索するようになる。そこで見つけるのが、主節にも使われているwouldである。「過去じゃないのに過去形っておかしくない？！」という学習者の素朴な疑問から、仮定を表すのにより相応しいと感じられるwouldが想起され、これがIf he would comeや、If I would have more timeといった表現となると考えられる。これはU字型発達曲線の第２段階に相当し、学習者なりに現在の仮定状況を動詞の過去形を使わずに表そうとした試みの結果と言える。

　ちなみに、もしこの誤りがいい加減に起こるものであるならば、*If he would come, we would go out.*といった例以外にも、If he came, we went out.と条件節でも主節でも過去形を使ってしまうものや、If he would come, we went out.と条件節ではwouldを使うが主節では過去形を使ってしまうような誤りがあっても不思

議ではないはずである。しかし、これらの一見あり得そうな誤りは、実はほとんど見られない。実際に起こる誤りは、両節でwouldを使ってしまうことである。

よくよく観察してみると、仮定法文の条件節にwouldを使う現象は、英語の母語話者の間でも見られることである。例えば、ネイティブによって使われている表現として、"I would do it if I would have the time." "If I would have seen one, I would have bought it for you." "I wish I would have done it."などがある。たとえ自分ではこれらの文を使わなかったとしても、他のネイティブが言うのを聞いたことがあったり、聞いてもさほど問題なく受け入れられる文であったりする。もしネイティブさえもがwouldを条件節で使うことがあるとすれば、英語学習者がそういった使い方をしたとしても何ら不思議ではないだろう。

歴史言語学的（Historical Linguistics）観点から言えば、今後、仮定法文の条件節でwouldを使う傾向はもっと増加していって、ひょっとしたら数十年後には標準化していく可能性も否定できないだろう。言葉は常に変化していることを考えると、こういった推測も決してでたらめとは言えない。要は、学習者の犯す誤りは、それなりの理由のあるものであり、単なる忘却や記憶違い、また勉強不足のせいにすることはできないということである。

U字型発達曲線が示す英語学習と教育へのヒント

U字型発達曲線は学習が後退するからではなく、前進するからこそ起こる現象であると述べた。これまで、個々の文法項目についての個別の理由も述べてきたが、以下ではそれらを整理して、より一般化した形でこういった事例が示す重要ポイントをまとめておきたい。

◎ 項目学習と体系学習

学習者の中に蓄積された言語情報が少ないときは、聞いたり読んだりする事例をそのまま記憶していく**項目学習（item learning）**が中心となる。しかし、情報量が増えていくと、その情報を基にパターンや規則を見いだそうとする脳の働きが生じてくる。項目学習から、規則に基づいた**体系学習（system learning）**へと自然と移行していくことになるのである。最終的には、両方の学習モードが共存して、効果的な言語運用能力が育っていくと考えられる（第6章「分析と統制の2次元モデル」参照）。このような学習モードの変化や融合といった作用が、

U字型発達曲線を引き起こす一つの原因となっていると考えられる。

　ここで見られる学習過程は、母語習得や自然環境（海外在住など）での第2言語習得といった場合にだけ起こるわけではなく、日本の教室環境で英語を学習するような際にも同様に当てはまる。例えば小学校での英語学習で、項目学習が重ねられていく中で、「先生、"単語の後にdをつけると"『〜した』って意味になる？」と聞いてくる児童がいるかもしれない。これは、児童の頭の中で、これまでに蓄積されてきた言語データを基に、言葉の分解と分析作業が進んでいる証拠として捉えられよう。中学校や高校で英語を学ぶ際も、生徒は文法説明だけに頼って学習しているわけではなく、説明と具体例を照らし合わせながら学んでいるのが普通である。その場合に起こる規則の習得は、それまでに蓄積された限られた例文の範囲内でのことであるので、脳内では引き続き言語情報の収集と蓄積、そしてその整理が進行していくこととなる。そういった中で、学習者は項目学習と体系学習の間を行き来して、自分なりに納得できる言葉のあり方を見いだしていくことになる。

　ここで大切なのは、学習者が英語のインプットに継続的に触れているからこそ、このような発達が可能になるということである。そのため、文法説明を基にそれを定着させるための練習問題ばかりを繰り返し行うのではなく、英語のインプットにできるだけ多く触れさせてあげ、さらに自らの言語力を駆使して自由に発話できる機会を与えてあげることが重要となる。U字型発達曲線で描かれている学びの姿は、少なくとも数週間から数カ月、時には数年を要する言語学習のダイナミックなあり方を見たものである。その意味で、短期的な視野で結果（正確な言語使用）を出さなければと焦るよりも、有意味な言葉に触れる中で進んでいく自然な言語習得の姿を、中・長期的な視野でじっくりと見守っていく姿勢を持ちたい。

◯ オンラインとオフラインの学び

　U字型発達曲線を学びの形態と深化という観点から言うと、オンラインとオフラインの学びとして捉えることもできる。説明やインプットに触れながら起こる**学びをオンラインの学び（on-line learning）**と呼ぶなら、外からの刺激から一旦離れた状態で脳内で引き起こされる学びを、**オフラインの学び（off-line learning）**と呼ぶことができる。人は、「外の世界」と接触する中でオンラインで学ぶこともあれば、自分の「内の世界」でオフラインで学ぶこともある。生徒が授業中に説明を聞いたり、英会話をしている最中に学ぶのがオンラインの学び

であり、授業や会話、また読んだ本などを後で振り返って、頭の中で情報を整理したり考えたりするのがオフラインの学びに当たる。

　日常生活の中でも、英会話を通して役立つフレーズの使い方を学んだり、洋画を観る中で英単語の発音を知ったり、英字新聞を読んでいて新しい熟語に出くわしたりすることもあれば、そういった経験を後でふと思い返して、「そういうことか!」と新たな学びに至ったりすることもあるだろう。一般的には、オンラインの学びが豊かになればなるほど、オフラインの学びが活性化されていく。同時に、オフラインの学びの活性化は、オンラインの学びをより豊かにしていく作用がある。オンラインの学びの豊かさがオフラインの学びを誘い、オフラインの学びがオンラインの学習の動機づけを与えてくれるといった具合に、双方が相乗効果をもたらしながら学習が進行していく。

　こういった観点からU字型発達曲線について考えると、それは「外」と「内」との学びが交錯する中で起こる現象として解釈することができよう。つまり、第1段階がオンラインを中心にした模倣の学びであるのに対して、第2段階がインプットやインストラクションを一時離れ保留した形で起こる、脳内での整理作業を通したオフラインの学びである。そして、最終的に第3段階で、オンラインとオフラインの学びが調和されたものへと移り変わっていく。それは知識を脳内に確実に定着させていく上で、不可欠なプロセスであると考えられる。

◯　誤りを避けることは成長を止めること

　U字型発達曲線の第2段階では誤りが増加するのが必然となるが、もしどうしても誤りを犯したくないというのであれば、どうすればよいか。教師の言う通りにして、教わったことを鵜呑みにして、主体的に考えることを止めればいいのである。そして、言語使用に際しても、あれこれ冒険しようとせずに、教わったことをできるだけ変えずにそのまま使っていけばいいのである。しかし、それで真の学びと呼べるのだろうか。これでは、学び成長していこうとする人間の本来の姿を否定することにつながりかねない。まさに、誤りを恐れ避けようとすることは、成長を止めることになってしまいかねないのである。

　言語習得に限らず人の学びを全般的に見ても、「創造性を生かして主体的に考える」「冒険を犯す」ということが重要な要素であり、そういった積極的な学習姿勢がないところに、本当の言語習得も、学びも、個人の成長もあり得ないだろう。言葉の学びでは、豊かなインプット(実際に使われている言葉)に多く触れ、

意味あるアウトプット（自らの考えを自由に発していくこと）の機会をできるだけ多く持ち、インタラクション（他者との交流を通してわかり合うこと）を通して相互理解を深めていくことが必須となる。それは単なる与えられた知識の積み重ねによる定着といった学習観をはるかに超えた、もっとダイナミックで生き生きとした学びの姿である。

　一般的な英語教育観では、「知識量」イコール「英語力」、もしくは「正確さ」イコール「英語力」と誤解されていることが多い。しかし、こういった考え方に縛られてしまうと、正確さを追求するあまりに、英語で自分の思ったことを表現したり、わからないことを相手に尋ねたりといった冒険をしなくなってしまう。だが、実際に英語を使ってみると、「知っている」と思っていたことが思ったようにうまく使えないことはよくあることである。それを経験するのが第2段階であり、そこを越えない限り、第3段階に到達する術はない。教えられた学びの範疇を超えて、本当の意味で言葉を自分のものとしていく学習過程にこそ、言語習得の本質があると言えよう。

◯ U字型発達曲線とテストと評価

　学校の中間テストや期末テストなどでは、U字型発達曲線で示される発達段階のどの時点の生徒の能力を測っているのだろうか。第1段階の暗記学習の能力か、第2段階の規則抽出と創造的使用の能力か、それとも第3段階の習熟した言語能力であろうか。多くの場合、形式的な正確さばかりに注目して、第1段階、つまり既習事項の暗記の度合いだけを測っているのではないだろうか。もしそういったテストの結果をもって、生徒の英語力を判断しているとしたら、それは大きな間違いを犯してしまっているかもしれない。習得の第1段階は、あくまでも人から教わったことをそのまま取り入れているだけの段階であって、与えられた情報を十分に消化しているわけではない。より重要となるのは、その先にある創造的なプロセスであると言えよう。

　暗記中心のテストができれば「英語ができる」、できなければ「英語ができない」といった考えに陥ってしまうとしたら、それは大変に危険なことである。すでに暗記中心の段階を越えて自分なりに言葉を消化しようとしている生徒にとっては、暗記中心のテストで悪い結果に終わってしまうことがあるかもしれない。丸暗記だけでは飽き足らずに、批判精神を持って自ら積極的に思考し、何のための学習なのか考えるような生徒にとっては、そういった危険性はおのずと高まりやすく

なるだろう。考える生徒が損をするようなテストのあり方で本当にいいのか、再考が必要である。

　それでは、U字型発達曲線の第2段階や第3段階の能力を試すテストはできないのだろうか。それはもちろん可能である。ただ、そのためには、これまでの知識量や正確さだけを問うた暗記中心のテスト概念を根本的に見直さなければなればならない。**言語能力 (linguistic competence)** には、「正確さ」(accuracy) 以外にも、「流暢さ」(fluency)、「複雑さ」(complexity) といった側面があり、複雑さには「語彙の幅」(lexical complexity) と「文法の複雑性」(grammatical complexity) が含まれている。これらの諸側面はお互いに反発し合うことも多く、正確さを求めれば流暢さや複雑性が犠牲になりやすく、逆に流暢さを優先させると、正確さが落ちやすくなる。そのため、どれか一つだけを優先して考えるよりも、それぞれのバランスのあり方を見て考えていかなければならないこととなる。

　これら言語能力の諸側面は、4技能全てに当てはまることも忘れてはならない。例えば「正確さ」は、話したり書いたりする発信面だけでなく、聞いたり読んだりした際に、内容把握がどこまで的確にできるかといったことに現れてくる。「流暢さ」においては、限られた時間内でどこまでスムーズに言語処理を行って、話し、書き、読み、また聞き取れるか、その処理できる速度や量として現れてこよう。「複雑さ」は、扱える内容や語彙、文法の幅と柔軟性として、これも4技能全般に当てはまるものである。

　前述したように、U字型発達曲線の第2段階の特徴を「創造的な言語使用」、第3段階の特徴を「柔軟な言語使用」として捉えると、テスト作成に際しては、実際の言語使用状況をもっとテストに反映させることで、第1段階のみに特化した「限られた言語使用」の範疇を超えた評価が可能になってくる。近年の大学入学試験のあり方が、第1段階を超えて、第2・3段階を見据えたテスト形態（問題量の増加、個別の文法問題の減少、技能統合型問題の導入、パフォーマンス評価の検討等）へと変わってきていることを考えると、定期テストのあり方も授業のあり方と並行して、今後改善が必要となってくるだろう。

◯　コミュニケーション能力の評価へ

　言語能力をより広く捉えれば、それは**コミュニケーション能力 (communicative competence)** となる。コミュニケーション能力には言語能力以外にも、言語使用の「談話的適切さ」(pragmatic appropriateness) や、与えられたタスクを

達成できるかといった「コミュニケーションの効果性・機能性」(communicability, functionability, task accomplishment)、また「コミュニケーション対応能力」(strategic competence) といった側面もある。単なる知識の積み重ねをはるかに超えた、どれも重要なコミュニケーション能力の一部である。

「談話的適切さ」は、文法的に正確というだけでなく、与えられた状況や対話相手に応じて、いかに適切な表現が使えるか、また解釈できるかが問題となる。例えば、友人に対しては Open the window, will you? で済むかもしれないが、目上の者に対しては、より丁寧に Would you mind opening the window, please? となるかもしれない。そういった状況判断を伴う能力が談話的適切さである。「コミュニケーションの効果性・機能性」は、与えられたタスクをどこまで効果的に達成できるかを問題とする。例えば、買い物に行った際、自分の欲しいものが購入できるかどうか、また何かを決める話し合いをする際、どこまで自分の立場を表明できて、相手の言い分を考慮した上でお互いの考えをまとめることができるかといったことが重要になる。言語的に正確だからといって、タスクがうまく達成できるとは限らず、逆に言語的に不正確だからといって、タスクができないということにはならないところが重要なポイントである。

「コミュニケーション対応能力」は、内容理解や意思伝達に困難が生じたときにどう対処して、どう対話を維持し、深めていけるかが一つの指標となってくる。例えば、リスニングやリーディングでは、未知語や未知表現に遭遇したときに、どこまで文脈や既知知識を使って推測できるかが問われよう。スピーキングやライティングでは、伝えたい内容を表現するのに困ったときに、どう言い換えや遠回し表現、あるいは例示などを使って意思疎通が図れるかといったことが問題となる。こういったあらゆるコミュニケーション能力の側面を4技能を通じてバランスよく見ていくことが、これからのテストと評価では求められてくることになるだろう。

大人が文法を使いこなしていくプロセスとは?

ここでは、英語学習者がどのような段階を経て、文法を駆使した発話力を発達させていくかについて見ていきたい。

日本人英語学習者の発話に見られる発達段階

第1章で、子どもの文法発達過程は一語発話期から二語発話期、そして電報文発話期を経てより複雑な発展を遂げることを述べた。第2言語学習者は幼児と違って、さすがに *Dada* や *Mama* などとは言わないが、日本人旅行観光者や留学生等の発話を聞いてみると、子どもが示す一語発話期や二語発話期のものとよく似た発話形態が見られる。表6にいくつかの例を示してみよう。自身が、もしくは教える生徒がこういった発話をするのを聞いたことはないだろうか。

表6 ● 日本人英語学習者の発達段階別の英語発話例

発達段階	発話例	発話場面・意図
一語発話期	Yes (Yeah).	▶日本から来たのかと聞かれたとき
	No (No, no).	▶食事のお代わりが欲しいか聞かれたとき
	OK (OK, OK).	▶隣の席に座ってもいいかと聞かれたとき
	(I'm) Sorry.	▶人にものを手渡してもらったとき
	What?	▶相手の言ったことが聞き取れなかったとき
二語発話期	This one.	▶店でどの商品が欲しいか聞かれたとき
	No problem.	▶宿題の量が多すぎないか聞かれたとき
	You know?	▶相手に何かを知っているかどうか聞くとき
	I like.	▶あるものの好き嫌いについて聞かれたとき
	I have.	▶あるものを持っているか聞かれたとき
	Cup change?	▶店で汚れたグラスを取り替えてほしいと頼むとき

電報文発話期	*Many friend go.*	▶ Many friends are going with me.
	There is many interesting place.	▶ There are many interesting places to go for sightseeing.
	I study English for 10 year.	▶ I have studied English for 10 years.
	He write good English sentence.	▶ He writes good English sentences.
	Dog loyal, but not cat.	▶ Dogs are loyal to humans, but cats are not.
	Japan not so cold.	▶ It's not so cold in Japan now.
	That enough for me.	▶ That is good enough for me.
	She talking to me.	▶ She was talking to me.

◎ 日本人英語学習者の一語・二語・電報文発話

　大人の第2言語習得研究では、一語発話期や二語発話期といった呼び方は特にされていないが、実際には、各段階に相当する発話はよく聞かれることである。例えば、yesやnoという意思を表明しなければならない場面に直面したとき、必ずしもYes, I am. / Yes, I do. / No, I am not. / No, I don'tや、Yes, please. / Yes, go right ahead.などとは言わずに、単にyes / noと言うか、もしくは*Yes yes yes* / *No no no*と繰り返して言うのを耳にすることは意外と多い。他にも、Thank you.の代わりに、日本的な感覚で*Sorry*「すみません」と言ってお礼を述べたりすることもよくあることである。

　二語発話としては、*This one, No problem, You know?*などの例が挙げられるが、もしこれらをチャンクとして使っているならば、一語発話の事例として捉えられるだろう。その判断は、これらの語がどのように応用されて使われているかを見ればわかる。例えば、This oneだけでなく、That one, These onesなどが使われたり、You knowだけでなく、He know(s), They knowなどのバリエーションが使われたりしている場合は、二語文として捉えられよう。*I like*や*I have*といった発話は、Do you like sushi? Do you have the book? などと聞かれた際、*Yes I like I like.*や*Yes yes I have.*といった形での返答として用いられ、目的語が省略されているのが特徴である。*Cup change*は、レストランで汚れたグラスを取り替えてほしいときに、ウェイトレスにCould you exchange the glass with another one, please? と言おうとして出てきた表現であり、グラスを掲げるといったジェスチャーとともに発話しているため、その意図は十分に伝わっているものである。

　電報文発話期では、意思伝達の上で重要となる内容語は含まれているが、機能語が省かれているという点で、子どもの電報文とよく似ている。例えば、*Many friend go.* は Many friends are going with me. を意図しており、複数形の -s、be 動詞、進行形 -ing、そして前置詞句が省かれているが、伝えたい意味は文脈から十分に推測可能である。*I study English for 10 year.* も、have とともに完了形が省かれているが、for 10 year といった時点で、複数形の -s が抜けていたとしても、意図することはきちんと伝わるものとなっている。

　こういった発話は、何も海外などの自然環境で英語を学んだ日本人学習者（いわゆる English as a Second Language: ESL 学習者）に限られたものではない。日本の教室環境で英語を学び、単語や文法をしっかりと勉強してきた EFL (English as a Foreign Language) 学習者も、とっさのコミュニケーションに迫られると、自然とこういった発話となるのが普通である。短期留学の学生や、ワーキングホリデーで海外を訪れている人々などが英語を使う際、一語文、二語文、電報文を発することを聞くことは決して珍しいことではない。同様のことはスピーキングだけでなく、ライティングでも概ね当てはまり、時間制限の設けられた状況で複雑な内容について書かなければならないような際は、それが特に顕著に現れる。上に挙げたような事例は、文法学習を行って、いくら**メタ言語の知識 (metalinguistic knowledge)** を身につけたとしても、それが必ずしも実践的コミュニケーション能力とは結びついていかないことを示している。教わって理解しているからといって、正しく使えるということにはならないのである。

子どもと大人では習得順序は全く違うか？

次に、もう少し複雑な文法力の発達例として、疑問文と否定文の発達過程を見てみよう。

疑問文の場合

英語の疑問文の習得については、第1章で子どものyes/no疑問文とwh-疑問文の発達過程を見た。大人の第2言語習得の場合は、どうなるのだろうか。表7に、第2言語習得における英語疑問文の典型的な発達順序を示そう。

表7 ● 第2言語習得で見られる英語の疑問文の発達順序

発達段階	発話例	疑問形態
1	*A dog?* *What's your name?*	単語／フレーズ／決まり文句
2	*It's a monster in the right corner?* *The boys throw the shoes?* *You like this?* *Ichiro speaks English very well?* *He's from Mexico?*	肯定文の語順で上昇調イントネーション
3	*Can you write?* *Do you have shoes on your picture?* *Does in this picture there is four astronauts?* *Is the picture has two planets on the top?* *Is anyone have talent?* *Where the little children are?* *When the cruise will start?* *How you write?*	疑問詞の文頭への前置き
4	*Is there a fish in the water?* *Do you like ice cream?* *Where is the sun?* *Where is the ball?* *Where you played baseball?*	yes/no疑問文とwh- + be動詞での語順倒置

5	What's the boy doing? Where did she go shopping? Why can he go out? Why he can't go out? I don't know how do you say.	wh-疑問文での語順倒置
6	Why can't you go? Can you tell me what the date is today? Does she like where she lives? It's on the wall, isn't it? You have been to America, haven't you?	複雑な疑問文の使用： 否定疑問文 間接疑問文 付加疑問文

疑問文の発達順序

　まず、第1段階では、単語やフレーズを上昇調のイントネーションで言うことで疑問形を表現している。同時に、*What's your name? Where (are) you from? What (do) you mean?* といった決まり文句が多用されたりもする。表7に挙げた例以外にも、*Right? You know? OK? (Do) you like (it)? (Do) you want (it)? You mean ...?* など、フレーズやチャンクとして使われるものも多く、コミュニケーションのさまざまな場面に対応する上で、至極便利なものである。第2段階に入ると、文単位で発話されるようになるが、ここでも上昇調のイントネーションを使って疑問を表しているパターンは変わらない。

　第3段階になると、語順にも変化が見られるようになるが、必ずしも文法的に正しい形とはなっていない。*Can you write?* や *Do you have shoes?* と正しくなる場合もあれば、*Does in this picture there is four astronauts?* などと間違った言い方となる場合もある。これらの発話で共通するのは、どの文も Can, Do, Does といった助動詞を前置きすることで疑問形を表していることである。そこでは主語・助動詞の倒置といった内部分析のされた文法操作はまだ起こっておらず、動詞における人称、数、時制の一致も見受けられない。*Do you ...? Can you ...?* などの場合は、チャンクとして使われている可能性もあろう。wh-疑問文の場合は、*Where the little children are?* といったように、wh-疑問詞の前置きはされるが、主語・助動詞（be動詞）倒置はまだ習得されていない。

　それが第4段階に進むと、yes/no疑問文とwh- + be動詞での語順倒置が可能

となるが、be動詞以外の一般動詞を伴った場合では、倒置がまだうまくできないでいる。しかし、これが第5段階に入ると、一般動詞がある場合でも wh-疑問文で語順倒置ができるようになってくる。だが、課題が残るのが、*Why he can't go out?* に見られるような否定形での疑問文である。この段階では、*I don't know how do you say.* と、間接疑問文での過剰な語順倒置も見られる。そして、この先もっと習得が進んでいくと、否定疑問文、間接疑問文、また付加疑問文などの複雑な疑問形も自由に使いこなすことができる第6段階に入っていくのである。

◯ 発達順序を考える上での留意点

こういった発達段階を考える上で理解しておかなければならないのは、それぞれの段階が、「ここまでは第1段階」「ここからは第2段階」とはっきりと区別できるわけではないということである。実際は、それぞれの段階がオーバーラップしながら、使われる形式パターンの頻度が変わっていき、徐々に上達の方向に向かうことになる。例えば、学習者が第5段階に達したからといって、いつも安定してwh-疑問文やyes/no疑問文で語順倒置ができるとは限らず、伝達内容の複雑さが増したり、コミュニケーションのプレッシャーが増したりすると、上昇調イントネーションを使って質問がなされることもある。また、役立つチャンクや決まり文句を活用し続けることもあるだろう。このように、段階間でのオーバーラップは見られるが、発達段階を上がっていくに従って、表現に幅と柔軟性が出てきて、より複雑な文法処理を行う頻度も、またその速度も上がっていくことになる。

別の重要な点として、発達順序はあくまでも実際のコミュニケーションの中で見られるものであり、書き換えや穴埋め問題などの筆記テストで容易に確認できるものではないということである。つまり、いくらそういったテストで正しく文法を使えたとしても、そのテスト結果をもって、学習者が発達段階のどのあたりまで達しているかを判断することは難しい。実際のコミュニケーション状況下では、学習者は発話をリハーサルしたり、モニタリングして自己訂正したりする時間はほとんどない。そうした意味重視の状況下で、学習者がどういった疑問文を発していくのかが、発達段階を決定する上で重要になってくる。ここで注目する発話は、「創造的な言語使用」（creative language use）、あるいは「自発的言語使用」（spontaneous language use）であり、単なる繰り返し（repetition）や事前準備された言語使用（planned / rehearsed language use）とは異なる。

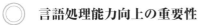 **言語処理能力向上の重要性**

　このように実際のコミュニケーションの中での言葉の運用を見たとき、子どもの母語習得と大人の第2言語習得との間に、大きな類似点が浮かび上がってくる。第1章で示した表4とp.64の表7の発達順序を見比べていただきたい。段階の分け方に多少の違いはあるものの、両者はとてもよく似ていることがわかるだろう。その理由は、双方において、言語情報の脳内処理能力が大きく関わっているからと考えられる。

　母語習得でも第2言語習得でも、習得の初期段階では処理能力があまり発達していないため、細かな文法操作などを要しない上昇調のイントネーションを使った表現が好まれる。それが使用を通して徐々に言語処理能力が高まってくると、疑問詞の前置き、語順倒置、複数の文法操作の同時処理といったことが順々に可能になってくる。第2言語習得で、学習者の文法に関する概念的な理解がいくら進んでいようと、リアルタイムでの言語処理能力がそれに追いついていなければ、持っている知識をフル活用することはできない。

　発話に際しては、単語や表現を検索し、文法処理を施して、それを音声化するといった一連の複雑な作業をこなさなければならず、それを難なく行うには相当の処理能力を伸ばすことが必要になってくる。こういった処理能力を磨いていくためには、機械的に文法操作の練習をするだけでは不十分であり、やはりコミュニケーションの中で、意味伝達のために言葉を使う経験を多く積んでいく必要がある。

否定文の場合

　最後にもう一つ、第2言語習得における英語の否定形の発達順序について見ておこう。be動詞や助動詞であれば、いかなる時制であれ、その後にnotを置くことで否定文ができる。一般動詞であれば、動詞の前にdo, does, did + notをつけることで否定形となる。こうした説明はさほど難しく感じられないかもしれないが、実際にこれを使うとなると、処理能力の発達が関係してきて、否定文の産出も時間をかけて段々にしか進んでいかないことになる。表8に、否定文の発達の4段階を示そう。

表8 ● 第2言語習得で見られる英語の否定文の発達順序

発達段階	発話例	否定形態
1	*No bicycle.* *No you playing here.* *No you pay it.* *He not speak English well.* *Maria not coming today.*	Noまたはnotを文頭または動詞前につける
2	*She don't like rice.* *I don't can play good.* *John don't come to class yesterday.*	動詞の前にdon'tをつける
3	*I can't play the guitar.* *It wasn't so big.* *I won't go.* *I wasn't want to see you.* *They aren't sing the song in English.*	助動詞やbe動詞にnotをつける
4	*She doesn't drink alcohol.* *We didn't have supper.* *She didn't believe me.* *He doesn't wants to go.* *I didn't went there.* *You didn't caught me.*	分析されたdon'tの使用

◯ 否定文の発達順序

　まず第1段階では、noまたはnotを文頭や動詞の前につけるだけの否定形である。肯定文の最初にnoをつけ足すだけなので、とても簡単な方法である。動詞の前にnoやnotをつける形も、主語の人称や時制を考慮しなくて済むので、認知的負担は少ない。「自分は文法が得意なのでそんな否定形は使わない」と言う人もいるかもしれないが、コミュニケーション場面での英語使用を思い浮かべてみると、案外無意識で使っていたりする。筆者も、初めてアメリカ留学したときは、*No money.*（I didn't bring any money.）や *No time now.*（I don't have time right now.）などの否定形をよく使った覚えがある。また、あるとき日本食レストランで客同士が会話をしているのを聞くと、*No you pay here. We pay here. OK?* といった会話

が聞こえてきたことがある。日本人のビジネスマンらしき人がアメリカ人の顧客らしき人に向かって言っていたフレーズだが、状況から判断して、You don't have to pay here because we will pay. This is our treat, OK? といったことを意図していたようである。このように、気をつけて見てみると、noの外づけ否定は日本人学習者も意外とよく使う表現であることに気づくだろう。

　第2段階では、動詞の前にdon'tが頻繁に使われるようになる。しかし、*She don't like rice.* や *John don't come to class yesterday.* に見られるように、人称、数、時制の一致はまだ見られない。そのため、この段階で使われるdon'tは、"do + not"という形で理解されて使われているというよりも、チャンクとして扱われている可能性が高い。第3段階では、助動詞やbe動詞の後に否定語をつけて使うことが多くなり、can't, isn't, won'tといったバリエーションが見られるようになる。しかし、*I wasn't want to see you.* の例に見られるように、必ずしもbe動詞、助動詞と一般動詞を正しく区別して否定形を使いこなしているわけではない。

　それが第4段階になると、don'tだけでなくdoesn't, didn'tの形も安定して現れるようになり、バリエーションが豊富になってくる。だが、*He doesn't wants to go.* のように、3人称単数現在形の-sが動詞後に残ったり、*I didn't went there.* と二重の過去形を使ってしまったりと、文法の習得には課題がまだ残る。そのため、否定形の人称、数、時制の一致が一貫して正しく言えるようになるのは、第4段階以降ということになる。

◉ 学習者が形成する「中間言語」

　疑問文の習得の場合と同様に、学習者の否定形の発達段階を見極めるためには、言葉の概念的な理解や、練習問題またはドリル練習などで見られる機械的文法操作ではなく、実際のコミュニケーション場面で見られる言葉の運用能力に焦点を当てなければならない。そして、発達段階を上がって運用能力を高めていくためには、やはりコミュニケーション状況下での練習を積んでいくしかない。最初は、noの外づけや、I don't know. やI don't understand. といったチャンク表現ばかりを多用することになっても、より多くのインプットに触れていき、自らもさまざまなコミュニケーション・ニーズに応えようと英語を使っていく中で、段々と発達段階を上がっていくことが可能となる。その途中では、Bob don't ... uh ... doesn't know about it. / He didn't went ... he didn't go there. などと自己訂正を繰り返すこともあるが、次第に表現の幅を広げていき、柔軟にまた自然に否定形を

発せられるようになっていくのである。

　本章でこれまで見てきた各種の発達段階や発達順序は、学習者の年齢や母語の違いなどに左右されない、普遍的とも呼べる言語習得現象として知られている。ただ、そうは言っても、そこには学習者の母語が何であるかによって、微妙な傾向性の違いが生じてくることも事実である。例えば、日本語などの否定語を動詞の後に置く言語（例：「話せ<u>ない</u>」「読ま<u>ない</u>」）を母語として持つ学習者は、スペイン語などの否定語を動詞の前に置く言語（例：Yo <u>no</u> hablo Inglés.）を母語に持つ学習者と比べて、第１段階のnoまたはnotの外づけの否定形を使う頻度が少ないと言われている。一方、後者の学習者は、第１・２段階にとどまる期間が比較的長くなりやすく、ともするとそこから抜け出られなかったりすることもあることが報告されている。この場合、スペイン語と英語の類似性が発達を遅らせ、日本語と英語の相違性が発達を早める結果になっていると考えられる。

　いずれにせよ、学習者は言語発達の普遍的な側面と、母語などの学習者間で異なる要素の両方の影響を多分に受けながら、その過程で**中間言語 (interlanguage)**と呼ばれるユニークな言語体系を脳内に構築していく。中間言語という用語は、もともと学習者の母語でもなく、学んでいる目標言語でもない、その中間に位置づけられた言語という意味でそう名づけられたものである。しかし、その形成には母語と目標言語以外の多くの要因も関係し、複雑な交互作用を通して生み出されていくものである。そういった点に着目して、第２言語習得研究は、中間言語を研究する学問分野であるとさえ言われることもある。母語をはじめとする第２言語習得過程で関わってくるさまざまな要因の影響に関しては、次章以降でより詳しく見ていくこととする。

まとめ　本章では、データを基に第２言語学習者がどのような過程を経て英語を習得していくかを見てきた。母語を習得する子どもと同じように、第２言語学習者は、項目学習、体系学習、そして両者を融合させた学習を経て、英語を習得していく。それはＵ字型の発達曲線を描いて進む過程であり、過去形、複数形、比較級、最上級といった形態素をはじめ、自動詞・他動詞の使い方や、仮定法といった幅広い言語項目で観察される習得過程である。初期の文法発達では、最初は一語発話や二語発話が主だったのが、次第に電報文発話へと発展していき、やがて機能語も取り入れられるようになっていく。より

複雑な文法である疑問文や否定文の習得も、やはり一定の発達順序を経て、英語運用能力を徐々に伸ばしていくこととなる。

こういった本来の習得の姿は、形式中心、暗記中心の授業ではなかなか現れにくく、意味重視のコミュニケーション主体の英語運用の中でこそ初めて鮮明に浮かび上がってくるものである。母語習得と第2言語習得は、その学習年齢や学習環境の違いから、とかく相違点ばかりが強調されることが多いが、その学習メカニズムをつぶさに観察してみると、実は両者には多くの共通点が確認される。いたずらに違いばかりを強調するのではなく、両者の共通点もしっかりと認識・把握した上で、英語学習と教育について考えていくことが大事である。

前章のまとめで、母語習得の四つの特徴として、系統性、創造性、自律性、そして漸進性について述べたが、第2言語習得においても、同様のことが言える。これらの特徴を、ここでまとめておきたい。

(1) 系統性 (Regularity)

第2言語習得の過程で、学習者は数々の誤りを犯すが、その多くは系統的なものであり、その背後には何らかの妥当な理由があることがほとんどである。また、学習過程には学習者間で共通した発達段階が存在し、学習者はその過程をたどることで第2言語を習得していく。

(2) 創造性 (Creativity)

第2言語学習者は聞いたことや教わったことをそのまま鵜呑みにして覚えていくのではなく、触れる情報に照らし合わせて自ら考え、コミュニケーションの中で使用していくことを通して、習得を進め深めていく。その過程は受け身的な暗記学習をはるかに超えた、高度で創造的なプロセスである。

(3) 自律性 (Autonomy)

第2言語習得の初期段階では、学習者は限られたことしか話すことができないが、それでも持てる知識を何とか使って意思疎通を図ろうとする。そして、「限られた使用」が徐々に「創造的使用」へと移り、最終的に「柔軟な言語使用」へと進んでいくこととなる。その過程は、本質的に主体的なものであり、第2言語での自律性獲得のプロセスとも言える。

(4) 漸進性 (Graduality)

第2言語習得は時間のかかるプロセスであり、いくら学習者の年齢や認知レベルが母語習得のそれと比べて高かったとしても、規則の概念的な理解からすぐに柔軟で正確な言語使用へと移行できるものではない。言語処理能力の向上のためには、コミュニケーションの状況下で、受信面と発信面の両方で

繰り返し言葉を使っていくことが欠かせない。

次章では、母語習得と第２言語習得の相違点について見ていきたい。

Column 2

スピーキング能力を伸ばすために

スピーキングとリスニングのつながり

　Column 1では、言語能力の基礎となるリスニングの重要性とその能力の伸ばし方について述べた。本コラムでは、リスニングの次に来るスピーキング能力に焦点を当てよう。最初に強調しておきたいのは、スピーキング力だけを伸ばそうと発話練習ばかりに励んだとしても、それだけではスピーキング力はなかなか伸ばせないという事実である。話せる人は、人一倍たくさん聞いている人であり、大して聞いていない人が、ペラペラ話せるようになることは絶対にない。聞いて理解した10のうち、1～2が使えるようになるぐらいが普通だろう。日常生活でも、自ら発信しているよりも情報や意見を受信している方が圧倒的に多いことが普通である。こういったことを考えると、いくらスピーキングのような発信力の育成が重要とは言っても、受信力をおろそかにした上での発信力の向上はただの幻であると言えよう。

　だが、「英語を聞いて何とか理解できるが、話せない」という人がたくさん存在することも事実である。こういった人たちは、話を大雑把にしか聞いていないことが多く、リスニング力がスピーキング力につながりにくくなってしまっている。聞く際は、主に内容語に注意した**意味的処理（semantic processing)**をすることが多いが、発話の際は、内容面もさることながら、もっと文法面に注意した**統語的処理（syntactic processing)**が要求されると言われる。そのため、聞いたことを発話に役立たせるためには、何となく聞くといった**受動的なリスニング（passive listening)**ではなく、自分が話すことも想定しながら積極的に聞く**能動的なリスニング（active listening)**が大事になる。スピーキングを意識しながら傾聴するようになると、内容語だけでなく、単語や文法の使い方など、もっと細かい部分に注目できるようになってくる。

スピーキングのプロセス

スピーキング力を伸ばすには、能動的リスニングに加えて、スピーキング特有の技能も鍛錬していかなければならない。スピーキングは、発話内容の考案に始まり（message generation）、適切な語彙の検索・取り出し（lexical search and retrieval）、文法規則に則った文の作成（grammatical encoding）、文の音声化（phonological encoding / articulation）、さらに音声化したアウトプットと伝えたい内容の合致度のチェック（monitoring）、そして必要に応じて発話内容・表現の調整（reformulating, revising）といった一連の過程を経ることになる（図B参照）。こういった処理過程を自動化していく中で、初めて流暢かつ複雑な発話が可能となっていくのである。そのため、リスニングを基礎としつつも、スピーキング特有の処理能力も同時に鍛えていく必要があるだろう。

図B ● スピーキングのプロセス

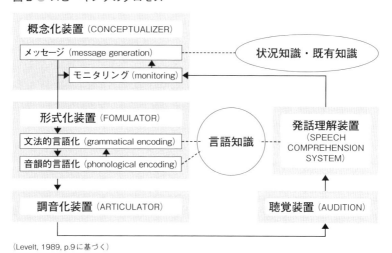

(Levelt, 1989, p.9に基づく)

スピーキング能力を伸ばすためのヒント

スピーキングを練習するには普通、相手が必要だが、創意工夫によっては一人でできるスピーキングの練習方法も存在する。スピーキング力の養成のため

に大事なのは、図Bに示したようなスピーキングの過程を意識した練習を重ねることである。そのため、一人で練習する際も、発話内容をしっかりと考えて、それを「形式化」、「調音化」してみる。発話の際は、自分の言わんとすることが的確に表せたかどうかをチェックして、必要なら何度でも言い直すことが大切である。こういった丁寧な発話練習は、一人だからこそ気兼ねなくできることである。気軽な気持ちで楽しみながら試してみるといいだろう。

簡単にできる練習方法として、身近なことを英語で言ってみるというのがある。例えば、朝起きてからの行動や感情を全て英語で言ってみる（例：I wake up at 6:30 when the alarm clock goes off. I am still sleepy, but I manage to get up and go to the bathroom…）。もしくは、電車やバスで見たり聞いたりしたことを心の中で描写してみる（例：I see a woman on the platform. She seems to be texting to somebody. If she keeps staring at the smartphone while walking, she might fall off the platform. I kind of worry about her…）。夜には、1日あったことを回想してみたりする（例：I had six classes today. The first class was my favorite class, history. We covered the Kamakura period today. I like history because I feel like I am searching for my past identity or roots of myself or my ancestors…）。翌日や翌週の予定を声に出して言うこともできる（What am I going to do tomorrow? I have to get up early tomorrow because I need to do the morning training of my club…）。

こういったときにどのような表現が役立つかを集めた教材（アルクの「起きてから寝るまで英語表現」シリーズなど）も市販されているので、参考にするといいだろう。ある程度表現を覚えてから発話するというのではなく、まず初めに自分でどこまで言えるかを試してみて、それから参考書を活用していくと、発見学習の面白みもあり、より良い定着も期待できる。また、単に表現を暗記するのではなく、自分なりに言い換えてみて、伝えたい意味をしっかり発話する癖をつけることが大切である。

見たり読んだりしたニュース等の内容を、口頭でまとめたり、自分の感想を述べたりすることも有効な練習方法である（例：The newspaper says that a wild elephant went on a rampage in a village in India. How interesting. It was good that nobody got hurt, even though many houses were damaged. It seems that many wild animals are losing their habitat and wander around in those villages…)。Column 1 で紹介したリスニング教材等を使うと、リスニング、スピーキング両方の練習が同時にできる。もし練習中に単語や表現に詰まったら、もう一度インプット（ニュース番組や記事）に戻って表現を確かめた上で話をつないでいくといいだろう。

スピーキング練習も、しばらくすると内容的にも言語的にもネタが切れ、同じことの繰り返しになってしまう。アウトプットは自分の知っている範囲内でしか起こらないので、豊富なインプットに触れて表現を吸収し続けなければ、そのうち表現が尽きてしまうからである。だからこそ、インプットとアウトプットを行ったり来たりするような勉強法が必要なのである。

英語教師にとっては、授業を英語で教えることが貴重な鍛錬の機会となるだろう。生徒に英語でのコミュニケーションを促しながら、教師も一緒に英語を使い、自身のコミュニケーション力を伸ばしていくのである。当然、生徒を無視して、教師が自己満足のスピーチを延々とするようなことはあってはならない。大事なのは、あくまでも生徒の学びを助ける豊かなコミュニケーションであり、そのための教師の英語使用である。同時に、「教えることは学ぶこと」なので、教師も教えながら自ら向上を目指していくべきである。そういった姿勢が、生徒のロールモデルとして大切になってこよう。

スピーキングのチャンスは、授業以外にもいろいろとある。ALT と授業や学校行事、あるいは日本の生活などについて語り合うことは、とても貴重な経験である。日本人教員の間で、日頃から英語で話し合うのもいいだろう。最初は気恥ずかしく感じられるかもしれないが、これも自己鍛錬の機会である。毎回、トピック（例えば、生徒の様子を語り合って共有する、その月に予定されている学校イベントについて意見交換するなど）を決めて、目的と時間を定めて行うとやりやすくなるだろう。

**筆者の
スピーキング学習
体験**

筆者のスピーキング力は、ESS に所属していた日本の大学時代と、その後のアメリカ留学中に伸びたことは確かだが、日本に帰って来て大学で教鞭をとり始めてからも、かなり伸びていると実感している。授業は基本的に全て英語で行うが、毎回授業準備とリハーサルを念入りに行うようにしてきている。イントロダクションをどうするか。スモール・トークをどう展開するか。活動の手順とモデルをどう示すか等々、さ

まざまな場面を想定して、あらかじめ自分の表現をリハーサルしておく。時には、授業中に予期していなかった話題や質問が出て、困ったり躊躇したりすることもあるが、怯まずに挑戦することをこれまでずっと心がけてきている。

　もちろん思ったようにうまく話せないことも度々あった。曖昧な言い方でごまかしてしまったり、日本語を挟んでしのいだり、時にはNever mind. などと言って、途中で話題を変えてしまったりしたこともある。だが、そういうときは、授業後に反省も含めてうまく言えなかった箇所をチェックし、できるだけ次回に備えるようにしてきた。「自分のスピーキング力はこんなもんだから、これくらいの授業しかできない」と思ってしまえばそれまでだが、「今この環境で、自分も生徒と一緒に何が学べるか」と発想を転換すれば、同じ環境も全く違った場となってくる。筆者は、こういった実践を長年にわたって続けてきているが、言葉の力は日本語でも英語でも、向上しようとする意欲があるところに停滞はないと実感している。

第3章
大人の英語習得の実際（2）
～子どもの母語習得と違う点～

前章では、第2言語習得と母語習得の類似点を中心に見てきたが、本章では、母語習得とは異なる第2言語習得のユニークな点について見ていきたい。

- 母語は第2言語習得にどのような影響を与えるか？　80
- 日本語英語の発音から脱却するために必要なこととは？　83
- 日本人英語学習者の犯す間違いとは？　93
- 母語の影響はいつも目に見えるものなのか？　99
- 英語的発想に切り替えるために何が必要か？　104
- 間違いを犯すことは学習不足を意味するのか？　115

母語は第2言語習得にどのような影響を与えるか?

母語習得では、何の言葉も知らない幼児が初めての言葉を学ぶわけだが、第2言語習得では、すでに母語を習得した学習者が二つ目の言葉を学ぶことになる。その上、母語習得のときと比べると、第2言語習得では学習者年齢もはるかに上となるし、学習者の知的レベルも高くなってきている。これらの違いが、第2言語習得にどのような影響を与えるのだろうか。

言語転移の考え方

　第2言語習得の際に母語から受ける影響は、**言語転移（language transfer）**と呼ばれてきた。その影響がプラスの結果を生む場合は、**正の転移（positive transfer）**と呼ばれ、マイナスの結果として現れる場合は**負の転移（negative transfer）**と呼ばれる。正の転移の例として、「ケンの本」を英語で言う場合、語順をそのままにして単語だけを入れ替えれば、Ken's bookと正しい言い方になる。一方、負の転移の例としては、「ケンの買った本」と言う場合、そのままの語順で単語だけを入れ替えて言ってしまうと、Ken's bought bookと間違った英語となってしまう（この場合、本来は関係代名詞を使って、the book that Ken boughtと言わなければならない）。ここで大事なのは、正の転移も負の転移も、どちらも母語の影響を受けているという点である。第2言語習得研究では、結果もさることながら、それを引き起こす学習プロセスに注目していくことが重要となる。

言語間影響と心理的類型

　母語知識が転移（transfer）するという考え方は、1960年代頃までもてはやされていた**行動主義理論（Behaviorist theory：第4・5章参照）**と密接に関係している。しかし、行動主義理論の衰退に伴って母語転移の考え方も変化を遂げてきており、現在では、母語の影響だけでなく他の既習言語の影響とも合わせて**言語間影響（crosslinguistic influence）**と呼ばれるようになってきている。言語間影響は、母語から学習言語に対する影響だけでなく、学習言語から母語への影響も含み、さらにはその他の既習言語の間に起こる影響も研究対象としている。こういった言語間のさまざまな影響については、近年研究が進んできているところであるが、本章では、英語習得における日本語の影響に限定して話を進めるこ

ととする。

　言語転移の考え方では、母語の影響はいつどんなときにでも自動的かつ不可避に起こるものとして捉えられているが、言語間影響では、母語から受ける影響は環境要因や学習者要因とが大きく交わった上で選択的に起こるものとして捉えられる。例えば、母語を使った文法訳読式ばかりの授業を受けていると、母語の影響を強く受けてしまいがちとなるが、インプットの豊富なコミュニケーション主体の環境に触れる機会が多ければ、母語の影響は比較的小さくなりやすい。また、インプットが不十分な状態でアウトプットばかりが強調されてしまうと、母語で考えて頭の中でそれを訳すことが多くなるため、母語の影響がより強く出やすくなる。つまり、学習者がどういった学習環境に置かれるかによって、母語の影響は弱められたり、あるいは強められたりすると考えられる。

　さらに、母語の影響の度合いは、学習者の主観的な判断によって大きく変わってくる。母語のさまざまな表現の中で、学習者が特に「日本語的」(language-specific) と感ずるものに関しては、英語使用の際にその影響が出にくくなり、反対に英語と何らかの「共通性がある」(language-neutral / language-universal) と判断するものは、母語の影響が出やすくなる。例えば、「いただきます」「ごちそうさま」といった表現が、学習者によって日本語特有の表現形態と判断された場合は、これらの表現が英語で直訳して使われる可能性は低くなる。つまり、「いただきます」を I'll eat the meal.、「ごちそうさま」を That was a gorgeous meal. などと発話することは、ほとんどなくなる。そのため、いくら英語で食後に That was a delicious meal. と問題なく言われることであっても、それが学習者によって「日本語的」と判断される限りは、そのような英語表現は敬遠されることになる。

　別の例として、「彼は愛に飢えている」という文を英語で表現してみるとする。もし学習者が「愛に飢える」は日本的な表現であり、英語でそれを直訳してはおかしいと捉えると、それを表現する際、あえて hungry という表現は避けて、その代わりに He wants love. とか、He is looking for a girlfriend. といった別の表現を使うかもしれない。だが、実際は He is hungry for love. と言っても英語として何の問題もなく、hungry は hungry for food（食べ物）、hungry for power（権力）、hungry for wealth（富）、hungry for fame（名声）、hungry for knowledge（知識）といったように、いろいろな単語と組み合わせて使うことが可能である。つまり、その判断が正しいか否かにかかわらず、学習者の主観的な気持ちが母語の影響の有無や程度を左右する一因になる。このように学習者が持つ主観的な母語に関す

第 3 章

る認識は、**心理的類型**（psychotypology）と呼ばれている。

　なお、心理的類型の影響は、学習者が自分の母語と目標言語との間の距離をどう判断するかによっても変わり、さらには学習者の目標言語の習熟度によっても変わってくる。そのため、例えば日本人が英語を学習するときに起こる母語の影響と、韓国語を学習する際に起こる母語の影響は、必ずしも同じとはならない。また、学習初期の頃になされる判断と、中級、上級となったときになされる判断は、必ずしも同じではない。言語間影響で見られる母語の影響は、このように学習者のその時々の主観的判断も交えてダイナミックに展開されることになる。

日本語英語の発音から脱却するために必要なこととは?

外国語を学ぶ上で一つの大きな挑戦となるのが発音である。ここでは、日本人学習者がぶつかる英語発音の問題について取り上げたい。

英語発音を身につける上での二つの問題

　言語間影響は、単語、文法、談話に及ぶまで多くの側面で現れるが、その影響が一番顕著に現れるのが音声面である。母語習得の場合は、どの音声も初めて触れるものであるため、音素によって習得の早い遅いはあっても、基本的にどれも同じように容易に習得することが可能である。しかし、第2言語習得の場合は、慣れ親しんだ母語の発音がすでに確立されてしまっているので、その影響を避けることは難しい。発音は文法などと違って、学習者の主観的な判断によってコントロールすることが難しい領域でもある。つまり、学習者がどう思うか、どうしたいかにかかわらず、日本語の音声的特性が英語の聞き取りや発音に影響を及ぼしてしまうのである。その分、音声面は繰り返しの聞き取り練習や、発音練習が不可欠な領域と言えるだろう。

　日本人学習者が英語の音声で直面する課題には、大きく分けて二つある。一つが、**セグメンタル特徴（segmental features：分節的特徴）** という個々の音素に関するものである。**音素（phoneme）** とは、意味の違いを生む最小単位の発音のことであり、例えば英語の[l]と[r]がそれにあたる。日本語では、[l]と[r]の違いで単語の意味を区別することはないが、英語では気をつけないと意味が変わってきてしまう（right-light、read-leadなど）。それぞれの言語には、それ独自の音素体系があり、言語間で似ている部分もあれば違う部分もある。そのため、新しい言語を学ぶ際は、その言葉の音素の特徴をしっかりと学んでいかなければならない。

　もう一つの音声課題が、**スープラ・セグメンタル／プロソディ特徴（supra-segmental／prosodic features：超分節的／韻律的特徴）** と呼ばれるものであり、音素と音素がつながることで生まれるストレス、ピッチ、イントネーションなどのことを指す。以下では、これら二つの課題について順に説明していきたいと思う。

セグメンタル特徴における問題

セグメンタル特徴における問題には、**母音（vowels）** に関するものと、**子音（consonants）** に関するものがある。まず初めに母音について、次に子音について述べていこう。

 母音の問題

日本語には基本的に[a, e, i, o, u]の五つの単母音しかないが、英語では**単母音（simple vowels）** と**二重母音（diphthongs）** の2種類の母音があり、両方を合わせて15の母音がある。そのため、日本人にとって、英語の母音体系を学ぶことは大きな挑戦となる。15種類の英語の母音を、どうしても日本語の五つの母音に当てはめようとしてしまうからである。図8に、その傾向を示そう。

図8 ● 英語母音と日本語母音

英語母音		日本語母音
[æ, ɑ, ʌ, ə, ai, au]	→	「あ」
[ɛ, ei]	→	「え」
[ɪ, iː]	→	「い」
[ɔ, oi, ou]	→	「お」
[ʊ, uː]	→	「う」

例えば、英語にはbat [bæt]、but [bʌt]、bot [bɑt]とそれぞれ違った発音と意味の単語があるが、日本語にすると、どれも皆［バット］となってしまい区別がつかなくなる。だが、[æ]と[ʌ]と[ɑ]はどれも異なった音素であり、区別されなければいけない音である。他にも、fill [fɪl]とfeel [fiːl]は、日本語式に言うとそれぞれ［フィル］と［フィール］となり、［ィ］の音の長さの違いの問題として扱われてしまう。しかし、英語では[ɪ]は［イ］と［エ］の中間ぐらいの発音で、[iː]は［イ］よりも口を横に伸ばした発音とならなければならず、出される音は異なったものとなる。同様に、pull [pʊl]とpool [puːl]も、日本語だと［プル］と［プール］となってしまい、違いは［プ］の長さだけの問題にされてしまう。しかし、[ʊ]は［ウ］と［オ］の中間ぐらいの発音で、[uː]は［ウ］よりも唇を丸めて発音し

なければならず、ここでも音の長さ以外で違いが生じてくる。

二重母音は、二つの母音が連続して発音されるものだが、日本語発音にしてしまうと、単なる母音の長さの問題として処理されてしまうことが多い。例えば、fell [fɛl] と fail [feil] は［フェル］と［フェール］、tell [tɛl] と tail [teil] は［テル］と［テール］といった具合である。しかし、[ɛ] は［エ］よりも口を少し大きく開いた発音であり、[ei] は［エー］ではなく［エイ］に近い発音である。また、hall [hɔl / hɑl] と hole [houl] は、両方とも日本語に直すと［ホール］となってしまい、違いがなくなってしまう。しかし実際には、hall なら、イギリス発音であれば [ɔ] となり、［オ］よりも口の奥を広げて発音する。アメリカ発音であれば [ɑ] となり、［ア］よりも口全体を大きく開けて発音する形となる。それに対して、hole [houl] の [ou] は、日本語の［オウ］に近い発音となり、hall とは意味も発音も違ったものとして認識される。

日本語では、たった五つの母音とその長さを変えることで単語の違いを表すが、英語ではその3倍の15もの母音を使って単語の意味を区別するのである。そのため、日本的発音で代用して英語発音をしてしまうと、英語の単語がうまく区別できなくなってしまう。こういった音素の問題に対処するためには、ミニマル・ペアなどを使った学習が有効になる。ミニマル・ペアは、音素一つの違いによって区別される単語のペアのことを指し、こういったペアを使って音の違いを意識的に把握する練習を重ねることで、目標言語特有の音素を習得することが可能になる。

表9に、日本人にとって特に注意が必要な母音を含んだミニマル・ペアの例を示しておこう。表には3音素を対比しているものもあるので、それぞれを比較してみていただきたい。

表9 ● 日本人にとって注意が必要な音素とミニマル・ペアの例（母音）

[æ] - [ɑ] - [ʌ]	bag-bog-bug, bat-bot-but, bass-boss-bus, cat-cot-cut, dag-dog-dug, hat-hot-hut, Nat-not-nut, ran-Ron-rung, sang-song-sung
[ɛ] – [æ]	bed-bad, end-and, men-man, said-sad
[ʊ] - [uː]	full-fool, look-Luke, pull-pool
[ʊ] - [ʌ]	book-buck, put-putt, could-cud, look-luck
[ɔ/ɑ]- [ou]	bought-boat, clock-cloak, caught-coat, got-goat, fox-folks, law-low, not-note

[ɛ]- [ei]	edge-age, get-gate, fell-fail, tell-tail, met-mate, sell-sale, set-sate, west-waist, wet-wait, pen-pain, test-taste
[ɪ]- [iː]	chip-cheap, hit-heat, it-eat, lid-lead, live-leave, pill-peel, pick-peek, hill-heal, rich-reach, sit-seat, still-steal, ship-sheep, will-wheel
[ɑr]- [ər]	barn-burn, car-cur, far-fur, farm-firm, hard-heard, heart-hurt, par-per, star-stir, shark-shirk

子音の問題

　子音の場合は、数え方にもよるが、日本語の子音が約14個（[k, s, t, n, h, m, y, r, w, g, z, d, b, p]）に対して、英語の子音は約24個（[p, b, t, d, k, g, tʃ, dʒ, m, n, ŋ, f, v, θ, ð, s, z, ʃ, ʒ, h, w, r, j, l]）存在する。日本語の子音は、基本的に全て英語の子音の中に含まれていると言えるが、日本人が英語を学習する際は、英語特有の[f, v, θ, ð, r, l]といった音を新たに学ぶ必要がある。また、日本語の場合は、通常、母音単独か子音と母音がペア（[a, ka, sa, ta, na, ha, ma, ya, ra, wa]など）になって発音されるが、英語の音の組み合わせは、よりバラエティに富んでいる。

　英語では、子音同士を2、3組み合わせて発音すること（consonant clusters）もよくあり、発音練習が特に必要となる領域である。例えば、stop [stɔp / stɑp]のような一見簡単そうに見える単語でも、日本語母語話者は[sutoppu]といったように、[s]の後に[u]を入れたり、[p]の後に[u]を入れて発音してしまうことが多い。deskも同様で、[dɛsk]ではなく、[desuku]と、子音の後に母音を挟んで発音してしまう傾向がある。子音の練習の際に、気をつけたい点である。

　英語の子音の発音に慣れる訓練としては、英語独自の子音の組み合わせパターンに注意を払いながら、母音で行ったときと同じように、ミニマル・ペアを使って練習するといいだろう。表10に日本人にとって特に注意が必要な子音のミニマル・ペアの例を示しておこう。表には1音素以上の違いを含むニア・ミニマル・ペアや、3音素を対比した例も含まれている。

表 10 ● 日本人にとって注意が必要な音素と（ニア）ミニマル・ペアの例（子音）

音素	例
[l] - [r]	light-right, lead-read, led-red, load-road, lice-rice, long-wrong, alive-arrive, flee-free, cloud-crowd, collect-correct, flute-fruit, climb-crime, fly-fry, elect-erect, play-pray, glow-grow, pool-poor, bill-beer, tool-tour
[b] - [v]	ban-van, bat-vat, bet-vet, base-vase, berry-very, best-vest, boat-vote, curb-curve
[h] - [f]	hair-fair, heat-feet, hew-few, hear-fear, honey-funny, horse-force, hall-fall, harm-farm, hat-fat, hill-fill, hive-five, heel-feel
[s] - [θ]	sin-thin, sick-thick, sink-think, sought-thought, sank-thank, sum-thumb, saw-thaw, pass-path, mouse-mouth, face-faith, mass-math, miss-myth
[s] - [ʃ]	sin-shin, sip-ship, see-she, seat-sheet, sell-shell, self-shelf, sort-short, single-shingle
[m] - [n] - [ŋ]	Kim-kin-king, Tim-tin-ting, Tom-ton-tong, SIM-sin-sing, whim-win-wing
[z] - [ð]	Zen-then, z's-these, closing-clothing, breeze-breathe, whizz-with
[i] - [j]	east-yeast, ear-year, in-yin, eel [iːl] – yield [jiːld]
[ʒ] - [ʤ]	leisure [lɛʒə] – ledger [lɛʤər], measure [mɛʒər] – major [meiʤər]

　練習の際に重要なのは、まず注意深く聞いて音の違いを把握した上で、次に丁寧に何度も発音してみることである。最初のうちはスピードは遅くても構わないので、とにかく意識して大げさなぐらい口を動かして発音することがコツである。そして慣れてきたら、徐々に自然なスピードへと近づけていき、もう少しさりげなく発音できるようになっていけばいいだろう。最初からさりげなく言おうとすると、違いが曖昧になってしまい、うまく言えなくなってしまうことがあるので、気をつけたい点である。また、いつも個々の音素や単語の発音練習ばかりでなく、文の中に入れて発音する練習も取り入れていく必要がある。その際には、次に示すスープラ・セグメンタル特徴にも気をつけていかなければならない。

スープラ・セグメンタル特徴における問題

　スープラ・セグメンタル特徴とは、個々の音素の違いではなく、そこに付随して起こる音声的特徴を総称して指す。**プロソディ（prosody）** とも呼ばれ、具体的には、自然な英語の発話の**ストレス（stress）**、音の**リズム（rhythm）**、**イントネーション（intonation**：高低・抑揚）などを指す。プロソディは、ロボットのような無味乾燥な音声再生ではなく、人間らしい感情のこもった話し方をするためには、とても重要になってくる。以下では、日本語特有の「カタカナ英語」から脱却するために必要な、英語特有のストレス・パターン、リズム、そして音節の捉え方に焦点を当てて述べておきたい。

◯　ストレスの配置

　個々の音素の発音がいくら完璧にできたとしても、ストレス（強弱・強勢）の位置が間違っていたら、意味の伝達に大きな支障を及ぼすことになる。逆に、発音が多少曖昧でも、ストレスの位置さえ間違わなければ、結構通じることもある。例えば、Canadaという単語を発音する際、[kǽnədə]と[æ]の上に強勢を置いて発音するが、これを真ん中の[ə]に置いて発音してしまうと、なかなか理解されなくなってしまうだろう。同様に、orangeという単語は、[ɔ́ːrɪndʒ]と最初の母音に強勢を置くが、間違えて[ɪ]に強勢を置いてしまうと、これも理解困難になってしまう。

　強勢の位置によって意味が大きく変わってしまう単語もある。よく知られる例として、dessert と desertがある。食後のデザート（dessert）[dɪzə́rt]は、真ん中の[ər]に強勢を置くが、砂漠のdesert [dézərt]は、最初の[e]に強勢がある。Do you want a dessert? と Do you want to go to the desert? は、明らかに違う意味となる。日本人にしてみれば、dessertとdesertを混同して使ったとしても、「状況から察してほしい」と期待したいところだが、そう簡単にはいかない。

　似たような例として、aerobics（エアロビクス）とArabic（アラビア語）がある。どう考えても違う単語だが、She does aerobics.と言ったつもりが、Oh, she studies Arabic?と解釈され、会話がわけのわからない方向に行ってしまうことがある。Arabic [ǽrəbɪk]は、最初の[æ]に強勢が置かれるが、aerobics [ɛəróubɪks]は真ん中の[ou]に強勢を置かなければならない。[ou]の発音も、[オ]ではなく[オウ]となるよう気をつけたい。

日本語と英語のリズムの捉え方の違い

ストレスと同様に重要なのが、リズム(緩急・テンポ)の取り方である。日本語と英語のリズムの取り方は大きく異なる。いくつかの例を見てみよう。例えばstressという単語は、日本語で言うと[ス・ト・レ・ス]と4拍で捉えられて発音されるが、英語では[strés]と一つの音節で捉えられて発音される。四つの音の集まりではなく、一つの音の塊と捉える感じである。groupという単語は、日本語では[グ・ル・ー・プ]と4拍だが、英語では[gruːp]とこれも一つの音節で発音される。vowelなら、日本語なら[バ・ウ・エ・ル]の4拍だが、英語では[váu + əl]の2音節となり、consonantなら、[コ・ン・ソ・ナ・ン・ト]と日本語の6拍に対して、英語では[kán + sə + nənt]と3音節となるといった具合である。

このように、日本語は**拍(モーラ／mora)**を1単位と捉えるが、英語は**音節(シラブル／syllable)**を1単位と捉え、両言語では音の塊の捉え方自体が異なるのである。日本語では一つひとつの拍をきちんと発音するが、英語では音節ごとで音を捉えるため、そこで作られる全体のリズムが大事になる。そのため、日本人が英語を学ぶ際は、日本語のモーラ的な発想と感覚から、英語のシラブル的な発想と感覚へとシフトすることが必要になる。

もう少し例を挙げてみよう。bananaという単語を発音する際は、日本語なら[バ・ナ・ナ]、英語なら[bə + nǽ + nə]となり、拍と音節の音の捉え方は重なる。このような場合は、リズムをさほど気にすることなく、個々の音素と強勢の位置だけを確認して練習を繰り返せばよい。しかし、orangeになると、[オ・レ・ン・ジ]という拍での音の分け方と(4拍)と、[ɔ́ + rɪndʒ]という音節での分け方(2音節)に違いが出てくる。そのため、[ɔ́ + rɪ + n + dʒ]といった練習ではなく、[ɔ́ + rɪndʒ]と音節の区切りを意識したリズムある練習をする必要がある。他にも、McDonald'sは、[マ・ク・ド・ナ・ル・ド]ではなく、[mək + dán + əldz]、businessは、[ビ・ジ・ネ・ス]ではなく、[bíz + nəs]と発音する。

Englishという単語だと、日本語では[イ・ン・グ・リ・ッ・シュ]と6拍だが、英語では[íŋ + glɪʃ]と前半の節に強勢を置いて二つの音節で発音する。個々の音素に注意して練習する際も、[í・ŋ・g・l・ɪ・ʃ]ではなく、あくまでも[íŋ + glɪʃ]という音の塊を考慮して練習する必要がある。languageも同様で、日本語なら[ラ・ン・ゲ・ー・ジ]だが、英語だと[lǽŋ + gwɪdʒ]となる。どうしても日本的でカタカナ発音になってしまうという学習者は、やはり頭の中で[ラ・ン・ゲ・ー・

ジ] と捉えていることが多く、[lǽŋ + gwɪʤ]と捉え直さない限り、発音の修正は難しい。

　なお、辞書などでは通常、中黒の丸で音節の切れ目を表しているので（例：lan・guage）、音節を考える上で一つの目安になるだろう。ただ、単語のスペリング上に表れる中黒の丸は、必ずしも発音上の区切りとは一致しないので、読み方には注意が必要である。例えば、busi・nessは[bíz + nəs]であり、[bízi + nəs]ではない。黒丸が存在しない場合は、単語が一つの音節でできているということなので、区切ることなく一息で発音する。例えば、greatは[gréit]と一気に発音され、[gu + ré + i + to]とはならず、appleは[ǽpl]であって、[ǽ + pu + lu]としないように気をつけたい。

　日本人の英語学習者にとって、英語は早く聞こえるようだが、その原因の一つが音節の捉え方にあると考えられる。英語の音節は、いくつもの子音が重なってそれに母音がくっつくので、それを一気に発音すると、日本人の耳には"ペラペラペラ"と早く聞こえるのだろう。日本語の拍で考えると、音は「母音」あるいは「子音＋母音」の一つひとつで区切られるため、外国人にとっては同じ調子の"タカタカタカ"という音に聞こえるらしい。例えば、streetやstrengthといったような単語は、日本語なら［ス・ト・リ・ー・ト］や［ス・ト・レ・ン・グ・ス］だが、英語だと[stríːt]、[stréŋkθ]とそれぞれ一気に発音される。たとえこういった英語が私たちの耳には早く聞こえるからといって、練習時に無理に早く話す必要はない。最初のうちは、特に音節や音素に気をつけて、強勢の位置も確認しながら、ゆっくりと言ってみることが大事である。

◯ モーラ・タイミングとストレス・タイミングの文の読み方

　先に述べたストレスやリズムの問題は、単語レベルだけでなく、文レベルで英語を発音する際にも大切である。文レベルで言うと、日本語のように1拍1拍に同じウェイトを置いて発音する言語は、**モーラ・タイミングの言語（mora-timed language）** と呼ばれる。それは、英語のように強調する音節でリズムをとりながら発音する**ストレス・タイミングの言語（stress-timed language）** と対比される。一例として、次の日本語文を声に出して読んでみていただきたい。

　上の文を読む際、1番目よりも2番目、2番目よりも3番目の方が、文字数が多くなる分だけ読む時間も長くなる。このように、日本語では拍数が増えると、発話に要する時間も増えるのが普通である。それに対して英語では、拍よりも大きな塊である音節を1単位として考え、強調する音節でリズムをとりながら読むため、音節数が必ずしも発話に要する時間と比例しない。例として、次の英文を声に出して読んでみていただきたい。

```
Dogs chase cats.
 ●    ●    ●
The dogs are chasing the cats.
       ●      ●       ●
The dogs have been chasing the cats.
       ●          ●         ●
```

　強音節（黒丸のある部分）は特にはっきりと発音され、それ以外の弱音節はそれに比べて弱く短く発音される。そのため、強音節の数が変わらなければ、音節数が多くなっても読む時間はさほど変わらない。イメージとしては、次の図9に示したようになるだろう。

図9 ● 英語の文の読み方

弱音節	強音節	弱音節	強音節	弱音節	強音節
	DOGS		CHASE		CATS
The	DOGS	are	CHASing	the	CATS
The	DOGS	have been	CHASing	the	CATS

　重要な内容語が強調され、機能語などは早く弱く発音される。このように英語を読む際は、特に発音の強弱に注意しながらリズムよく読むことが大切である。教科書の音読練習などを行う際も、こういった英語の特質を十分に理解した上で練習に励むことが望ましい。

日本人英語学習者の犯す間違いとは?

このセクションでは、文法や語法に目を向けてみたい。日本人学習者が犯しやすい間違いを例に見ながら、二つのタイプの誤りについて考えていく。

日本人英語学習者の誤りの分析

　第2言語習得では、学習者が犯す誤りを大きく二つのタイプに分類している。一つが**発達上の誤り（developmental error）**であり、もう一つが**母語干渉による誤り（interference error）**である。発達上の誤りは、母語習得でもよく見られる誤りであり、目標言語の持つ言語的な特徴に起因して起こるものである。母語干渉による誤りは、学習者の母語の影響を受けて起こる誤りである。前者を**言語内の誤り（intralingual errors）**、後者を**言語間の誤り（interlingual errors）**と呼ぶこともある。

　以下に、日本人学習者が犯しやすい英語の誤りの例を示そう。どれが発達上の誤りで、どれが母語干渉による誤りと思われるだろうか。

【日本人英語学習者の誤り例1】

　(1)　*He can sings songs well.*
　(2)　*Can you teach me your phone number?*
　(3)　*I don't know what should I do.*
　(4)　*I was stolen my bicycle by somebody.*
　(5)　*My mother makes me to study English.*
　(6)　*He explained me what to do.*
　(7)　*I am looking forward to see you.*
　(8)　*I drowned twice in the sea last summer.*
　(9)　*I have to finish this job until noon.*
　(10)　*Don't you have a car? Yes, I don't / No, I do.*

　まず、(1)の *He can sings songs well.*（正用：He can sing songs well.）は、3人称単数現在形の -s を助動詞とともに使ってしまっており、第2・3章で見た過剰般化の一種と言える。これは英語の特徴に起因する、発達上の誤りに分類され

る。(2)の *Can you teach me your phone number?*（正用：Can you tell me your phone number?）は、日本語の「電話番号教えてくれる」につられて、teachを使ってしまっている誤りである。英語のteachは日本語の「教える」とは異なり、もっと複雑なことを伝える場合に使われる。この誤りは母語の影響を受けて引き起こされるので、母語干渉による誤りと判断される。(3)の *I don't know what should I do.*（正用：I don't know what I should do.）は、間接疑問文内での過剰な語順倒置が原因で引き起こされる。第2・3章でも見たように、これは疑問文の習得過程で見られる発達上の誤りである。

(4)の *I was stolen my bicycle by somebody.*（正用：Somebody stole my bicycle. / My bicycle was stolen.）は、日本語話者特有の母語干渉による誤りである。「私は誰かに自転車を盗まれた」という日本語特有の間接受身（indirect passive）の言い回しを、そのまま英語に訳してしまった結果起こる誤りである。これは被害の受身（adversative passive / suffering passive）とも言われ、直接受身（direct passive）しか使わない英語には存在しない形態である。(5)の *My mother makes me to study English.*（正用：My mother makes me study English.）は、makeと類似したtell、ask、persuadeといった動詞が全てsomebody to～と続くので、そのパターンを過剰般化させてしまった発達上の誤りと言える。

(6)の *He explained me what to do.*（正用：He explained to me what to do.）も、tell、give、make、buyなどの単語がHe told me what to do. / He gave me a book. / She made me a cake. / She bought me a present.と、動詞の後にtoをとらない形を取るので、同じパターンを当てはめてしまった結果起こる誤りと考えられる。これも過剰般化の一種で、発達上の誤りである。(7)の *I am looking forward to see you.*（正用：I am looking forward to seeing you.）は、「前置詞としてのto」と「不定詞としてのto」の使い方を混同してしまったために起こる発達上の誤りである。(8)の *I drowned twice in the sea last summer.*（正用：I almost drowned twice in the sea last summer.）は、英語のdrownと日本語の「溺れる」を同一視してしまったために起こる母語干渉による誤りである。日本語の「溺れる」は必ずしも溺れて死ぬことを意味しないため、「2度溺れた」と言っても差し支えない。しかし、英語のdrownは「溺れて死ぬ」ことを意味するので、同じ人が2度drownすることはあり得ない。この場合、almostをつけて、almost drowned（「溺れて死にかけた」）にすれば問題のない言い方となる。

(9)の *I have to finish this job until noon.*（正用：I have to finish this job by noon.)は、日本語の「～まで」を英語のuntilと訳したために起こる母語干渉による誤りと考えられる。英語のuntilは「～までずっと」という意味なので、finish until（「～までずっと継続して終える?!」）ではおかしい。この場合は、「～の期限までに」の意のbyが使われなければならない。前置詞のuntilとbyが変わるだけで、文全体の意味が大きく変わることもある。I will be home until noon. と言えば、「家に昼までずっといる」だが、I will be home by noon. と言えば、「家に昼までに戻る」となる。人との約束で、untilとbyを取り違えてしまうと、トラブルのもとになりかねない。「11時頃までには家に戻っているから、それ以降に来てもらえますか」と言うつもりで I will be home until noon. と言ったら、相手は午前中の早い時間に家を訪ねて来て、人が居ないのを知って気分を害してしまうかもしれない。

最後の(10)の *Don't you have a car? <u>Yes, I don't / No, I do.</u>*（正用：Don't you have a car? <u>Yes, I do / No, I don't</u>.）は、日本語の返答の仕方が影響した母語干渉による誤りである。日本語では、相手の質問内容に同調する場合はYes、そうでなければNoと答えるため、「車を持っていないのですか？」と聞かれて「持っていない」と返答するときは、「はい、（あなたの言う通りです）持っていないですよ」と答える。逆の場合は、「いいえ、（あなたの言う通りではありません）持っていますよ」と答えるのが普通である。これがそのまま英語に当てはめられると、前者の返答はYes, I don't (have a car). となり、後者はNo, I do (have a car). となる。しかし、英語の場合は、相手の質問内容に同調するかどうかではなく、答えの内容が肯定か否定かで決まるので、車を持っているのであればYes, I do (have a car). 持っていないのならNo, I don't (have a car). となる。英語の場合は、質問が疑問文か否定疑問文かによって、回答の仕方が変わることはない。

日本語の「はい／いいえ」と英語の"yes/no"は、単純に同一視されることが多いが、実はその使われ方はずいぶん違っている。参考として、次のダイアログの英文とその和訳を、下線に注意して対比していただきたい。

A：Don't you smoke?（あなたはタバコを吸わないの？）
B：<u>No</u>, I don't.（<u>うん</u>、吸わないよ。）
A：<u>Yes</u>, you do! I saw you smoking the other day.（<u>いや</u>、吸うでしょ！　このあいだ吸っていたのを見たよ。）

> B：No, I definitely don't!（いや、絶対に吸わない！）

> A：Don't you love me?（私のこと愛してないの？）
> B：Yes, I do.（いや、愛しているよ。）
> A：No, you don't. You don't sound like you mean it!（いや、愛してないわよ。あなた、本当のこと言っているように聞こえないわよ！）
> B：Yes, I do!（いや、言っているよ！）

　こういった会話のYesとNoの使い分けは間違ってしまうと、とんでもない誤解やトラブルが生じてしまう可能性もあるだろう。日本語の「はい／いいえ」と英語の"yes/no"は、その使い方が時には重なるが、時には重ならない。そのため、日本語で考えていちいち英訳しようとすると、混乱の元となる。英語的"yes/no"の発想にぜひ慣れていきたい。

複合的な要因が考えられるケース

　上に示した「発達上の誤り」と「母語干渉による誤り」の違いは、比較的明らであるが、違いがはっきりしない場合もある。例えば、次の例を見ていただきたい。それぞれのケースの誤りの原因を、どこまで特定できるだろうか。

【日本人英語学習者の誤り例2】

> (11)　*Almost students attended the meeting.*
> (12)　*I could make a lot of money last summer.*
> (13)　*Do you have a car? Yes, I have.*

　(11)の*Almost students attended the meeting.*（正用：Almost all the students attended the meeting.）のalmost studentsを、「ほとんどの生徒」と言うつもりで使ったとすると、母語干渉の誤りとして捉えられるだろう。almostと似た単語としてmostがあるが、ここではmost studentsと言えば誤りとはならない。most以外にも、every, many, some, fewといった単語は全て形容詞でその直後に名詞を

つけることが許されるが、almostだけは副詞で、そのまま名詞を修飾することはできない。これは学習者から見ると、実に紛らわしいことである。そのため、(11)の誤りは母語干渉と同時に、英語自体の紛らわしさに起因した発達上の誤りと考えることもできよう。

(12)の*I could make a lot of money last summer.*（正用：I made a lot of money last summer.）は、couldをcanの過去形と見なしたために起こる誤りと捉えられる。couldは確かにI couldn't speak English well before.といったように、過去のことに言及するときに使えるが、I could work, but I don't because I don't have to.（「働こうと思ったら働けるけど、でもそうしなくていいから働かない」）と仮定法として使うことも多い。そのため、「could ＝ 過去形」と捉えるのは必ずしも適当ではなく、I could make …の場合は、仮定法的な意味で言っているものと勘違いされかねない。そのため、「去年はお金をたくさん稼いだ」と言いたいときは、I made …とする方が自然である。これは、英語のcouldの持つ使用上の複雑さから来る誤り（発達上の誤り）とも言えるし、日本語表現の「稼ぐことができた」を直訳したために起こる誤り（母語干渉の誤り）とも言えるだろう。

さらに、「willの過去はwould、mayの過去はmight、canの過去はcould」と教わっているような場合は、単純化された指導が誤りの原因となっている可能性もある。このように指導によって引き起こされる誤りは、**誘発された誤り（induced error）**と呼ばれ、学習者の誤りの第3の原因と考えられている。誘発された誤りの別の例として、「have toとmustは同じ意味」といった指導がある。You don't have to speak Japanese.（「必ずしも日本語を喋らなくても大丈夫ですよ」というニュアンス）と伝えたいときに、誤ってYou must not speak Japanese.（「日本語は絶対に話してはいけません！」）と言ってしまい、誤解を招くこともある。

(13)の*Do you have a car? Yes, I have.*（正用：Do you have a car? Yes, I do.）の場合は、「はい、持っています」を直訳したための間違いと言える。日本語では、文脈からわかる語は省くことができるため、英語の目的語も同じように省略してしまっているのかもしれない（英語では目的語としてoneを用いて、Yes, I have one.とするならOK）。それに加えて、学習者がまだ電報文以上の処理能力を身につけていないため、文脈からわかる目的語を省略してしまっているのかもしれない。同時に、Have you been to Okinawa? Yes, I have / No, I haven't.といった現在完了形のhaveの使い方と混同している可能性もある。特に授業で現在完了形の疑問文を教わった直後は、こういった誤りは増えると考えられる。つまり、こ

の誤りは、母語干渉、発達段階、教室指導などの複合的な要因が重なって起きている可能性が高いと言えよう。

　誤りの原因は、一つであったり複数であったりとさまざまだが、これまでの第2言語習得研究では、こういった学習者の誤りを分析することで、習得に関係する要因を割り出して、学習プロセスを理解していこうとする試みが盛んに行われてきた。それは、**誤り分析（Error Analysis）**として知られる研究分野である。これまでの誤り分析の研究からわかることは、第2言語学習者はさまざまな誤りを犯しながらも、ユニークな中間言語を形成していっているということである。これ以降の章でもより詳しく見ていくが、そこには実にさまざまな要因が複雑に交わって関係しており、中間言語をダイナミックなものとしている。

母語の影響はいつも目に見えるものなのか?

英語を学習する過程で、「誤りがない」イコール「学習に問題がない」と捉えてしまっても構わないのだろうか。ここでは、必ずしも誤りとしては現れない見えない母語の影響について見ていく。

関係詞の使用

　Schachter（1974）は、異なる母語を持つ英語学習者に自由英作文の課題を与え、そこで見られる関係詞の使用実態を分析している。学習者それぞれの母語は、ペルシャ語、アラビア語、中国語、そして日本語である。英作文の中で使われる関係詞の正用、誤用、そして誤用率が分析された。その結果は、表11に示す通りである。表11から何が読み取れるだろうか。特に日本語母語話者の結果は、何を意味しているのだろうか。

表11 ● 異なる母語話者による自由英作文の中での関係詞の使用

母語	正用	誤用	合計	誤用率
ペルシャ語	131	43	174	25%
アラビア語	123	31	154	20%
中国語	67	9	76	12%
日本語	58	5	63	8%
英語母語話者	173	0	173	0%

（Schachter, 1974に基づく）

　誤りの数だけを見てみると、学習者の間ではペルシャ語話者の誤りが一番多く、次いでアラビア語話者、中国語話者、そして最後に日本語話者の順となっている。また、誤用率を見ても同じ順序となっており、日本語話者の誤用率が学習者の中で一番低い結果となっている。この結果から、「日本人学習者は英語が正確だ」と結論づけてしまってもいいのだろうか。もしくは、「日本の文法主体の英語教育は間違っていなかった」と自信を持ってしまってもいいのだろうか。

　そこで、誤りの数や誤用率に加えて、関係詞文の全体使用数と正用数も考慮に入れて考えてみよう。その結果わかることは、ペルシャ語とアラビア語話者は誤用も多いが、正用も多く、全体の使用数は英語母語話者に迫っている。一方、中国語と日本語の母語話者は誤用数は少ないが、正用数も同じく少ない。関係詞文

の全体使用量は、ペルシャ語、アラビア語、英語母語話者のそれと比べると、断然少ないものとなっている。その産出数は、実に半分以下である。中でも日本語母語話者は、関係詞を使う頻度が特に少ない。これは一体なぜだろうか。

◯ 母語の関係詞構造の違いによる英語発話量の違い

そこで、Schachterはこれら学習者の母語の関係詞構造について調べている。下に、I saw the woman who speaks English.を意味する各言語の関係詞構造を示そう。ここでは語順に注目して見てもらいたいため、語順はその言語に沿って示すが、単語は全て英語で表すこととする。[ ]で示すのが関係詞の部分であり、下線部がその先行詞を表している。

ペルシャ語	That woman [that English speaks] I saw.
アラビア語	I saw the woman [who speaks English].
中国語	I saw that [speak English] woman.
日本語	I [English speaks] woman saw. （私は 英語を 話す 女の人を 見た）
英語	I saw the woman [who speaks English].

これらの言語構造を比べてみると、まず関係詞と先行詞の位置の違いが注目される。ペルシャ語とアラビア語は先行詞であるwomanが関係詞よりも前にきており、中国語と日本語は先行詞が関係詞の後にきている。この点で、ペルシャ語とアラビア語は英語に近く、中国語と日本語は英語とはかけ離れた言語と言える。語順は文を作成する上で大きな影響を及ぼすため、母語と学習言語の語順が似ていると、それだけ認知的負担が軽減されて学習上有利になるが、異なると、困難を生じさせてしまい不利になりやすい。

具体的に言うと、the woman who speaks Englishという内容を日本語で表す場合、最初に「英語を話す」と関係詞を言った後で、「女の人」という先行詞（この場合、後行詞）を表す。英語は逆で、まず先行詞のthe womanと言ってから、それを修飾する関係詞who speaks Englishをその後につける。こういった語順の操作は、英語の処理能力が未発達な学習者にとっては、認知的な負担が多くかかることになる。その結果、中国語と日本語母語話者は、英語で関係詞を使用することをた

めらいがちとなり、使用頻度が少なくなると考えられる。

　関係詞内の語順においても、日本語は「目的語 → 動詞」、英語は「動詞 → 目的語」と逆になっているので、日本語母語話者にとっての処理負担はなおさら大きくなる。こういった日本語と英語の語順の違いは、英作文の結果にも反映されている。つまり、日本人英語学習者は、勝手の違う英語の関係詞を注意深く作成しようとするため、正用率を上げる結果となるが、それは同時に全体の使用頻度を抑えることにもつながる。一方、ペルシャ語やアラビア語の関係詞の語順は、英語のそれと似ているため、英作文に取り組む際の負担は比較的少なく済み、関係詞を使用することへのためらいはさほどないと考えられる。そうは言っても、使用頻度が増えればそれだけ間違いを犯す確率も増えることになるので、それが表11に見られる結果となっていると考えられる。

　日本人英語学習者は、一見誤りが少ないように見えるが、それは全体的に発話頻度が低いということと密接に関係している問題である。誤り分析の落とし穴は、誤りばかりに目を奪われてしまうあまりに、全体の言語使用の実態を見落としてしまいがちとなるところである。誤りだけでなく全体の発話量も考慮して、多角的な面から学習者の中間言語を見ていかないと、実際の学習実態はなかなか見えてこない。母語の影響は、このように必ずしも明らかに目に見える形で現れるわけではないし、いつも誤りとして現れるとも限らないのである。

回避行動と縮小方略

　上に見たような、学習者が特定の言語項目の使用をためらい、使用を制限しようとする現象は、第2言語習得研究で**回避行動（avoidance）**として知られている。母語と目標言語との違いの他にも、正確さへの過度のこだわり、間違うことへの恐怖心、他者からの否定的評価を避けようとする気持ちなど、情意的な要因も学習者を回避行動へと走らせる原因となる。

　回避行動は、学習者が苦手とする言語形式を避けることで、コミュニケーションを円滑に運ぼうとする行為と捉えることもでき、**コミュニケーション方略（communication strategies）**の一つとも考えられている。コミュニケーション方略には、二つの「方」があり、例示（exemplification）、言い換え（paraphrase）、遠回し表現（circumlocution）、描写（description）、援助の要請（appeal for assistance）などの方略は**達成方略（achievement strategies）**と呼ばれて

いる。達成方略は言語知識やスキルが不十分であっても何とかコミュニケーションをとろうとする行為として、学習上好ましい方略と考えられている。

　一方、前述した回避行動はコミュニケーション方略の中でも**縮小方略（または減退方略、reduction strategies）**と呼ばれ、会話の流れを壊さない点ではプラスに働くこともあり得るが、回避ばかりを繰り返していると、英語運用能力を伸ばす機会が失われてしまうことにもなる。挙げ句の果てには、コミュニケーション自体を回避してしまうことにもなりかねず、結果、言語習得を滞らせてしまうことも少なくない。特に日本人学習者は、形式重視の英語教育を受けてきていることが多いため、正確さを過度に気にする傾向があり、回避行動が必要以上に助長されやすい。こういったことを考えると、日本人学習者の誤りが少ないということは、必ずしも手放しで喜べることではないだろう。前章で見てきたように、誤りは成長の証ということを考えてみても、表面的な正確さばかりにこだわった言語学習観や教育観は、今後是正されていかなければならないだろう。

過剰産出

　「英語を話す女の人」という意味を表現する際、the woman who speaks Englishと関係詞を使って表現する代わりに、English-speaking womanと修飾語を先に置いた日本語の語順に近い表現が使われることもある。こういった表現は必ずしも間違いではないが、日本人英語学習者はとかくこういったパターンを多用する傾向が強いようである。これも母語の影響と言えるが、ここでは回避行動とは逆の、**過剰産出（overproduction）**として現れる現象となる。過剰産出は、母語の影響や処理能力不足、時には教室指導の影響などによって、特定の言語形式の使用頻度が必要以上に増える現象である。その結果、不自然な英語の響きになったり、不適切な表現になったりすることも多い。

　English-speaking womanの場合は誤りとはならないが、同じような言い方を別の場合にも使ってしまうと、おかしな英語になってしまうこともある。以下はその例である（カッコ内は下線部の意図することを表す）。

- *There is <u>an umbrella-holding man</u>.* (the man who is holding an umbrella)
- *<u>That coffee-drinking person</u> is my teacher.* (the person who is drinking coffee)
- *<u>That woman looking man</u> is acting strange.* (the man who the woman is looking at)
- *I want to watch <u>the man talking movie</u>.* (the movie that the man is talking about)

　修飾する語と修飾される語の語順を日本語で考え、それをそのまま英語に置き換えてしまうため、こういった表現が出てきてしまうと考えられる。しかし、英語話者にとっては、聞いたときに違和感の残る表現となってしまったり、意味がわかりづらくなってしまったりする。こういった作文例も、学習者が英語の語順に慣れてくるに従って、減少していくものである。

英語的発想に切り替えるために何が必要か？

日本人学習者が特に広範囲にわたって犯してしまう英語の誤りがある。一目ただけではその原因特定は容易ではないが、実はどれもトピック・コメントと呼ばれる日本語特有の構造が関係しているものである。以下では、その具体的事例を見ていき、それらが示す学習と教育へのヒントを汲み取っていきたい。

学習者の英作文例から考える

まず英語学習者が書いたエッセイの中の文を見てみよう。次の文の間違いを見つけて、訂正していただきたい。そして、誤りの原因が何であるかを突き止め、今後の学習と教育の対策についても思いをはせていただきたい。

> *All people can choose their mate in their own way. These ways can classify two types.*

(Rutherford, 1987, p.20 より)

まず、最初の部分の *All people can choose their mate in their own way.* については、特に問題は見られない。mate という単語が少しわかりづらいかもしれないが、ここで意図されている意味は、marriage partner ということである。つまり、「結婚相手は誰でも自由に選べる」といった趣旨のことが書かれている。それに続いて、*These ways can classify two types.* とある。この文は、一体何を意味しているのだろうか。

流れから推測すると、おそらく「結婚相手を選ぶ方法は2種類に分けられる」という意味だと考えられる。もしそうならば、These ways can be classified into two types. と訂正してはどうだろうか。このように見てみると、この誤りの原因は、どうも受動態が十分に理解されていないところにあるのではないかと推測される。そして、この問題の対策としては、受動態についてもう一度しっかりと説明して、練習問題を多く与え、その使い方に慣れてもらうのがいいのではないかという結論に至るかもしれない。

トピック・コメント構造の影響

　さて、果たして本当にこの解釈と対策でいいのだろうか。実は先ほどの文章は、中国人の英語学習者が書いた英作文の一例である。このような誤りは母語こそ違うが、日本人でもよく犯す間違いである。この文を書いた学習者本人に、何と言いたかったのかを母語で尋ねたところ、その意図は「これらの方法は２種類に<u>分けられる</u>」ではなく、「これらの方法は２種類に<u>分けることができる</u>」と言いたかったという返答が返ってきたという。つまり、書き手の意図は受動態を表現したかったのではなく、能動態の文を作ろうとしたということである。この学習者の言わんとしたことを、忠実に英訳するとどうなるか。「これらの方法は」→ These ways +「２種類に分けることができる」→ can classify [into] two types = These ways can classify [into] two types.となる。まさに母語をそのまま英語に置き換えた形となり、このことが誤りの原因となっていると考えられる。

　受動態の習熟不足が原因だと思いきや、実は母語の発想と言語構造が引き金となった「母語干渉による誤り」であったのである。こういった判断の違いが、学習や指導対策にも影響を及ぼすことを考えると、誤りの分析の際は、思い込みによる早急な判断には特に気をつけなければならないだろう。

　中国語、日本語どちらにも、**トピック・コメント構造（topic-comment construction）**と呼ばれる言語形態があり、そこではまずトピック（topic、話題、主題）について言及した後で、それについてコメント（comment）するという形が取られる。日本語では「は」がトピック・マーカーとされており、そこでトピックを述べた後で、それに関するコメント文をつなげることが多い。下に日本語文と英語文を対比して示してみよう。[ ]内の語は、日本語表現では普通省略されるので、それらの語に対応する英語部分も[ ]で表示しておこう。

トピック	コメント
<u>これらの方法は</u>	[我々は][それらを]２種類に分けることができる
These ways	[we] can classify [them] into two types

　この前の文でAll people can choose their mate in their own way.と言っているので、次の文ではこのtheir own wayをthese waysとしてトピックにして、その後にコメント文をつなげている形となっている。このように、トピックからコメ

ントにつなぐ方法は、多くの言語に見られる一般的な談話展開の方法である。英語でも、Do you see that man over there? He is my teacher.といったように、まず最初にthat man over thereとトピックを述べてから、次にHe is ...とそれに対してのコメントをつけ足す形がとられることが多い。こういった会話展開は、一文でThat man who you see over there is my teacher.と言うよりも、会話的にははるかに自然である。

ただ、英語と日本語（また中国語）との大きな違いは、日本語ではトピックが「〜は」で示された後に、割と自由な形でコメントを持ってくることができるが、英語では主語と述語の人称の一致や、動詞と目的語の関係の明確化等、いろいろと文法的な制約がある。また、日本語では文脈からわかるのであれば、主語でも目的語でも省略が可能だが、英語ではそれが許されない。つまり、トピック・コメントの発想自体は言語間で共通しているが、それをどこまで文法化して言語に組み入れるかは、言語間で大きく異なる。

日本語と英語の文法構造の違い

他の具体例を使って、もう少し詳しく見てみよう。

【日本文例】

- その女性は　　　　　　　美しい。
- イルカは　　　　　　　　頭が良い。
- そのホテルは　　　　　　プールが大きい。
- そのレストランは　　　　おいしい。

【英文例】

- The woman　　　　　　is beautiful.
- Dolphins　　　　　　　are intelligent.
- The hotel　　　　　　　has a big swimming pool.
- The restaurant　　　　　serves good meals.

日本語では通常、トピックは「〜は」で記され、主語（subject）は「〜が」

で記される。前述の例を見ても、どれも「～は」でトピックが記され、その後にコメント文が導入されていることがわかるだろう。最初の例は最も単純な形で、「は」の前の「その女性」がトピックであり、後に続く「美しい」がコメントとなっている。この場合、トピックである「その女性」と「美しい」の主語に当たるものが同じなので、繰り返しの必要はない。2番目の例は、「イルカは」の後につけて「頭が良い」となっているが、この場合「イルカ」がトピックにあたり、「頭が良い」がコメントとなる。コメント内では「頭」が「～が」で記されており、それが「良い」に対応する主語となっている。この例では、コメント自体が主語－述語の文の形態をとっており、いかにトピックが文法的に独立した役割を果たしているかがわかろう。

3番目の「そのホテルは～」も同様であり、「ホテル」がトピックで、「プールが大きい」がコメントとなり、コメント内では「プール」が「大きい」の主語となっている。4番目の「そのレストランはおいしい」の場合は、「そのレストラン」がトピックで、「おいしい」がコメントである。実際「レストラン」自体が「おいしい」わけではないので、「おいしい」の前には意味的な主語である「料理」が隠されていることになる。あえて省略せずに言うなら、「そのレストランは、[料理が]おいしい」となるが、文脈から主語が推測できるため、普通 [料理] は省かれる。

これらの文の意味を英語で表現する際は、主語を明確にした上で、主語と述語の関係を文法に則って厳密に表さなければならない。図10に、英訳の主語・述語の文法的な対応関係を図式化して記そう。

図10 ● 主語と述語の対応

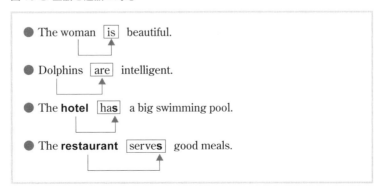

The woman is beautiful.では、単数形の主語に呼応して単数形のbe動詞が使われている。Dolphins are intelligent.は、Dolphinsという複数形の主語に対応したbe動詞のareを用いて、その後にintelligentとそのままつなげている。The hotel has a big swimming pool.は、主語がThe hotelと単数なので、動詞も単数形のhasが用いられている。The restaurant serves good meals.も同様である。英語は人称や数の一致といった主語と述語の対応関係に厳しい言語であり、語の省略に関しても日本語ほど緩くないので、明確化が求められるのが普通である。

　ちなみに、日本語の「～は」を英語にそのまま置き換えるとすると、Speaking of～やAs for～といった表現が当てはまるだろう。しかし、これらの表現は日本語の「～は」ほど頻繁に使われていない。上の文に当てはめてみれば、As for dolphins, they are intelligent.やSpeaking of the hotel, its pool is big.と言えないこともないが、不必要に冗長的な言い回しとなってしまうだろう。もし使われるとしたら、As for dolphinsは、他の生き物と比べて「イルカの場合は」とイルカだけを特定して言及したいときなどに限られる。Speaking of the hotelは、「そう言えば」とたまたま思いついた事柄について言うような際に使われる。つまり、これらのフレーズの使われ方は限定的であり、日本語の「～は」ほど汎用性はない。また、こういったフレーズを使って英語でトピックを設定したとしても、やはり主語と述語の文法的対応が求められることに変わりはない（they are intelligent; its pool is big.）。

主題優勢言語 vs. 主語優勢言語

　ここまでで述べてきたことは、言語学の世界では、**主題優勢言語（topic-prominent language）** と**主語優勢言語（subject-prominent language）** の違いとして知られている。主題優勢言語は、トピック・コメント構造で文を作り、主題とそれに続く述部との関係は、主語優勢言語のそれに比べてかなり緩いものである。日本語、中国語、韓国語などがこのタイプに属する。英語は主語優勢言語で、このタイプの言語は**主語・述語構造（subject-predicate structure）** で文が構成されており、その間には厳密な対応関係が求められる。

　日本語のような主題優勢言語を母語とする話者が、英語のような主語優勢言語を学ぶ際は、文法規則や単語を学ぶことに加えて、思考面での発想転換が必要となってくる。つまり、主題を中心に考えて、それに何でもコメントを足すという

発想ではなく、主語を中心に考えて、それにきっちりと対応する述語を考えていかなければならない。

　こういった発想転換は一朝一夕になせるものではなく、多くの目標言語のインプットに触れる中で、時間をかけて徐々に獲得できるものである。その過程では、試行錯誤を繰り返して数々の誤りを犯していくことになる。表12は、トピック・コメントの発想で育ってきた日本人学習者が、英語学習の過程でどういった中間言語を見せるかを示した例である。意図された英文を見ながら、日本語のトピック・コメントの発想と英語の発想の違いを確認していただきたい。

表12 ● トピック・コメント構造に影響を受けた中間言語産出例

学習者の中間言語	意図された英文の意味
I am chicken. 「私は」＋「チキンです」	I'd like chicken, please.
I was cold. 「私は」＋「風邪でした」	I had a cold.
I am like music. 「私は」＋「音楽が好きです」	I like music.
I was played game yesterday. 「私は」＋「昨日ゲームをしました」	I played a game yesterday.
My family is four. 「私の家族は」＋「4人です」	There are four members in my family.
He is not yet come. 「彼は」＋「まだ来ていません」	He has not come yet.
The tire is three. 「タイヤは」＋「三つです」	The car has three wheels.
I am part time job from 6:00. 「私は」＋「バイトが6時からあります」	I have a part time job from 6:00.

　I am chicken. はよく知られる例であるが、レストランや飛行機の機内で食事を頼むときに、日本語をそのまま英訳して「私はチキン」と言ってしまった例である。他にも、*I am a hamburger.* や *I am coffee.* などの例もある。chickenは、「臆病者」という意味もあるので、「私は弱虫です」と解釈されてしまうこともあり得

るだろう。*I was cold.* も似た例だが、この場合 I am / was を「私は〜（だ）」と捉えてしまい、その後に「風邪」／cold という単語を持ってきて文を作っている。本当は、「私は風邪だ／を引いた」と伝えたかったのだが、実際には「私は寒かった」という意味になってしまい、伝えたかった内容と言ったこととの間にギャップが生じてしまっている。*I am chicken.* や *I was cold.* は、それぞれ文として表面上問題はないが、意図したこととは異なるという点で、**隠れた誤り（covert error）**と呼ばれることもある。

I am like music. も隠れた誤りの一種である。一見詩的とも取れる表現（「私は音楽のようだ」）だが、発話意図は I like music. である。*I am like Korean food.* や *I am like soccer.* といった類似例も見られるが、こういった誤りが多く見られるのは、特に授業で be 動詞と一般動詞を学習し、さらに進行形の be –ing を習ったぐらいの頃であることを考えると、日本語のトピック・コメントの影響だけでなく、教室指導もこういった誤りの一因となっていると考えられる。*I was played game yesterday.* の意図するところは、「私は昨日ゲームをした」である。be 動詞と一般動詞の両方が過去形で使われており、一見受動態の過去形文にも見えるが、構造的には I am / was ＝「私は」と言ってまずトピックを表し、その後に played game yesterday ＝「昨日ゲームをした」というコメントをつけた形になっている。

他も同様で、いずれの場合もトピック・コメント構造が大きく影響しているために産出された誤りであると考えられる。特に日本人学習者は、be 動詞とトピック・マーカーの「〜は」を同一視する傾向が強く、この癖からなかなか抜け出せない学習者も少なくない。

トピック・コメント型から主語・述語型への転換

では、英語学習の過程で、日本人学習者はこの日本語特有のトピック・コメント構造を、どこまで克服することができるのであろうか。この質問に答える研究として、柳瀬（2007）の研究が興味深い。日本人の高校1年生と3年生、及び大学1〜2年生を対象に、トピック・マーカー「〜は」を含んだ日本語文の英訳をしてもらい、その誤り分析をしている。次に課題となった日本語文の例を示そう。読み進める前に、読者自身でそれぞれの日本文を英訳していただきたい。そして、高校生と大学生の被験者がどういった作文をし、学習者間でどういった違いが見られたかを想像していただきたい。

【英作文課題例】

(1) その映画は面白い。
(2) うさぎは耳が長い。
(3) そのレストランはおいしい。
(4) 3番線はまもなく到着します。
(5) コンピューターは新しいのがいい。
(6) ケーキは太るよ。

日本人学習者の作文例と習熟度による違い

表13に、高校1年生、高校3年生、大学生の、それぞれの文の平均点を示そう。採点方法は、英語の主語・述語を含み、誤りのないものが4点、英語的発想で作文されているが誤りのあるものが3点、主語・動詞の対応ができていないものが2点、断片的な語彙レベルにとどまるものが1点、白紙は0点で計算されている。

表13 ● トピック・コメント文の英訳のグループ別の平均得点

	高校1年	高校3年	大学生	全体平均
(1) その映画は面白い。	3.35	3.58	3.87	3.60
(2) うさぎは耳が長い。	2.58	2.72	3.13	2.81
(3) そのレストランはおいしい。	2.08	2.26	3.00	2.45
(4) 3番線はまもなく到着します。	1.20	1.58	2.44	1.74
(5) コンピューターは新しいのがいい。	1.99	2.16	2.56	2.24
(6) ケーキは太るよ。	2.00	2.37	2.87	2.41
全問の合計平均得点	2.29	2.69	3.16	

(柳瀬、2007に基づく)

全体を見てみると、文によって正解率がずいぶん異なることがわかる。(1)の「その映画は面白い」は、トピックと主語が一致しているため、英語でThe movie is interesting.と書くのはそれほど難しくないようである。それに対して、(2)の「うさぎは耳が長い」は、トピックと主語が異なるため、どのグループでも正解率が大幅に下がっている。(3)の場合は、トピックは「レストラン」だが、実際の主語

は書かれていない「料理」となっているので、そこが問題となっているようである。

特に(4)の「3番線はまもなく到着します」は難しいようで、全体平均が2点を下回っている。「3番線」という場所を示す語がトピックとなっており、主語である「電車が」が省略されているため、主語と述語の関係が見にくいのではないかと推測される。(5)では、「コンピューター」というトピックと「新しいのが」という主語が重なる意味で使われており、発想を柔軟にして考えないと、作文に詰まりやすいようである。(6)の「ケーキは太るよ」の場合も、「ケーキ」を主語、「太るよ」を述語として英作文してしまうと、意味がおかしくなってしまったり、途中で詰まってしまったりするようである。

回答者の書いた正答例（許容範囲の回答）と誤答例、そして各文の産出率を表14に示そう。表中の[ ]には答えのバリエーションを、（ ）には学習者によっては省略された語を記してある。また、...は文が途中で切れていることを示している。

表14 ● トピック・コメント文の英訳の正答例と誤答例の比率（各文）

		高校1年	高校3年	大学生
(1) その映画は面白い。				
正答例	The [This] movie is interesting [exciting / funny].	68%	81%	94%
誤答例	The movie is ...	9%	11%	0%
	The movie is interested [excited].	0%	2%	1%
(2) うさぎは耳が長い。				
正答例	(A) rabbit(s) has [have] (a) long ear(s).	25%	54%	57%
	Rabbit's [Rabbits'] ear(s) is [are] long.	11%	16%	19%
誤答例	Rabbit is long ear.	37%	7%	7%
	Rabbit is ears long.	5%	2%	1%
(3) そのレストランはおいしい。				
正答例	The restaurant is good [nice].	12%	21%	25%
	The restaurant('s) food is good [delicious].	6%	9%	14%
	The restaurant serves(s) [has] delicious food.	0%	2%	11%
誤答例	The restaurant is delicious [good taste].	46%	18%	16%
	The restaurant is ...	6%	5%	6%

(4) 3番線はまもなく到着します。

正答例	*The train will come to 3番線 soon.*	2%	0%	11%
	The train of 3番線 will come soon.	0%	0%	1%
誤答例	*3番線 is [will] come [arrive].*	26%	37%	27%
	It (will) come [arrive].	2%	9%	4%
	The train is [come].	2%	4%	6%

(5) コンピューターは新しいのがいい。

正答例	*(A) new computer(s) is good.*	16%	12%	25%
	I want [like] (a) new computer.	3%	12%	6%
誤答例	*(A) computer is new.*	19%	7%	5%
	(A) computer is new good [better].	11%	3%	0%
	(A) computer is …	5%	9%	6%

(6) ケーキは太るよ。

正答例	*Cake(s) make(s) people [you / me] fat.*	3%	40%	35%
	If you eat cake(s), you will be fat.	6%	5%	7%
誤答例	*Cake is [become(s)] fat.*	43%	5%	17%
	Cake is …	12%	7%	2%

(柳瀬、2007に基づく)

　実際の回答例を見ると、学習者の思考パターンや間違いの傾向がよく見て取れるのではないだろうか。誤答例を見ると、ほとんどがトピック部分をisで表しており、[〜は ＝ be動詞]の想定の下でトピック・コメント構造の影響を強く受けていることがうかがわれる。日本語的なトピックに基づいた発想で作文を始めて、途中で詰まってしまっている様子も各所にうかがえる。

◯ トピック・コメントから主語・述語型への発達段階

　表13と表14の結果を学年別に比較してみると、学年が上がるに従って、正解率が上がり、トピック・コメント型から主語・述語型の発想に移行してきていることがうかがえる。大学生ともなると、粗削りではあるが、かなり主語・述語型の発想になってきており、日本語のトピック・コメント型をそのまま英語に当てはめることは少なくなるようである。こういったデータを基に、柳瀬（2007）は次のような発達段階を提唱している。

【トピック・コメントから主語・述語型へと進む発達段階】

第1段階　「〜は」は常に主語を表すと考えて、そのまま処理しようとする段階（主題と主語の混同）

第2段階　「〜は」はいつも主語であるとは限らないと認識しつつも、英語での表現が難しい段階

第3段階　「〜は」が主語であるのか、他の役割を果たすのかを認識し、英語でそれを表現できるようになる段階

　この発達段階からもわかるように、主題優勢型は一足飛びに主語優勢型に移行するわけではなく、段階を追って習熟していくものである。第1・2章でも触れたように、言語処理能力が一朝一夕には伸ばすことができないように、主語・述語型の思考も、ただ説明を通して理屈で理解できたからといって、すぐに身につくものではない。それはやはり時間をかけて大量の英語のインプットに触れ、自らもアウトプットを発していこうと試みる中でこそ、徐々に伸ばしていけるものである。その前提の下で、的確な教室指導を行うことによって、習得の速度を早めることができると考えられる（具体的な教育応用のアイデアとして、『日本語を活かした英語授業のすすめ』［大修館書店］が参考になる）。

間違いを犯すことは学習不足を意味するのか?

これまで、日本人英語学習者の中間言語について、さまざまな角度から見てきたが、本章を終えるにあたって、学習者の誤りに対する考え方のこれまでの移り変わりについて簡単にまとめておきたい。

「対照分析」から「中間言語」研究へ

　1950年代は、学習者の犯す誤りは、母語に起因するものがほとんどであると考えられていた。そのため、母語と目標言語を徹底的に比較し、その違いに焦点を当てて集中的に学習していくことこそが、第2言語習得の最良の方法と考えられていた。いわゆる**対照分析（Contrastive Analysis）**全盛の時代である。その後、対照分析では説明できない第2言語習得の事実が次々と明らかになってきたため、対照分析は「誤り分析」へと移り変わっていった。1960年代後半から70年代にかけては、学習者から集めた発話データを基に、第2言語の習得過程を解明しようとした研究が盛んになった。そこで発見されてきたのが、「発達上の誤り」、「母語干渉による誤り」、「誘発された誤り」といった概念である。この頃から、学習者の学びに注視した第2言語習得研究が本格的に始まったと言えよう。

　学習者の誤りに対しての考え方を大きく転換させるきっかけとなったのが、応用言語学者のCorder（1967）が書いた論文、"The significance of leaners' errors"である。Corderは第2言語習得と教育に関わる研究者、教師、学習者たちは、言語習得過程で起こる誤りに対して、これまでの態度を改めなければいけないと主張した。それまで主流であった誤りに対する態度とは、誤りは学習者の母語から来る"悪い癖"、もしくは練習不足による"学習の失敗"とするものであった。そのため、誤りはさらなる練習と指導によって速やかに取り除くことが必要であり、また可能であるとされた。しかし、そういった態度に対して、Corderは第2言語習得は本来高度に創造的な営みであり、かつダイナミックな過程を経て成長していくものであるのだから、学習者の犯す誤りも、もっと肯定的に捉えられなければならないと主張した。

　Corderによれば、誤りは決して悪いことや恥じることではなく、学習者が積極的に作り上げる言語体系を示す"証拠"であり、それは言語習得過程やメカニズムを我々に教えてくれる大事な情報源になるものであるとした。学習者は触れ

ていく言語情報を基に言葉の規則やパターンを見つけ出し、自分なりの仮説を立て、それを使用していくことで、その妥当性を見極めようとしている。その意味で、第2言語習得で見られる誤りは、子どもが母語習得で犯す誤りと何ら変わりなく、いたって自然なものであり、習得過程でなくてはならない必須のものであるとされた。

　さらに、学習者の誤りは、彼らにもとより内在し、言語習得を導く**内部シラバス（built-in syllabus）**の存在を裏づけるものであり、その習得過程では**過渡的な言語能力（transitional competence）**を示しながら、複雑な過程をたどって成長していくものであるとした。こういった学習者が築く言語体系は、母語話者の言語体系とは量的にも質的にも異なった**個人的特有方言（idiosyncratic dialect）**とも呼ばれた。これは、後に広く「中間言語」として知られるようになった概念と軌を一にするものである。

"悪い癖"から"学習への主体的関与"へ

　Corderの主張はそれ以降の研究にも大きく影響を与え、現在に至る第2言語習得研究の重要なバックボーンとなっている。すでに出版から50年近く経つが、"The significance of leaners' errors"の表すメッセージは、今なお言語習得と言語教育の世界に警鐘を鳴らし続けている。ここでCorder (1967)以前と以降を対比して、表15に学習者の誤りに対する考え方の変遷を記しておこう。

表15 ● 学習者の誤りの捉え方の変遷

以前の捉え方	現在の捉え方
◆ 母語の影響による"悪い癖"	◆ 学習への主体的関与の現れ
◆ 理解不足・誤解・混乱の証	◆ 規則性を探る試みの現れ
◆ 言葉の不注意な使用	◆ 言葉の創造的な使用
◆ 練習不足によるヘマ	◆ 学習者内部シラバスの作用
◆ 教育指導の失敗の現れ	◆ 教育指導で参考にすべきもの
◆ 即座に訂正されるべきもの	◆ 訂正可否は総合的に判断すべきもの
◆ できれば回避したいもの	◆ 習得過程で不可欠なもの
◆ 否定的に捉えられるもの	◆ 肯定的に評価されるべきもの

　学習者の誤りを冷静に見るとき、そこには学習者の自己の学びに対する積極的

で創造的な関わりが垣間見られる。外からではなく、学習者の内から湧き出る学びを統制しようとする力が示されていると言える。そのため、いくら外から強制、また矯正しようとしても、その試みはなかなかうまくはいかない。第1章でも見てきたように、母語習得では、子どもは大人の示すインプットやフィードバックを無視して、自らが作り上げる独自の言語体系に固執する過程を通ることが観察される。第2言語習得でも、母語習得とは数々の違いがあるにもかかわらず、そういった点では似通った点が少なくない。我々の学習者の誤りに対する考え方も、その学習過程への深い理解に基づいて、より柔軟なものへと変わっていかなければならないだろう。

 "We cannot really teach language."

　教授法の観点から見ると、Corder (1967)以前は、学習者に内在する能力（自然力）に気づかずに、教える側の観点に立った指導ばかりに目を奪われることが多かった。教え込みの観念に縛られた「学習者不在のアプローチ」が主流であった時代である。それに対して、Corder以降現在に至るまでには、自然力を認めつつ、どういったタイミングでどう働きかけるべきかを考える「学習者主体のアプローチ」へと変わってきたと言えよう。Corder (1967, p.169)は、このことを次のように表している：

> [W]e cannot really teach language, we can only create conditions in which it will develop spontaneously in the mind in its own way. We shall never improve our ability to create such favorable conditions until we learn more about the way a learner learns and what his built-in-syllabus is. When we do know this, ... we may learn to adapt ourselves to *his* needs rather than impose upon him *our* preconceptions of *how* he ought to learn, *what* he ought to learn and *when* he ought to learn it.

　つまり、結局のところ、言葉は「教えられるもの」ではなく、「学ばれていくもの」であり、教師や周りの人ができることは、教え込もうと躍起になることではなく、いかに学びを補佐していくか、その最善の方法を考えていくことである。そういったことを可能にしていくためには、まず何よりも言葉の学びについて真摯に理解を深めていかなければならない。そうしてこそ、初めて押しつけではない、学習者に寄り添った、実りある教育が可能となってくるのであろう。今後は、

研究の分野だけでなく、実際の学習や教育の現場でも、こうした考え方がより広く、またより深く浸透していくことが望まれる。

> **まとめ**
>
> 本章では、第2言語としての英語習得の実態について、特に母語習得と異なる点に焦点を当てて見てきた。学習者の母語やその他の既習言語が与える影響は、広く言語間影響と呼ばれ、目標言語の学習過程と成果に大きな影響を及ぼす。本章では、まず母語の影響が不可避となる発音の問題について触れ、セグメンタル特徴とスープラ・セグメンタル特徴の面から、日本人学習者の課題を指摘した。次に、第2言語習得過程で見られる発達上の誤り、母語干渉による誤り、誘発された誤りについて言及し、回避行動や過剰産出の問題についても触れた。
>
> 日本語的思考や発想が英語学習に及ぼす影響は大きく、日本語のトピック・コメント構造は、英語学習を進めていく上で避けて通れない問題である。学習者は習熟度が上がるにつれて、日本語のトピック・コメント思考から英語の主語・述語的思考へと変わっていくが、そのためには時間をかけて多くのインプットに触れ、アウトプットの機会を持つ必要があることを指摘した。
>
> 最後に、学習者の誤りに対する考えの歴史的変遷について述べ、学習者の誤りを単なる学習不足や教育の不備と捉えるのではなく、学習者の自らの学びに対しての主体的関与と積極的思考の現れと捉えることの重要性を訴えた。学習者の築く中間言語は、英語を教える教師にとって、さまざまな教育へのヒントと知恵を与えてくれる。研究とともに、これからの教育は「学習者不在のアプローチ」から「学習者主体のアプローチ」へと変わっていくことが大いに望まれる。
>
> 次章では、ここまで見てきた言語習得の実態を踏まえ、言葉の学びのメカニズムを解き明かそうとする言語習得の理論について見ていきたい。

Column 3

リーディング能力を伸ばすために

パラグラフ・リーディングの効用

英語の長文を見ただけで、「嫌だ」と思う学習者は意外と多い。そういった学習者の多くが、最初から一語一語丁寧に読み、わからない単語があれば、その都度辞書で調べて読み進める方法しか経験したことがなかったりする。こういった読み方は時には必要となるかもしれないが、こればかりやっていると疲れてしまうし、最後には嫌になってしまう。そのおかげでリーディング力が身につくとも限らない。一方、段落ごとに要旨をつかんでいこうとする読み方は、慣れれば内容もつかみやすくなり、楽しくリーディングを進めることができる。特に英語の文章は、段落ごとにパターンが決まっていることが多いので、リーディングにはこの読み方がとても理にかなっている。こうした段落構成を意識して要点をつかむ読み方は、**パラグラフ・リーディング（paragraph reading）** と呼ばれている。

英語論説文の典型的な構成パターンは、文章の最初に**主題文（thesis statement）** がはっきりと書かれており、各段落の要点は**トピック・センテンス（topic sentence）** として段落の最初か最後、時には両方で繰り返されている。段落の中心部は、**裏づけ記述や詳細説明（supporting details）** が書かれていることが多い。こういった文章の構成を意識して読むことで、効率的で効果的な読解が可能となる。頭にロードマップを描きながら読み進めるため、内容理解が深まるだけでなく、その記憶も長続きしやすい。

スキーマを利用した多読のすすめ

Column 1で紹介したリスニングの過程（図A）を参考にしながら、リーディング能力の向上について考えてみよう。言語理解は、リスニングでもリーディ

ングでも、トップダウン処理とボトムアップ処理が相互に関連したインタラクティブ処理の結果起こるものである。読み手が持つ既有知識は**スキーマ（schema）**と呼ばれるが、我々は普通２種類のスキーマを使って読解を行っている。一つが内容に関する**コンテント・スキーマ（content schema）**であり、もう一つが英文構成に関する**フォーマル・スキーマ（formal schema）**である。

　これらのスキーマをうまく利用することで、リーディング時のトップダウン処理を活性化させ、言語知識に頼るボトムアップ処理を補強することができる。例えば、英文を読む前に日本語であらかじめ予備知識を入れておいたり、英文の構成パターンを意識して読んだりすると、単語知識や文法知識が多少欠けていたとしても、かなりの内容理解が可能になる。わからない単語や文法に出会っても、当てずっぽうではなく"根拠のある推測"（informed guessing）ができ、文章理解も決して悪くないはずである。逆に、スキーマが欠けていると、それだけ単語力や文法力に頼らざるを得なくなり、ボトムアップ処理の負担が高くなる。そこで十分な言語知識がないと、頻繁に辞書を引いたり、同じ文を行ったり来たりして、解読作業に必要以上に時間と労力がかかってしまう。結果、内容理解が遅々として進まず、リーディングが嫌になってしまうという事態に陥ってしまう。

　そこでおすすめしたいのが、スキーマを使って推測力を働かせながら、細かい部分はどんどん飛ばして読み進める**多読（extensive reading / pleasure reading）**の実践である。最初はなるべく内容的に馴染みがあり面白いと感じられるもので、言語的には少し簡単すぎるレベルのものを選んでどんどん読んでいくのである。そして、読むことへの抵抗感が薄れてきたら、少しずつレベルを上げていく。辞書は、最初から絶対に使ってはダメとすると大変なので、一段落につき一つだけ気になる単語を調べていいことにしてもいいだろう。そうすることで、内容理解の鍵となる単語を突き止める"勘"も養うことができる。

音読のすすめ

　ただ、いくらスキーマが大事だからといって、いつもトップダウン処理ばかりに頼っていると、大雑把な読み方しかできなくなってしまう可能性がある。そうならないためにも、スキーマを活用すると同時に、文字情報をしっかり読み取るボトムアップ処理能力の育成も欠かせない。英文構造を把握して読む文

法解析力と、日本語を介さずに英語のままで理解する直読直解力は、特に重要な技能となる。そこで役立つのが、**音読（oral reading）**である。音読は、筆者も昔から取り入れている勉強法であるが、その恩恵はこれまで十分に感じている。音読はリスニングやスピーキングにも役立ち、言語処理能力が培われ、リーディング、そしてライティングへの効果も期待できることがこれまでの研究で明らかになってきている。

　音読が大事だからと言って、ただ何でもかんでも声に出して読めばいいわけではない。音読する際は、特に次の二つのことに気をつけたい。一つは、どこを区切って読むかということ。もう一つは、意味をしっかりと考えながら読むということである。正しく区切るということは、文法と意味の関係を考える上で不可欠であり、音読の自然な息継ぎのリズムを作ることにつながる。また、意識的に意味を考えることで、機械的な棒読みではなく、音声、語彙、文法などが伝える内容をしっかりと確認しながら読み進めることが可能となる。これら区切りと意味の両方に注意することで、質の高い音読練習が可能になる。

　例えば、次のような文章を読む際は、意味と文法の切れ目にスラッシュで区切りを入れて、カッコに示した意味を頭に描きながら読んでいく。

> In developing countries(発展途上国では), / many women and children(多くの女性と子どもたちは)/ have to walk many kilometers（何キロも歩かなければならない)/ to get water(水を得るために). // That takes a lot of time(それはとても時間がかかる), / so they can't do other things(だから他のことができない). //

　ここで大事なのは、しっかりとした和訳をしようとすることよりも、区切りごとにその箇所の伝える意味内容をしっかりと把握しながら音読することである。一文一文読み終えた時点で、内容理解が怪しいと感じるようなら、もう一度前に戻って読み直してみる。速度は最初から速くする必要はないので、自分に合ったペースで行う。必要なら何度でも読み返してみて、慣れてきたら徐々に速度を上げていく。要は、英語の語順のままで、音読しつつ理解できるようにすることである。

　もし区切りが多すぎて文全体の意味がつかみにくいようなら、区切りの数を少なくして読み直すといいだろう。最初は区切りを少し細かめに設定して、慣

れるに従って徐々に区切りを少なくしていくのがコツである。そのうち、発音や抑揚といった側面にもより注意を払っていくようにして、音読の"精度"を高めていく。最終目標は、内容をしっかりと捉えた豊かな読み口で、人に読み聞かせができるレベルである。

音読の教材は、教科書が一番手軽であり、優れたものであるので、まず何よりも既習の教科書の音読を徹底させたい。教科書以外にも、市販の音読教材も多数出版されているので、自分のレベルにあったものを選ぶといいだろう。多読に関しては、レベル別に分けた教材（*Penguin Readers*, Pearson Educationなど）や、学習者用英字新聞（*The Japan Times ST*, *Asahi Weekly*など）、『多聴多読マガジン』（コスモピア）、ペーパーバックスなど、数え切れない選択肢がある。英語教師にとっては、多読の方法や授業への導入の仕方を詳しく紹介した書籍（『英語多読・多聴指導マニュアル』[大修館書店]など）も販売されているので、参考にするといいだろう。

リーディングに慣れて英文を読むことに抵抗感がなくなってくると、インプットの量が飛躍的に増えてくる。それは自然とスピーキングやライティングの伸張にもつながっていき、英語力全体の底上げを大きくバックアップしてくれることは間違いないだろう。

筆者のリーディング学習体験

長文読解を苦手とする日本人は多いが、筆者自身も昔は長文読解が大の苦手であった。英語の文章を見ると、「わからない」「難しい」「面倒くさい」という気持ちが先立ってしまい、なかなか読み進むことができなかった。しかし、アメリカ留学中に、その状況を変えざるを得ない環境に置かれてしまった。複数の授業で毎回数十ページ読むという宿題が出され、「わからない」「面倒くさい」では済まされなくなったのである。

最初のうちは、一字一句丁寧に見て、わからない単語があれば辞書で調べて和訳を書き写し、また読み進むといったことを繰り返した。しかし、この方法では時間がかかる割に、読んだ内容がほとんど頭に残らないことに気づいた。宿題範囲を時間内に読み終えるどころか、何とか読み終えた部分の内容理解さえも怪しかった。そこで、自身の学習方法を根本的に見直す必要性に迫られたのである。前述したパラグラフ・リーディングや、チャンクを活用した音読練習などは、留学中に必要に迫られて身につけたものであり、それ以来現在に至るまで、ずっと実践してきたものである。

一度リーディングの醍醐味を味わうと、読むことへの抵抗感が大幅に減り、

読む量もどんどん増えていった。アメリカから帰国後は、あれほど大嫌いだったリーディングにも果敢に挑戦できるようになり、遂にはペーパーバックスも読みこなせるようになった。そうした英語でのリーディング能力の向上は、日本語にも波及効果をもたらし、それまで読んだことのないような日本の歴史小説が楽しく読めるようになった。現在では、日本語でも英語でも、読むことは仕事の重要な一部であり、また同時に趣味でもある。こういった経験から、もっと多くの英語学習者にリーディングの楽しさを知ってもらいたいと強く願っている。リーディングは日本か海外かといった壁を瞬時に取り払い、インプットが豊かな英語環境をいつでもどこでも作ってくれる"最高の先生"である。

第4章
どうやって言葉は習得されるのか?
〜母語習得の理論〜

　第1章から第3章にわたって、子どもと大人の英語習得の実際について見てきた。これまでの焦点は言語習得の"what"、"what order"、"what error"についてであったが、これからはその背後にあるメカニズムを解き明かそうとする言語習得の理論（theories of language acquisition）に迫っていきたい。"why"と"how"の疑問に対する答えである。本章では母語習得の理論について焦点を当て、次章では第2言語習得の理論と教育への応用について見ていくこととする。

- 言語習得を説明する三つのアプローチとは？　126
- 親が教えることを強調したアプローチ　130
- 子どもが学びとることを強調したアプローチ　136
- 親子が交流することを強調したアプローチ　142
- どの理論が一番いいのか？　152

言語習得を説明する三つのアプローチとは?

人間はどのように言葉を学ぶのか。言語習得にはどういった要因が重要なのか。親や教師にできること、またすべきことは何なのか。こういった疑問に答えるために、これまでさまざまな理論が提唱されてきた。本章では、言語習得の理論を大きく三つのアプローチに分けて捉え、それぞれのアプローチの代表的な理論について説明していくこととする。

言語習得理論とは何か?

　理論と言うと何か難しいもののように聞こえるが、簡単に言えば、現実世界の現象は何が原因で起こっていて、それがどんなプロセスを経て、どういった結果を招くかということを、できるだけ簡潔に説明しようとするものである。言語習得で言えば、どういった要因が言葉の学びと関係していて、それらがどのような状況で、どう働くことで言語習得を可能にしているかを明らかにしようとしている。研究の際は、データ分析や結果を解釈する上で理論を用いるが、逆に、データに照らし合わせて、理論の妥当性や限界について検討・判断していくことも大事になる。理論は言語教育などの分野でも応用され、実践活用されるものでもある。

　理論は研究者だけが独占して持っているものではない。人は誰でも何らかの形である種の理論に基づいた考え方を抱いて生きているものである。学習者も、英語習得のためには何が重要で、どのように学ぶべきかについて、何かしらの持論を持っていることが多い。例えば、たくさん話すことが英語上達のために最も大切だという持論を持つ人もいるだろうし、とにかく大量の英語のシャワーを浴びることが重要だという持論の人もいるだろう。

　英語教師であれば、単語や文法をどのようにどういう順序で教えるべきか、いつどういった場面で間違いを訂正すべきか、どこまでの文法理解を求めるべきかといったさまざまな点で、一人ひとり何らかの意見を持っているものである。我々の日常の学習行為や教育方針は、たとえインフォーマルな形であろうとも、そういった学習・教育理論、あるいは学習・教育観に支えられている。だからこそ、理論について考え、それがどこまで現実の事象や結果を正しく捉えているのかを検証し、学習や教育のあり方を見つめ直す機会を持つことが大切なのである。

"養育派"対"自然派"の論争

　そこでまず、言語理論を大きく分ける代表的な論争を紹介することにしよう。いわゆる、**遺伝・環境論争（nature-and-nurture debate）** と呼ばれるものである。この論争は、「先天か後天か」、「氏か育ちか」、「内的要因か外的要因か」とさまざまに言われるが、要は、我々の行動や特性がもともと生まれ持ったもののせいなのか、それとも育った環境から来るものなのかということである。この論争は言語学だけではなく、心理学、哲学、教育学、法学、政治学、医学など、広い分野にわたって存在する根本的な論争である。一般的に、環境や外的要因を支持して養育派の立場を取るものを**経験主義（empiricism）** と呼び、遺伝や内的要因を支持して自然派の立場を取るものを**理性主義（rationalism）** と呼ぶ。

　両者の立場を表す具体例を考えてみよう。人間の知能の良し悪しは、遺伝的なものなのか、それとも育った環境によるものなのか。"頭がいい"と言われる人は、もともと頭がいい家系に生まれたからそうなのか、それとも受けてきた教育と本人の不断の努力によるものなのか。人によって意見は分かれるところである。個人の性格についても、同様の疑問を投げかけることができる。ある人は明るく社交的な性格だが、別の人は静かで内向的な性格だとすると、そういった性格の違いは一体どこからやって来ているのか。もしそれが遺伝的なものから来ていて、環境的な影響がほとんどないとすると、性格を変えようなどと努力しても仕方がないことになるだろう。逆に、遺伝よりも環境的な影響が大きいと考えれば、性格をより良くするために、人は環境要因を変えるように積極的に働きかけたり、努力をすることを惜しまないだろう。

　同じ様な議論は、スポーツや音楽の才能、肥満や病気の問題、性的愛好等、幅広い分野で繰り広げられている。ここで大事なことは、遺伝・自然派か環境・養育派かのどちらの立場を取るかによって、我々の人生態度や物事に対する姿勢が、大きく変わってくるということである。子育ての例で言うならば、環境的役割を大きく重視する親は、子どもに逐一指示を出して、厳しく育てる傾向にあるだろう。反対に、遺伝や自然力といった子どもの生まれ持つ性格や能力を大きく重視する親であるならば、子どもの自主性を尊重して、時には放任主義となることもあるかもしれない。環境と遺伝の両方に相応の重きを置く親であれば、子どもの個性を大切にしつつも、タイミングを見計らって必要な指導やアドバイスを与えたりするかもしれない。こういった育児方針は夫婦間で一致することもあれば、

そうでないこともある。いずれにしても、それぞれの親の持つ何らかの"理論"に支えられた考え方が、日頃の子育てに大きく現れてくると言えよう。

言語習得を説明する３大アプローチ

　言語学の分野でも、こういった自然派対養育派の論争は、長い間続けられてきている。言葉を理解し使いこなす能力は人間固有のものと捉えられるが、それは生まれつき備わった能力なのか、それとも環境の中で学習して身につけるものなのか。前者寄りの考え方ならば自然派となり、後者寄りならば養育派となる。ただ、自然派であっても、必ずしも遺伝だけに頼り、環境的なものを全て除外しているわけではない。養育派も同様で、必ずしも環境要因だけが重要であり、持って生まれた能力は全く関係ないと言っているわけではない。そのため、自然派対養育派の論争は、はっきりと白黒に分かれるというよりも、濃淡のある大きなグレー・ゾーンがあるものと捉えた方がいいだろう。研究の世界では、どの立場に立つかによって、研究対象や研究範囲、及び研究手法までもが大きく変わってくることになる。

　言語習得で養育派の代表的な理論として、**行動主義（behaviorism）**がある。行動主義では、外的な環境要因が言語習得に果たす役割が大きいと主張する。つまり、母語習得であれば、親や養育者が子どもに言葉を教える行為を重視する。子どもは、親や養育者から与えられた情報の受容者・学習者ということになる。一方、自然派の代表は、**生得主義（innatism / nativism）**である。生得主義は、学習者が生まれつき備えているとされる特別な言語学習能力を重視する。そのため、親や教師の役割よりも、子どもの先天的な力に焦点を当て、その能力をどう使って言葉を学んでいくかということに注目する。その場合、子どもは単なる情報の受け手というよりも、"知"の創造的主体者として捉えられる。

　両者の中立の立場として、環境的要因と子どもに内在する要因の双方が複雑に交わり合う中で言語習得が可能になるとする立場もある。**相互交流主義（interactionism）**である。相互交流主義では、学習者の持つ先天的能力を認めつつも、周りの人々がどう子どもと関わり合ってその能力を引き出していくかが、言語習得には重要であると考える。そこでは、学習者は時と場合によって、情報の受容者となったり、言葉を創造する主体者となったりする。いずれの場合も、子どもは社会的交流を通して学習に主体的に関わっていく存在として扱われ

る。これら三つの立場とそれぞれの主張を、図11にまとめて記しておこう。以下では、ここで示された言語習得3大アプローチの考え方について、より詳しく見ていきたい。

図11 ● 言語習得を説明する3大アプローチ

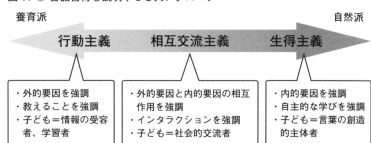

親が教えることを強調したアプローチ

まず、外的要因を強調する行動主義から見ていこう。基本的な考え方を説明した後で、その問題点について指摘していきたい。

行動主義の基本的な考え方

行動主義は子どもを無垢な存在として捉え、環境的要因によっていかようにも塗り替えられる**白紙状態（tabula rasa, blank slate）**であると説明している。環境からの刺激（stimulus）に対して繰り返し反応（response）する過程で、学びが起こるとする。この学習スタイルは、言語だけでなくその他のスキル全てに当てはまるとされ、複雑さこそ違えども、人間の学びは本質的に他の動物と何ら変わらないと主張する。そして、学習過程で何よりも重要なのは、"条件づけ"（conditioning）であるとされる。

◯「古典的条件づけ」と「オペラント条件づけ」

最も基本的な条件づけは、**古典的条件づけ（classical conditioning）**と呼ばれ、与えられた刺激に対して同じ反応を繰り返すことで、刺激と反応のつながりが強まるというものである。もともとこの考え方は動物実験から来ており、犬に餌を与える前にベルを鳴らすことを繰り返していると、犬はそのうちベルを聞いただけで唾液が出るようになるといったものである。条件反射と呼ばれる現象である。これを言語習得に応用すると、例えば子どもが「ミルク」と聞いた後で大好きなミルクを飲むことを繰り返すことで、"ミルク ＝ 白い液体 ＝ おいしい"という結合を強化するといった具合である。

別のタイプの条件づけとして、**オペラント条件づけ（operant conditioning）**がある。古典的条件づけで学んだ言葉を、今度は学習者が自発的な形で使用する。正しく使えればほめられ、間違えれば訂正されることになる。発話に対して一貫した対応を示されることによって、子どもの学習は正しい方向へ導かれ、学びが強化されるという考え方である。「ミルク」の例で言うと、正しく「ミルク」と発声できれば、ほめられてミルクが与えられるが、失敗すれば、訂正されてミルクがおあずけになってしまう。なので、子どもは正しく「ミルク」と言えるようになるために、細心の注意を払って努力をすることになる。

正しい発話に対してほめられたり、微笑んでもらったり、何かご褒美をもらったりすることは、**正の強化（positive reinforcement）**と呼ばれ、反対に、発話が正しくないときに、注意されたり、直されたり、また意図が伝わらずに困るといった事態になることは、**負の強化（negative reinforcement）**と呼ばれる。こういった正と負の強化が相互に働き合いながら、学習者の条件づけが形作られると考えられている。

◯ 模倣と習慣形成

これらの条件づけの根本となるのが、**模倣（imitation）**である。周りの人の音声をできるだけその通りに真似ることで、言語習得に必要な練習を重ねていく。模倣は繰り返せば繰り返した分だけ、正や負の強化が期待できるので、習得がどんどん促進されることになる。

行動主義の考える言語習得とは、**言語習慣（verbal habit）**の形成である。つまり、**刺激・反応・強化（stimulus-response-reinforcement）**の一連のつながりによって起こる**習慣形成（habit formation）**こそが、言語習得の本質であるとされる。そこでは、親や養育者の献身的なサポートがあるからこそ、正しい言葉の習得が可能になるという。そのため、大人の責任は重大であり、子どもに良い刺激（正しい言葉の使い方の例）を十分に与えるのはもちろんのこと、子どもが正しい言葉を使うことを一貫して教え導いていくことが重要と考えられる。

模倣の限界

このような行動主義の考え方は非常にストレートで、直感的にもわかりやすいものなので、比較的受け入れやすい説明かもしれない。「耳にする言葉を真似して、それを周りの人から正してもらいながら徐々に覚えていく。まさに、これこそ言葉を学ぶ姿である」と行動主義の考え方に飛びつく人も多いだろう。しかし、よくよく考えてみると、そんな行動主義の考え方には、いくつか大きな疑問が残されていることに気づく。

まず、子どもは本当に模倣をベースにして言葉を学ぶことができるのかという疑問がある。子どもが大人の発する言葉を真似て学んでいくとするならば、大人の使わない言葉は学ばないことになる。ところが、第1章で紹介した子どもの発話データにも見られるように、模倣では説明できない数々の発話例が存在する。

子どもの過去形の誤りによく見られる rided, eated, goed や、疑問文の発話で見られる Do I can have a cookie? What Tom can't have? などは、大人の正しい言葉遣いの例の模倣からは説明がつかない。表16に他の例を挙げておこう。

表16 ● 模倣では説明困難な子どもの発話例

学習者が産出した例	意図された意味
Allgone milk.	Milk is all gone.
Mommy sock.	Mommy is putting on her socks.
Pretty foots.	Pretty feet.
No dog bite you.	The dog won't bite you.
He no want drink.	He doesn't want a drink.
That dog toy.	That's the dog's toy.

　子どものこういった発話はよくあることだが、決して模倣の結果であるとは言えない。むしろ、触れる言語情報を基に、子どもが自ら積極的に言葉を創造した結果と言えるのではないだろうか。また模倣と言っても、子どもによってその頻度はまちまちで、よく真似をする子もいれば、真似をしない子もいる。しかし、どちらであっても、言語発達の成果に大きな差は見られない。こういった事実に照らし合わせて考えてみると、模倣だけで言語習得が成り立つという考え方には無理があると言わざるを得ないだろう。もし模倣が言語習得に何らかの役割を果たすというのであれば、それは習得のごく最初の部分（U字型発達曲線の第1段階）であり、言葉のごく一部分（発音や語彙習得等）であるのかもしれない。しかも、この場合の「模倣」は、行動主義が唱えるような条件反射的なものではなく、もっと主体的で創造的な行為を指す場合が多いと考えられる。

間違い訂正の限界

　行動主義に対する別の疑問は、子どもは一体どこまで大人の与える強化から学んでいけるのかということである。このことについて議論する前に、まず、大人は子どもの発話に対して、どれくらい頻繁に正なり負なりの強化を与えているのかが問われなければならない。それを調べた研究結果を見てみると、大人は子どもの発話に対して、それほど一貫して強化を与えていないことが示されている。行

動主義で求められているような "You said it well!" とか "That's not right." といった返答も、よく聞かれるようで、実際にはほとんど使われていない。これは日本語であっても同じであり、「よくできたね」とか、「その言い方は違うよ」などと、言葉の形式的正確さに注目した反応を示す親は意外と少ない。たとえ親がこういった対応を時折したとしても、子どもの犯す間違いに対して終始一貫した対応をするわけではない。時には反応し、時には反応しないといったことは、決して珍しいことではない。しかも、親によってその個人差は大きい。しかし、こういった一貫性の欠如にもかかわらず、子どもは皆、問題なく言葉を習得していく。

仮に、子どもが周りから一貫した強化を受け取ると想定してみよう。子どもはそこからどこまで学んで、自己訂正をしていくのだろうか。この疑問に対して、これまでの研究結果は否定的である。下に示すのは、そのことを示唆する親子の会話例である。

> 子ども：*Nobody don't like me.*
> 親：　*No, say "Nobody likes me."*
> 子ども：*Nobody don't like me.*
> （同じやりとりが８回繰り返される）
> 親：　*Now listen carefully, say "NOBODY LIKES ME."*
> 子ども：*Oh! Nobody don't likeS me.*

(McNeil, 1966, p.69)

この親子のやりとりでは、母親が子どもの二重否定文の誤りを何度も正そうとしているが、子どもは一向に自分の発話を直そうとしない。最後にやっと気づくのは、３人称単数現在形の -s のみである。つまり、子どもは親の与える負の強化に対して非常に無頓着であり、大人の期待と努力とは裏腹の結果に終わっている。

もう一例、次のやりとりを見ていただきたい。

> 子ども：*I putted the plates on the table!*
> 大人：　*You mean, "I put the plates on the table."*
> 子ども：*No, I putted them on all by myself!*

(Lightbown & Spada, 2013, p.18)

第４章　どうやって言葉は習得されるのか？　〜母語習得の理論〜　　133

先のやりとりでは、子どもがputの過去形をputtedと間違って使っているのに対して、母親は負の強化として、その間違いを言い直してあげている。だが、子どもは自分の言語的な間違いには気づかずに、「全部僕が自分でやったんだよ！」と、逆に母親の主張を意味的に訂正している。決して母親の言葉を無視して発話しているわけではないが、母子で注目している点が全く異なっている。

　次の二つの例も子どもと大人のやりとりを示したものだが、いかに両者の注目点が違っているかが興味深い。

子ども： *My teacher holded the baby rabbits and we patted them.*
大人： *Did you say your teacher held the baby rabbits?*
子ども： *Yes.*
大人： *What did you say she did?*
子ども： *She holded the baby rabbits and we patted them.*
大人： *Did you say she held them tightly?*
子ども： *No, she holded them loosely.*

(Cazden, 1972, p.92)

子ども： *I writed my name in icing.*
大人： *You mean you wrote your name in icing.*
子ども： *Yes, I writed my name in icing.*
大人： *Say, 'I wrote my name in icing.'*
子ども： *I ... wroted my name in icing.*

(Maynard & Thomas, 2004, p.32)

　最初の例では、親が子どもの"holded"を"held"に訂正しようとしている。しかし、子どもの注意は一貫して意味内容に注がれており、言語形式の間違いには全く気づいていないようである。二つ目の例で注目したいのが、大人側の訂正の仕方である。最初の訂正は子どもの発話形式に何ら影響を与えなかったので、次により明示的に子どもに正しい言い方をするように求めている。それに対して、子どもは問題のある単語の前で少し躊躇するが、結局wroteに-edをつけたユニークな発話をしており、完全に正しい言い方にはなっていない。

　これらの例は、子どもの能力不足だとか、注意力の散漫を表しているわけでは

ない。むしろ逆に、子どものコミュニケーションに対する意欲や、伝える意味内容へのこだわりを表していると言えるだろう。大人がこういった実情を十分に理解せずに、表面的なことや形式ばかりにこだわってしまっては、せっかくの子どものコミュニケーション意欲も減退してしまうかもしれない。

　要するに、子どもは大人が期待するように、間違い訂正に敏感に反応するわけではないということである。いくら強制的に大人の真似をさせようとしても、それがうまくいくとは限らない。子どもはあくまでも自分のペースで言葉を習得していくからである。行動主義が理想とする言語習得過程は、その説明とは裏腹に、実際の言葉の学びの姿には反映されていないことが多い。言語習得を条件反射による習慣形成と捉える考え方は、実際の人間の言葉の複雑さや創造性からは大きくかけ離れており、その説明には無理があると言わざるを得ないだろう。

子どもが学びとることを強調したアプローチ

行動主義と真っ向から対立する立場を取るのが、生得主義である。生得主義は環境よりも子どもが生まれ持った能力に注目することで、言語習得を説明しようとする。

生得主義の基本的な考え方

　生得主義は、言葉がいかに人間固有のものであるかというところから話を始める。もちろん、動物も何らかのコミュニケーション手段を持つが、伝える内容はほとんどがhere and nowに限定されており、人間の言葉のような複雑さと柔軟性に著しく欠けている。人間の言葉はhere and nowに限らず、there and thenへと発展し、具体的な事柄から抽象的な事象まで、幅広い話題を伝達することができる。チンパンジーのような比較的人間に近いとされる動物でさえも、人間の子どもと同等の言語能力に達することはない。どんなに人が積極的に言葉を覚え込ませようとしても、チンパンジーができるのは、せいぜい限られた単語を覚えることぐらいである。ましてや、ただ単に人間と共に暮らすだけで、自然と言葉を習得していくことはない。

　それに比べて、人間の子どもは、1歳を過ぎた頃から驚くべき言語習得能力を発揮する。もちろん最初からペラペラというわけにはいかないが、着実に言語能力を伸ばしていって、母語話者としての高い言語能力レベルに達していくのである。何語などというのは関係なく、5〜6歳になるまでには、どの言葉でも、その基本構造の習得をほぼ完了させると言われている。5〜6歳と言えば、まだ就学前であり、一般的知能で言えば、まだまだ未発達の段階である。それなのに、なぜあれほど複雑な言葉の習得が可能なのか。言語学者のChomskyによると、人間の子どもは、生まれたときにすでに言語習得に必要な特別な能力を備えているからであるという。

　Chomskyは、言葉の習得は幼児の歩行習得とよく似ていると主張する。特に身体的に不自由がなく、適度な栄養とスペースさえ確保されていれば、どの子どもも、ほぼ同じようなペースと順序で2足歩行をするようになる。どこで生まれようが、どこで育てられようが、大体1歳前後が歩き始める時期である。最初は寝返りから始まり、次に一人座り、ハイハイ、つかまり立ち、そして2足歩行という順序をたどる。その過程において、特別な指導や説明は必要ない。お手本と

言えば、周りの人たちが歩くのを見ることだけである。言葉の習得も、これと基本的に同じであると主張する。

普遍文法と言語習得の論理的な問題

　言語習得で環境が果たす唯一の重要な役割は、子どもに言葉の**インプット (input)** を提供することであるとされる。環境の役割がこのように限定されているのは、子どもには自力で言葉を学んでいく特別な能力がすでに備わっており、行動主義が主張するような「白紙状態」ではないからであると言う。Chomskyは子どもが持つこのような先天的な言語能力を、**言語習得装置（Language Acquisition Device: LAD）** と呼んだが、それは後に**普遍文法（Universal Grammar: UG）** として知られるようになる。普遍文法はあらゆる言語の基本原則であるので、それを兼ね備えた子どもは、世界のどの言語でも同じように習得することができると言われる。

　Chomskyの指摘する行動主義の大きな問題点とは、**言語習得の論理的な問題 (logical problem of language acquisition)** に全く答えていないという点である。言語習得の論理的な問題とは、環境から得られる情報だけでは到底説明がつかないほどの膨大で完璧な言語知識を、子どもはどうやって身につけることができるのかという問題である。子どもの触れるインプットは確かに膨大なものだが、習得される言語知識はそれ以上に複雑なものとなる。インプットはあくまでも「生データ」を提供するものであり、そこに潜む規則を説明するマニュアルが存在するわけでもなく、それが整然とわかりやすく提示されているわけでもない。それにもかかわらず、どの子どもも例外なく、何が正しい言葉使いで、何が間違っているかを直感的に判断できる能力を身につける。それまで耳にしたことのないような文章も、難なく理解するようになっていくし、自らの意思を表す際も、模倣をはるかに超えた言葉の表現能力を身につけていく。

　インプットに関して言えば、大人はいつも完璧な話し方をしているわけではなく、時につっかえたり、言い直したり、間違えたりと、子どもにとっては"ノイズ"の多い言葉となっている。間違い訂正に関しても、大人の行動にはムラがあることは、行動主義のセクションで見た通りである。そういった不規則かつ不十分な情報を頼りに母語の能力を身につけていくことは、本来極めて難しいと考えられる。こういった子どもが受け取る情報に関するさまざまな問題は、**刺激の貧困 (poverty** of the stimulus）と呼ばれているが、外からの情報に問題があり、不十分であるにもかかわらず、子どもは確実に言語能力を獲得していく。不完全な情報から完全な言語習得を可能にする鍵は何か。それは子どもに普遍文法が備わっているからであり、外からの情報は、あくまでも普遍文法を機能させるための引き金（trigger, activator）としての役割を果たすだけであるとするのが、生得主義の主張である。

臨界期仮説

　普遍文法に関係する仮説として、**臨界期仮説（Critical Period Hypothesis）**というのがある。臨界期仮説とは、人間の言語習得を可能にするには、言語インプットがある一定の限られた期間（臨界期）に子どもに与えられなければならないというものである。子どもがその期間にインプットに触れることができれば、言語習得は難なく進むが、それ以降だと完全な習得が難しくなってしまうと言われる。臨界期が厳密にいつ終わるのかということは、未だはっきりわかっていないが、早ければ5歳頃、遅くても思春期頃までには臨界期が終わるとされている。

　臨界期仮説を証明する例としてよく挙げられるのが、「野生児」（feral children）に関する報告である。事例の一つとして、1799年に報告された、ビクター（Victor）少年の話がある。フランスの森で発見された推定12歳のビクターは、赤ん坊の頃から何らかの理由で人間社会から隔離され、森の中で育った。発見時は裸で、言葉も話せず、人間らしさはみじんもなかったという。発見後、ビクターには言語を始めとする集中的な教育指導がなされたが、何年経っても限られた単語しか理解せず、積極的な発話行為はほとんど見られなかったという。

　より最近の事例としては、1970年にアメリカのロサンゼルスで発見された13歳児の少女、ジニー（Genie）のケースが挙げられる。親の変わった子育て方針から、ジニーは生後20ヵ月頃から人との交流を断たれ、隔離された部屋の中で虐待されて育った。食事も満足に与えられず、常に栄養失調の状態だったので、発見時のジニーの身体は極度に未発達であった。言葉をはじめとする人間的な能力も、非常に限られていた。保護されてからは、心理学者や言語学者が長期にわたってジニーに教育トレーニングを施し、彼女は徐々に社交性を身につけ、単語力も5歳児程度のレベルまで伸びていった。それとともに、理解力や表現力もついていった。しかし、文法力に関しては、いつまで経っても子どもの電報文発話

を越えることはなく、言語能力は途中で停滞したままとなってしまったのである。これらの例は特殊で例外的なものであるが、臨界期を過ぎた子どもの言語習得がいかに難しいものであるかを物語っている。

　こういったケース以外にも、もっと身近に臨界期の存在を示唆するものがある。耳の不自由な子どもたちの手話言語の習得がそれである。耳がほとんど聞こえない、あるいは全く聞こえない「ろう者」（deaf）の子どもたちは、通常、音声言語ではなく、視覚言語である手話（sign language）を自然言語として学んでいく。聴覚障害には遺伝的なものや、生後の病気や事故などによるものもあるので、手話言語に初めて接する時期は、生まれてから間もない子どもと、生後しばらくしてからの子ども、あるいは大人になってからといったように、多岐に分かれる。そうした人たちの言語発達を調べた研究では、小さい頃から手話言語に触れていない人は、学び始めてから30年経っても、まだネイティブ・レベルに達していないという結果が報告されている。特に12歳児までに手話言語に触れていないと、言語発達はより限られたものとなってしまう。また、たとえ5歳時から触れていたとしても、生まれてすぐに触れた子どもと比べると、その差は明らかになってくるという。つまり、学習開始年齢が手話言語習得の度合いに大きく関わっているということである。

　こういった研究結果は、第2言語習得でもおおかた確認されている事実である。ネイティブ・レベルまで達したとされる例外的な第2言語学習者の報告も時々なされるが、大多数の学習者にとっては、第2言語を母語話者と同等のレベルまで習得することは非常に困難であるということが、数々の研究によって明らかにされている。それは発音面においてだけでなく、文法面においても然りである。ただ、それをもって思春期以降の第2言語習得が不可能と勘違いしてはならない。臨界期仮説の研究が示しているのは、第2言語学習者が母語話者と全く同じようになるのは難しいということであり、第2言語でコミュニケーション能力が身につかないということでは決してない。もともとバイリンガルである第2言語学習者をモノリンガルの母語話者と比較して優劣を決めようとすること自体、理不尽で問題があるという意見もある（Column 6参照）。また逆に、小さい頃から第2言語に触れていれば母語話者のようになれる、もしくは遅く始めた学習者よりも第2言語が得意になるといった誤解もあるが、そういった保証は全くない。第2言語習得の成否は、開始年齢だけでなく、接触頻度、期間、接触内容とその質といった、さまざまな要因が関係していることを忘れてはならない。

他にも臨界期仮説に関連した興味深い例として、脳卒中や事故、病気などで言語に障害を持つ「失語症」（aphasia）の研究がある。失語症の回復の度合いは、事故や病気の程度だけでなく、失語症になってしまった年齢によっても大きく異なってくる。一般的に、子どもに比べて大人の回復は遅く、また回復の度合いも限られてくる。こういった研究結果を総合して考えると、言語習得には絶対的な臨界期とまでは言わなくても、習得に影響を与える**敏感期（sensitive periods）**が存在することは間違いないだろう。ただ、こういった臨界期や敏感期といった考え方が、直接普遍文法の存在をサポートするかどうかは定かではない。なぜなら、普遍文法の存在以外にも、成長に伴う脳神経細胞の増加や、脳の構造変化、あるいは母語能力の確立といったことからも、同現象は説明することが可能だからである。

特殊生得主義と一般生得主義の違い

生得主義に関して、もう一つ述べておきたいことがある。生得主義と言っても、皆がChomskyのように言語習得に特化した脳内構造を信じているわけではない。研究者の中には、子どもの生得的な能力を認めながらも、言語習得のためだけに特別に備わった脳内構造ではなく、人間の一般的な学習能力が言語習得に関与していると主張する者もいる。そのため、生得主義はChomskyをはじめとする言語習得に特化した能力を提唱する**特殊生得説（specific nativism）**あるいは**言語的生得説（linguistic nativism）**と、言語習得に特化しない一般的な能力を支持する**一般的生得説（general nativism）**に分けられる。

言語習得を説明する上で、環境的要因だけでなく、人間に備わる何らかの能力を認める点では、特殊生得説も一般的生得説も共通している。ただ、具体的にどのような生得的能力が備わっているのか、そしてその学習メカニズムがどうなっているかという点では、両者の説明は大きく異なっている。特殊生得説は、言語の文法原則が子どもの脳に備わると想定しているのに対して、一般的生得説は、パターン発見能力や、カテゴリー分類・整理能力、要素の関連づけ能力、頻度に基づく統計的処理能力、確率的推論能力といった、人の持つ一般的な学習能力が言語習得を可能にすると主張している。

学習メカニズムについては、特殊生得説が"トップダウン式"であるのに対して、一般生得説は"ボトムアップ式"の考え方を表している。トップダウンというのは、

すでに子どもの脳内に存在する普遍文法がインプットに触れる中で次々と設定されていくため、上意下達式で習得が進むという考え方である。そのため、環境から得られるインプットは最小限のものでも構わないと説く。一方、ボトムアップは、子どもの一般的な学習能力を使いつつも、インプットから得られるデータを分析することによって、そこから徐々に文法を身につけていくことを想定する考え方である。

　一般生得説を代表する考え方として、**コネクショニズム（connectionism）**がある。コネクショニズムは、言語習得を脳の神経ネットワークの複雑化によって説明しようとする。神経回路の基盤である脳内構造は生得的だが、その能力を最大限に引き出すためには、環境からのインプットが欠かせない。インプットに含まれる言語要素をそれぞれ関連づけていき、脳内に膨大な言語処理ネットワークを築いていくという考え方である。そのため、コネクショニズムでは、インプットの量と言語項目の現れる頻度が、習得を決定する上で特に重要とされる。

　コネクショニズムの他にも、一般生得的な理論として挙げられるのが、**用法基盤理論（usage-based theory）**である。この理論では、人の一般的認知能力と実際の言語使用が合わさって、必要なデータが脳内に蓄積され、そのデータを基に言葉の規則が抽出され習得されていくと主張する。子どものうちはインプットを固まりとして取り込み、それらインプットの事例からさまざま表現を頭の中に蓄積していく。その情報が整理・分類され、共通のパターンが探し出されていく中で、構文や文法が形成されていくと考える。こういった習得過程を可能にする先天的認知能力には、他者の考えを推測する**意図読み（intention-reading）**と呼ばれる社会的能力と、言葉の**パターンを発見（pattern-finding）**する認知的能力がある。これらの生得的な能力を巧みに使いながら、実際に言語に触れていく中で言葉が獲得されていくと捉えられる。

　このように、一般的生得説にはさまざまな主張があり、一括りにすることは難しい。しかし、どれも一般的認知能力の役割を評価しながらも、インプットといった環境的な要因を特殊生得説よりもはるかに重視しているところで共通している。そのため、一般生得説の主張は、次の節で詳しく述べる相互交流主義にかなり近いものとなる。

親子が交流することを強調したアプローチ

環境重視の養育派と、子どもの持つ学習能力を重視する自然派。そのちょうど真ん中に位置するのが、相互交流主義である。真ん中と言っても、単に両者の"いいとこ取り"というわけではなく、独自の理論を展開している点が注目される。

相互交流主義の基本的な考え方

　相互交流主義は、「環境」と「遺伝」を対立するものとして捉えるのではなく、遺伝的能力が備わっているからこそ、環境的な要因がうまく機能するのであって、両者がどのように関わっていくかということが、子どもの言語能力の発達にとって大事であるとする。相互交流主義の研究には、大きく分けて二つのアプローチがある。一つは子どもの持つ認知能力と言語インプットとフィードバックの関わりに焦点を当てて研究を進めるものであり、もう一つは子どもを巻き込む社会的交流のあり方について広く見ていこうとする研究である。以下では、これらそれぞれの考え方について順に紹介していこう。

養育者言葉の役割

　子どもの認知能力とインプット・フィードバックとの関わりについて研究するアプローチでは、**養育者言葉（caretaker speech, baby talk, child-directed speech）** の役割に注目する。養育者言葉とは、大人が小さな子どもに対して話しかけるときに使う言葉で、大人同士で話すときの言葉使いとは異なる。それは子どもとのコミュニケーションを円滑にするために、大人が直感的に判断して調整して使う言葉である。養育者言葉は、異なった言語間でもかなりの共通した特徴があるとされる。以下に、代表的な特徴を列記しよう。

- ゆっくりめの発話速度
- 明瞭な発音
- 高いピッチ
- 誇張されたイントネーション
- 高頻度の単語の使用

- 短めで簡単な文構造の使用
- 繰り返しや言い換えの多用
- 文脈に支えられた言語使用

　子ども自身も、こういった特徴を持つ養育者言葉を好む傾向があると言われている。養育者言葉は子どもの注意を引くという役割だけでなく、言葉の聞き取りを助け、会話の流れの中で単語や表現を判別しやすくする効果があるとされる。養育者言葉は言語能力が未発達な子どもとのコミュニケーションを円滑に促進し、交流者同士の感情的つながりも強化する働きがあると言われる。前のセクションでも見たように、生得主義者は子どもの受け取るインプットが不完全で問題を含むと主張するが、養育者言葉の研究によれば、大人は子どもに対してほとんどの場合、適切な文で話しかけることが報告されている。

　養育者言葉の特徴は、大人の話し方のみに現れるのではなく、会話の設定や、話題の選択、また談話構成や発展の仕方にも及ぶ。例えば、子どもが小さい頃は、会話のコンテクストがhere and nowに設定され、目の前で起こっている動作や状況について話すことが多くなる。以下は、その例である。

親：*That's right, pick up the blocks.*（子どもがおもちゃのブロックを持ち上げようとしているときの発話）

親：*That's a puppy.*（子どもが子犬を見ているときの発話）

親：*The puppy's in the basket.*（子どもがバスケットに入っている子犬を観察しているときの発話）

(O'Grady & Dobrovolsky, 1992, p.353)

　here and nowの会話では、大人の音声も、その意味するところも、文脈の中ではっきりと語られ、子どもにとってわかりやすい形になっている。上の例では、子どもがブロックや子犬に興味を持っているその瞬間に、大人もそのことを話題にしている。このような子どもの注意が向くところに大人も一緒に注意を払う行為は、**共同注意（joint attention）** と呼ばれ、子どもの言語発達を助ける上で、重要な働きがあるとされる。子どもが興味を持つものに対して大人が言葉を添え

るので、子どもも無理なく大人の言葉を理解することができる。また、そういったやりとりの中で、大人は重要な内容語（前述の例ではpick up, block, puppyなど）を強調したり、何度も繰り返したりすることになり、子どもの単語認識と記憶は大いに助けられることになる。

さらに、養育者言葉は固定されたものではなく、子どもの理解力に合わせて柔軟に変化するものでもある。子どもの理解力が低いうちは、簡単な言葉が何度も繰り返されるが、子どもの理解力が上がるにつれて、養育者言葉もどんどん複雑になっていく。例えば、子どもにまだ過去の概念が育っていない場合、大人は過去についての言及を避ける。しかし、子どもが過去の出来事に興味を示すようになると、それに伴って大人も過去形を使うようになる。大人の過去形の使用が子どもの反応によって促されて増えていき、それに従って子どもの理解力が高まり、それがさらに大人の過去形の使用頻度を増やしていくといった具合である。このように、子どもの発育ペースに合わせて養育者言葉が変化していくことを捉えて、言語習得を「自己ペース型の語学レッスン」（self-paced lessons, graded language lessons）と呼ぶ研究者もいる。

子どもの誤りに対する言い直しの効果

前に、生得主義を裏づける事実として、大人は子どもの犯す誤りを逐一訂正しないということを述べた。確かにデータを見てみると、大人は子どもの間違いに対して明示的な形で間違い訂正をすることは少ないようである。しかし、子どもの誤りに対して、それを正しい形にして言い直してあげることは頻繁に行われている。

例を見てみよう。以下に示すのは、4歳児の子どもと父親のやりとりである。

（1）
子ども： *It's gooder, isn't it?*
親　　：　　*Yes, it's better.*
子ども： *Better, yeah.*

(2)
親：　　　　*What did he do?*
子ども：*He wiped him.*
親：　　　　*He wiped himself.*
子ども：*Yes, he wiped himself.*

(3)
子ども：*It's bored being on the bike.*
親：　　　　*It's not boring.*
子ども：*Yes. It's boring on the bike.*

(Saxton, 2010, p.98 より)

　１番目の例では、子どもの言った*gooder*を、父親が正しい比較級の*better*と言い直している。２番目の例も同様に、子どもの*him*を父親が*himself*と言い返している。３番目は、子どもの*bored*を父親が*boring*と言い直している。このように、誤った箇所を正しい形に言い直す行為は、**リキャスト（recast）**と呼ばれ、子どもに間違いの訂正を促す効果的な手法として注目されている。リキャストの特徴は、コミュニケーションの流れを阻害しないで暗示的に訂正を促すことであり、ほとんどの場合、特に教育的な意図などなしに自然に行われる行為である。上の例でも示されるように、子どもはリキャストに対して敏感であり、言い直された表現を積極的に自らの発話に取り入れようとしている。

　また、リキャストは子どもの誤りをすぐその場で言い直してあげるため、誤用と正用の対比が容易で、訂正すべき箇所も特定しやすい。子どもの発話に基づいているため、子どもに与える認知負担が軽減され、同時に、子どもの興味・関心に添った形で与えられるため、情意面でも好ましいと考えられる。これまでの研究によると、子どもは大人の与える他の形のインプットやフィードバックよりも、リキャストされた言葉をより多く繰り返すことがわかっている。その効果はその場だけでなく、数週間後にも見られるという報告もある。さらに、リキャストをより多く受けた子どもは、そうでない子どもよりも、言語発達の速度が早まるという研究結果もある。

　リキャストが、自然な形で頻繁に起こるという点も重要である。言語習得は、

基本的に子どものペースで進むものであり、大人が勝手に操作することはできない。そのため、指導型の意識して行うフィードバックよりも、自然な会話の中で起こるリキャストの方が、習得には有利と考えられる。たとえ子どもがすぐその場でリキャストに反応を示さなかったとしても、これから先もリキャストに触れる機会がふんだんにあることで、子どもが習得準備できたときに自ら判断して利用していけるからである。子どもの言語環境に普段から与えられる豊富なインプットやリキャストがあってこそ、子どものペースに合わせた言語の発育が可能となると考えられる。

一方的なインプット vs. 相互交流を通して与えられるインプット

　それでは、子どもの言語習得において、他者と交流することはどこまで必要なのだろうか。周りで話される言葉を聞くだけで十分なのではないだろうか。極端に言えば、テレビのような一方的な言語インプットを何時間も聞いていれば、言葉は自然と習得されるのだろうか。こういった疑問に答える研究をいくつか見てみよう。

　少年ジム（Jim）は耳に不自由のない健常者であったが、両親はろう者であり、彼ら夫婦間の会話は手話言語で行っていた。しかし、彼らはジムに対して手話で話しかけることはほとんどなかったという。そのため、ジムは小さい頃から、大人の会話に直接触れる機会がほとんどなかった。唯一彼がよく見ていたテレビからだけが、言葉に触れる機会であったという。3歳9カ月の時点でのジムの言語能力は、自発的な発話がほとんどなく、質問への応答も限られていたという。しかし、その後ジムが一対一で大人と会話する機会を頻繁に持つようになると、それまでに見られた奇異な発話はなくなり、同年齢の子どもたちに追いつくように言語能力を伸ばしていったという。

　他にも、英語を母語として育てられている乳幼児が、中国語の音声をどこまで認識できるようになるかを調べたものがある。一定期間テレビやラジオを使って子どもに中国語を聞かせたグループと、実際に人が子どもに中国語で話しかけて交流したグループとの間で、発音認識力でどういった違いが生じるかが調べられた。結果は、交流グループの子どもだけが音の違いを聞き取れるようになり、テレビとラジオを通して中国語を聞いた子どもは、2カ月後も発音認識力が向上することはなかったことが報告されている。いかにテレビのような一方的な媒体か

ら言葉を学ぶことが難しいか、また同時に、いかに生身の人間との交流が大切かを示唆する研究結果である。

　これらに関連した研究として、家庭でのテレビ視聴時間と子どもの発育を調べた研究もある。そこでわかったことは、少なくとも2歳児以前の子どもが、テレビから単語を学ぶことはないということである。それどころか、テレビ視聴時間が長くなればなるほど、子どもの言語発達に遅れが見られる結果となっている。そして、問題は言語発達だけにとどまらず、子どもの感情表現や表情、また親と視線を合わさないといった情緒的な問題にまで発展していることが報告されている。近年、日本やアメリカの小児科医学会などが小さな子どものテレビ視聴時間を制限すべきだと警鐘を鳴らしているが、その背景にはこういった研究結果があるのである。希望が持てるのは、言語発達に問題を持つ子どもも、テレビ視聴時間を制限して、もっと人との交流を増やせば、症状がかなり改善されるということである。このような研究結果は、本の読み聞かせなどを通した豊かな交流が子どもの言語発達に有益であるとする研究結果とも一致するものである。

　こういった一連の研究結果は、テレビやインターネットといった一方通行のインプット源が言語習得では一切役に立たないということを意味しているわけではない。子どもの年齢が上がり、言葉の基礎が築かれてくると、発達段階に合ったテレビ番組などは特に語彙習得の面で役立つことが確認されている。こういったことを勘案すると、インタラクションから来る補助の重要性は、特に習得初期段階に最も顕著に現れ、習得が進むにつれその役割は少しずつ減少していくのかもしれない。しかし、継続した豊かなインタラクションの機会を持つことは、言語形式の習得のみならずコミュニケーション能力全般の発達に寄与するものであり、習得後期であっても、その価値は決してなくなるものではないだろう。

社会文化理論の考え方

　相互交流主義を支持する別の考え方として、**社会文化理論（sociocultural theory）** がある。社会文化理論は、ロシアの心理学者であるVygotskyが提唱したものであるが、そこでは人間の学びと成長は、他者との社会的交流の中で起こるものと捉えている。特に、言語をはじめとする高度な精神活動は、社会的な交わりの中でこそ研ぎすまされるとされる。従来型の学習観では、まず個人の中で学びが起きて、そこから徐々に外に向かって学習効果が現れ、最終的に社会性を

身につけていくと考える。例えば、まず子どもが単語を覚え、それを使って他の人とコミュニケーションをとり、社会に適応した人間に成長していくといった、「学習 → 使用 → 成長」といった流れを想定する。

それに対して社会文化理論では、社会交流そのものが人の学習を大きく左右し、個人の能力を伸ばす大事な機会であると考える。「社会交流・使用 → 学習・成長」という流れの学習観である。社会交流の中で築いた能力が、さらなる社会交流を豊かなものにし、それがまた新たな発達を促すという循環が想定される。そういった意味で、子どもの成長は一方的に与えられた知識を学びとる"個人作業"ではなく、人々との交流の中で起きる"共同作業"と見なされるのである。

人と社会をつなぐ「媒介」の重要性

社会文化理論を理解する上で重要な概念として、**媒介／橋渡し（mediation）**というのがある。人はモノや記号などさまざまな仲介物を通して、思考や行動を管理するとされている。例えば、我々は日常いろいろな道具を使って生活している。紙を切るという作業一つをとっても、手でちぎることもあれば、定規を使って裂くこともあるし、ハサミを使って切ることもあるだろう。ハサミで切るのであれば、「ハサミ」が「人」と「切る」という行為を仲介する媒体／橋渡しとなる。一旦ハサミを使い始めると、そこから使い方の幅がどんどん広がっていき、手でちぎっていた頃とは比べものにならないほどの多様な活動が行えるようになってくる。ハサミ以外にも、釘や金槌などの大工道具、冷蔵庫や洗濯機といった家財道具などは全て媒介であり、どれも人と世界をつなぎ、人間生活を大きく変える可能性を秘めたものである。これらの道具がなかったときの生活とある生活とを比べると、その差は歴然であろう。こういった媒介は我々の生活様式を変えるだけでなく、その思考や行動をも変容させていくことになる。

ハサミは我々が日常生活で使う物理的な媒介の一例だが、もっと抽象的で心理的な媒介もある。その最たるものが言語である。人は言葉という媒介を通して他者と意思疎通し、社会と関わることができる。言葉は外部とのつながりだけでなく、自己を探求する上でも重要な媒介となる。我々は言葉を使って自分の考えや行動を振り返ったり、整理したり、思索したりするからである。その意味で、言葉は自己の内部世界と外部世界を密接に結びつける重要な手段だと考えられる。

他者統制から自己統制へ

社会文化理論は、子どもの心の成長を**統制（regulation）**という概念で説明している。子どもは、最初はモノに統制されたり（object-regulation：モノ統制）、他者に統制されたり（other-regulation：他者統制）するが、徐々に自ら統制する能力（self-regulation：自己統制）を身につけるようになる。例えば、最初はおもちゃのブロックを使ってただ遊ぶだけだったのが、ブロックを増やしたり減らしたりしながら数の認識を養っていく。最初はブロックを使って（モノ統制）増やしたり減らしたりしながら計算の基本概念を身につけていって、他者の助けを借りながら（他者統制）簡単な足し算や引き算の方法を学んでいく。やがてブロックではなく自分や他者の指を使って数えるようになり、徐々にモノや人の助けを借りずに自分の力だけで暗算ができるようになっていく（自己統制）。モノや他者に頼っているうちは"外"から統制されている状態だが、自分で暗算できるレベルになると、"内"からの統制となる。自己統制力の獲得は子どもの心的世界を拡大していき、さらに外の世界への働きかけを加速させていくことになる。

こういったモノ・他者統制から自己統制へと変化していく一連の流れは、**内在化（internalization）**のプロセスと呼ばれている。言語習得で言うと、意思疎通の初歩段階では、その場の状況や他者の助けに多くを託しているが、徐々に言葉が自分の内に取り込まれ内在化していく中で、状況や他者に依存しないでも意思疎通が可能となってくる。しかし、一旦内在化したからといって、いつも自己統制に頼っているというわけではなく、与えられた課題の難易度や状況によっては、他者やモノの助けを借りる場合もある。例えば、暗算ができる大人でも、数字の桁が大きくなれば紙に書いて計算するかもしれないし、計算機を使うかもしれないのと同じである。要するに、課題に応じて柔軟に統制手段を選ぶ能力を身につけていくのである。

主体的で創造的な模倣の役割

こういった学びの過程で、重要な役割を果たすのが模倣（imitation）である。周りの人がやっていることや、話していることを真似る行為を模倣と呼ぶが、ここで言う「模倣」は、前に行動主義で説明されたような表層的な模倣とは大きく異なる。行動主義の主張する模倣は、大人の言ったことを子どもがオウム返しに真似することを指し、ほめられたり訂正されたりすることを通して、正しい言葉使

いを習慣づけるとした。こういった模倣の捉え方は、他者主導的、自動的、そして機械的なプロセスである。それに対して、社会文化理論で唱える模倣は、子ども自身の選択と意志で行う行為であり、自己主導的なプロセスを指す。一旦取り込まれた言葉を、模倣という行為で**外在化（externalization）**し、それがさらなる内在化を促す作用がある。この場合、模倣は必ずしも他者の発話直後に起こるとは限らず、一定の時間が過ぎてから起こることも珍しくない。聞いて真似るまでの間に時間を置くことで、オフラインでの分析や脳内整理が可能となると推測される。

　前の晩に、親から"Brush your teeth."と言われた子どもが、次の日"Brush teeth, brush teeth."と**独り言（private speech）**を言ったりする。また、"Wipe your hands and brush your teeth."と親から言われ、しばらく経ってから子どもが独りで、"Wipe your hand, wipe your teeth."と言っていたりもする。この場合、handだけでなくteethにも誤って動詞のwipeを使ってしまっているが、この誤用はいかに模倣が機械的ではないかを示すいい例である。これらの模倣は行動主義が主張するような条件反射でもなければ、強制や強化で発話されるものでもない。模倣はあくまでも、達成すべき目的がある状況の中で自発的に発せられるものであり、主体的かつ創造的な行為である。

◯ 最近接発達領域と足場がけ

　社会文化理論を理解する上でもう一つ重要な概念として、**最近接発達領域（Zone of Proximal Development：ZPD）**がある。最近接発達領域とは、子どもが自分一人でできる発達領域と、他の人に協力してもらうことで到達できる発達領域との隔たりのことを指す。この概念は、どういった状況で内在化が起こるかを判断する上で欠くことができない。一人ではできないが、人の助けを借りるとできるという場合、その子どもは最近接発達領域にいると判断される。違う言い方をすれば、どこまで手助けが必要かを見極めることによって、その子の現時点での発達レベルを察することができ、次の課題についても的確な判断を下すことができる。簡単に言うと、「今日手助けしてできたことは、明日一人でできるようになることである」といった考え方である。

　相互交流の中で子どもが他者から得られる支援は、**足場がけ（scaffolding）**と呼ばれるが、足場がけがこの最近接発達領域内で与えられるとき、内在化が最も促進される。先に挙げた例で言うと、ブロック遊びが好きな子どもに、ブロッ

クを使って足し算を教えてあげたり、"Brush your teeth."と言いながら一緒に歯磨きをしたりすることなどが、足場がけの例とされる。また、子どもが何か言葉に詰まったときに、言葉の選択を手助けしてあげたり、正しい言い方を示してあげたりすることも、足場がけの例である。しかし、子どもに与えられる課題が最近接発達領域を越えてしまうと、いくら足場がけを与えても、課題をこなすことが困難になり、内在化にも至らない。足場がけは最近接発達領域内で与えられることと同時に、相互交流の中で意味ある目的達成という設定の中で与えられることが大事とされる。

　以上、社会文化理論は子どもとの交流や教育のあり方を考える上で、数々の示唆を与えてくれる。近年の研究でますます注目されるようになってきている分野であり、今後のさらなる研究成果が期待される。

どの理論が一番いいのか？

ここまで、言語習得を説明する3大アプローチを紹介してきた。それでは、この中で言語習得を的確に説明しているのは、一体どのアプローチなのだろうか。結論的なことはまだ言えないが、以下では、3大アプローチそれぞれの強みと弱みについて簡単にまとめておこう。

行動主義の評価

まず、行動主義は模倣や間違い訂正といった強化を強調するところにその独自性があるが、そういった行為が実際の言語習得でどこまで行われていて、またどこまで役立っているかは、かなり疑問の余地が残される。もともと動物実験などで示された条件づけの考え方を、そのまま高度な"考える人間"の学びに当てはめようとしているところに、すでにおのずと限界があると考えられる。それが特に複雑で人間固有の言語能力に当てはめられるとなると、その考え方の限界は一層鮮明になってくる。

しかし、だからといって、言語習得に模倣が全く必要ないかと言えば、そうとも言い切れない。特に語彙習得や発音の習得などでは、模倣が果たす役割は否定できない。また、模倣は言語習得の初期段階でその効果を発揮することも考えられる。とは言っても、何でもかんでも真似すればいいというわけではないし、うまく真似できないからといって、指摘してすぐに直るものでもない。模倣は、あくまでも子どもの意志や選択を尊重しながら行われる行為であることを忘れてはならないだろう。

フィードバックに関しては、正と負の強化といった狭い捉え方ではなく、より広い定義の**肯定証拠（positive evidence）**と**否定証拠（negative evidence）**と捉え直した上で、それらがどう言語習得に関わっているかに注目する方が有益だろう。肯定証拠とは、正しい言葉の使い方を示す証拠であり、否定証拠は間違っていることを示す証拠のことを指す。子どもが接するインプット全般が肯定証拠であり、これなしでは言語習得は成り立たない。一方、否定証拠は直接間違いを指摘するものもあれば、言い直してあげることで間接的に間違いを伝えるリキャストなどもある。否定証拠においては、どういったものが有益であり、どこまで言語習得に不可欠なのかということに関して、未だ議論が続いている最中である。

いずれにしても、言語習得のプロセスは長く複雑なものであり、子どもの一時

期の発話成果を見て一喜一憂するべきものではない。長い目で、ゆったりと見守ってあげる養育者の姿勢が問われるところである。

生得主義の評価

　生得主義の利点は、子どもの生まれ持った言語習得能力に焦点を当て、それを最大限に評価して理論を構築しようとしているところであろう。実際、子どもはどんな言語であっても、驚くべき速度と高い達成度で学んでいく。しかも、子どもの生育環境は社会や家庭で大きく異なるにもかかわらず、言語習得はどこでも基本的に同じように確実に起こる。この事実を環境要因だけで説明することは非常に難しい。また、世界には何千もの言語が存在するが、それらは全て大きく異なっているわけではなく、人間言語として何らかの共通項でつながっていると思われる。だからこそ、人はどの言語であっても、隔てなく同じように母語として習得していくことが可能になるのであろう。これは他の動物では不可能なことであり、この人間固有の能力を解明していく上で、遺伝的な側面を無視することはできない。

　だが、言語習得に欠かせない生得的能力とは具体的にどういったものなのかは、まだよくわかっていない。それが普遍文法のように言語に特化したものなのか、それとも、より一般的な問題解決能力やパターン抽出能力といったものなのか、今後も長い論争が続いていくであろう問題である。他にも、どの脳機能がどの程度の生得性を持っているのか、生得性を持った脳機能はある一定の期間だけに働く能力なのか、それとも年齢に関係なく使える能力なのか、といったさまざまな問題も残されている。

　人がいくら生得的な能力を持っているとはいえ、外からのインプットなしでは、言語習得は始まらない。では、どれだけのインプットが必要なのか。どういったインプットが望ましいのか、子どもに直接的に話しかけることが必要なのか、それとも単に子どもの周囲で言葉が使われていれば十分なのか、といった点も重要な問題となる。さらには、生得主義は主に文法の習得に注目するが、言語習得で実際に必要な膨大な語彙の習得といったことは末梢な問題として見られ、あまり重要視されていない。そのため、語彙習得の過程に関する説明が乏しい。今後こういった点でも、より一層の研究が進んでいくことが期待される。

第4章　どうやって言葉は習得されるのか？　～母語習得の理論～　　153

相互交流主義の評価

　相互交流主義の強みは、子どもに内在する要因と環境要因の両方に目を向け、両者の相互作用を捉えているところである。それは子どもの能力を十分に認めた上で、大人が子どもとどう接していけばいいのかということに、多くのアイデアとヒントを与えてくれる。例えば、養育者言葉の特徴や、here and nowに根ざした共同注意と言葉添え、また社会交流を通した内在化と外在化、そして最近接発達領域といった概念は、言語発達に遅れを示す子どもの教育や支援のあり方に関して有益なヒントを与えてくれる。また、同概念は第2言語習得の指導にも当てはまるものが多く、教室指導においての教育的応用の可能性が広がっていくものである。

　しかし、母語習得において、こういった社会的交流がどこまで絶対になくてはならないものなのかは、まだはっきりしていない。養育者言葉の質や、子どもがそれに触れる度合いは、子どもの生育環境によって異なる。そういった違いは、子どもの言語発達の速度、特に語彙の習得速度と習得量などに影響が現れやすい。周りの大人が子どもの成長や興味に合った言葉を豊かな交流を通して使えば使うほど、言語習得がより早く進み、語彙も多くなりやすい。逆に、大人が子どもにあまり話しかけなかったり、子どもの興味に無頓着であったりすると、言語習得は遅くなり、語彙量も限られてくる。

　だが、これはあくまでも習得速度や語彙サイズの問題であり、どんな生育環境であっても、言葉に触れる機会さえ十分あれば、皆いずれは母語話者と呼ばれるレベルに達すると考えられる。もしそうならば、言語習得における養育者言葉の絶対的必要性を主張することは難しくなってこよう。同様のことは社会的交流や足場がけといった概念にも当てはまり、それがいくら習得に有益なものであったとしても、それイコール必須ということにはならない。一体どの言語側面が相互交流的要素を必要としているのか、またどの側面がそれに依存しないものなのか、まだ不透明なことが多い。

まとめ　本章では、子どもの母語習得についての代表的な理論を概観した。言語習得の理論は、養育派の立場を取る行動主義、自然派の立場を取る生得主義、そして環境と子どもの能力の交わりを探求する相互交流主義の3大アプローチに大きく分かれる。論争の焦点は、子どもの生育環境

と周りの大人の教育的対応を重視するのか、それとも子どもが本来生まれ持つとされる生得的な言語習得能力を強調するのか、はたまたこれら両者の織りなす複雑な交流を重んじようとするのかというところにある。

　これまでの研究史の流れを見る限り、行動主義がもてはやされた時代は過ぎ去り、もっと子どもの内面を見つめようとする生得主義の時代へと移り変わり、現代は生得的な能力を肯定しつつも、それが環境的な側面とどう関連しているのかを見極めようとする相互交流主義の立場が優勢となってきていると思われる。これまで報告されてきた言語習得の実態を見てみると、親が子どもに言葉を教えるといったことを裏づける事実は見られず、子どもが自己の能力をフル活用することで、言葉を段階を追って徐々にまた確実に習得していくことがわかってきている。今後のより一層の研究の進展が、まだ未解明の問題をよりはっきりと解き明かしてくれることを期待したい。

　遺伝か環境かといった論争は、研究の世界だけでなく、一般の人々の話題にも陰に陽に聞かれることである。個人の持つ言語習得観は、知らず知らずのうちにいろいろなところに影響を及ぼしている。親であれば、子どもに対する態度や育児方針にその価値観が表れるだろうし、第2言語学習者であれば、勉強方法や目標設定等に反映されてこよう。英語教師であれば、どういう言語習得観を持っているかで、教え方や生徒に対する期待が変わってくるに違いない。だからこそ、言語習得に対しての理解を深めて、時に内省していくことで、自らの"理論"を見直していくことが望まれるのである。

　次章では、言語習得のこの3大アプローチが、どのように第2言語習得に生かされ、応用されているかを見ていきたい。

Column ❹

ライティング能力を伸ばすために

ライティングの難点と利点

英語4技能の中で一番難易度が高いとされるのが、ライティングである。会話なら多少ブロークンでも通じるが、ライティングには身振り手振りもなく、相手の助け舟を期待することもできない。書き手は読み手のニーズを考慮しながら、過不足なく情報を提供することが要求される。伝える相手が目の前にいない分だけ、表現の正確さや的確さも求められる。また、ライティングは一方通行のコミュニケーションとなるので、文と文のつながりや、一貫性も考慮しなければならない。さらには、書かれた文章は永遠に残るため、適当に言ってごまかすことはできず、間違った箇所も明白となる。

こういった難しさも、学習の観点から肯定的に捉えると、全て利点となり得る。ライティングは、スピーキングのような対面コミュニケーションではないため、自分のペースで進めることができる。じっくりと考えて書き、満足いかなければ、いつでも修正したり書き変えたりすることができる。身振り手振りが使えない分だけ、言葉を熟慮して意思疎通を図ろうとする。相手からの相づちや、補足・援助が得られないので、何とかして自己表現しようとする責任感も高まる。また、途中で邪魔されずに自分の言いたいことが最後まで言える。要するに、ライティングでは「タスク負担」（第6章参照）が増す分だけ、学習上得るものも多くなるのである。大変ではあるが、英語学習にはうってつけと言えよう。

さらに言えば、英語で文章を書く練習をすると、「英語で考える」癖がつくと言われる。それは伝えたいことをどうにか表そうとする過程で、文構造を意識し、英語の語順で物事を考えなければならないからであろう。また、「書くことは考えること」とも言われるが、書くことを通して、あやふやだったこと

が明白になり、より深く物事について考えるようになる。筆者自身も、学生時代から日本語、英語の両方で書くことを通して学んできたことは、とても多いと感じている。

プロダクト指向とプロセス指向のライティング

書くという作業には、大きく二つのアプローチがある。一つが**プロダクト・ライティング（product writing）**であり、もう一方が**プロセス・ライティング（process writing）**である。プロダクト・ライティングでは、学習者はまずモデル文章を学習して、その後、習ったモデルに忠実に沿って自分の文章を書いていく。表現される意味内容よりも、形式と正確さに焦点を当てるのがその特徴である。一方、プロセス・ライティングでは、最終的な原稿に至るまでの過程を大切にする。(1)アイデアの考案と構想（brainstorming）、(2)アウトライン作成（outlining）、(3)草稿（drafting）、(4)執筆（writing）、(5)読み直し（rereading）、(6)推敲（revising）、(7)編集（editing）といった過程を行き来しながら、書くプロセスを重視する。書く目的や読み手の存在も大事に考え、形式的な正確さは最初からこだわらない。これら二つのアプローチの違いを、表Aにまとめておこう。

表A ● プロダクト・ライティングとプロセス・ライティングの違い

プロダクト・ライティング	プロセス・ライティング
●出発点はモデル・テキスト	●出発点は表現したいアイデア
●モデル・テキストは模倣するための原本となる	●モデル・テキストはあくまでも比較のためのリソースとして使う
●原稿は最初からできるだけ正確に書くことを目指す	●原稿はさまざまな段階を踏んで何度も書き直して良くしていく
●構成と言語的正確さを意識したライティングを目指す	●読み手と目的を意識したライティングを目指す
●個人作業を中心に行う	●他者と協力しながら書き進める
●ライティングを特定の型の習得として捉える	●ライティングを創造的な活動として捉える

現在のライティング指導の主流は、プロセス・ライティングである。筆者自身、プロダクト・ライティングを試みていたときは、書くことが苦痛であったが、プロセス・ライティングを意識するようになってからは、断然書くことが

楽しくなってきたと感じている。

ライティング能力を伸ばすためのヒント

　ライティング力をつける上で大事なポイントは、最初から完璧を求めないことである。正確さは推敲を重ねる中で徐々に増していくものであり、まず何よりも大事なのは、自分の考えを書き出すことである。一度書いたからそれで終わりではなく、読み返しては自身の考えを明確にしたり深めたりして、文章全体をチェックする。読み手の気持ちになって読んでみて、流れや、わかりやすさ、またもっと具体的な例や説明が必要かどうかを考えてみる。そうやってどんどん修正を重ねていくのである。少し時間を置いてから再度見てみると、不十分な箇所がもっと明確に見えてきたりする。一度にいいものを書こうとするのではなく、徐々によくしていこうとする気持ちが大切である。

　別のポイントは、書くことだけに終始せずに、他の書物も並行して読んでいくことである。書いては読む、読んでは書くというふうに、インプットとアウトプットを行き来する。書くことに行き詰まったら、インプットの中のアイデアや表現を参考にして解決策を模索する。アウトプットだけで頑張ろうとすると、どうしても自分の表現範囲を超えることができずに飽きてきてしまう。逆に、インプットだけでアウトプットの機会がないと、どうしても受け身になりやすく、せっかくインプットの中にちりばめられている有用な語彙や文法表現などにも気づかずじまいとなってしまう。ライティング学習に必要な姿勢は、**「書き手の立場に立って読み、読み手の気持ちに寄り添って書く」**(*Read like a writer. Write like a reader.*) である。

4 スクエア・ライティングのすすめ

　自分の考えをとりあえず書き出すのはいいが、アイデアがバラバラで、読み返すと支離滅裂になっていることも多い。そこで役立つのが、**4スクエア・ライティング（Four Square Writing Method）**の手法である。これは**パラグラフ・ライティング（paragraph writing: 段落構成を意識した書き方）**を身につけるために、アメリカの小学校などで広く取り入れられている手法である。図Cに、その大まかな構成概念（図左側）と具体例（図右側）を示しておこう。

図C ● 4スクエア・ライティング

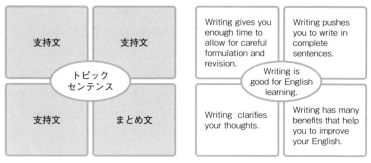

(Gould, J., Gould. E. J., & Burke, M. F. 2010. *Four square writing method for grades 7-9: A unique approach to teaching basic writing skills*. Dayton, OH: Teaching and Learning Company. に基づく)

　一見単純に見えるが、ライティングのみならず、物事を論理的に考える場合にも役立ち、書く内容やレベルに応じて柔軟に変化させることができる。図Cに示されるように、4スクエア・ライティングでは、まず要点となるトピック・センテンスを中央に書き、その周りに要点を支持する文を書いていく。支持文の数に決まりはないが、目安として三つぐらいがいいだろう。それぞれの支持文にはより細かい説明や具体例もつけ加えることができるので、字数制限によっては、複数の段落にして展開することも可能である。構成を考える段階では、必ずしもセンテンスで書く必要はなく、箇条書きのようにしても構わないし、最初から英語ではなく、日本語で書いても構わない。こうしてできたアウトラインを基に書き進めると、筋の通った文章が書きやすくなり、手直しもしやすくなる。

　ここまでのコラムでは、便宜上4技能を分けて説明してきたが、実際は全て密接に結びついており、本来4技能を分けて考えることは難しい。これまでも繰り返し述べてきたが、言葉の受容能力と産出能力は相互に影響し合っている。同様に、話し言葉と書き言葉の間にも切っても切れない関係があり、両者には相互作用がある（表B参照）。

表B ● 4技能の相互関係

	受動能力	産出能力
話し言葉	リスニング	スピーキング
書き言葉	リーディング	ライティング

我々が日常で言葉を使う際は、何かの話を聞いた後でその話題について別の人と話してみたり、聞いて興味の湧いた話題について、もっとよく知るために読んでみたりする。読んだことは再度話し合ってみたり、話し合った後は頭を整理するためにも、書いてまとめたりする。時には単文の使用だけで済む場合もあろうが、多くの場合は、複文で構成されてつながりや流れのある談話となるのが普通だろう。こうして異なった技能を統合して使うのが、言語使用の自然な姿である。英語を学ぶ際も、それぞれの技能の特質を理解した上で、できるだけ４技能が自然に交わる形で学習することを心がけるべきだろう。

**筆者の
ライティング学習
体験**

　筆者は、アメリカ留学中に履修したライティング・クラスで、初めてプロセス・ライティングについて習った。それまでライティングといえば、文の書き換え練習や和文英訳、もしくはプロダクト・ライティングがほとんどだったので、ライティング・クラスで初めてエッセイを書かされたときは、本当に苦労した。辞書を引き引き単語をつなぎ合わせて文を作るのだが、内容は一向に充実したものとはならず、時間ばかりがかかって終始苦痛な作業であった。

　しかし、プロセス・ライティングでは、まず伝えたい内容をじっくりと考え、それを練っていって、徐々に自分の"作品"を作り上げていく。筆者自身も、先に述べた４スクエア・ライティングなどを使って自分の考えを整理し、書いて、書き直す作業を繰り返しながら、徐々に書くことの楽しさを覚えていった。最初は和英辞書に頼ってばかりいたが、それではらちがあかないので、自分の持つ知識で何とか表現するように努力した。書きたい内容の大枠を決めると、書く量も自然と増えていき、迷わずに書く作業を進められるようになっていった。そうした努力を少しずつ積み重ねていく中で、学部を卒業する頃には、何千字にもなるリサーチ・ペーパーを書けるようなったのだから、我ながら驚きである。

　あのときの地道な努力がなければ、現在こうして本や論文を執筆することはできなかっただろう。今現在でも、書くときはプロセス・ライティングで何度も推敲を重ねながら執筆活動をしている。書いては直しの連続で苦しいと感じるときもあるが、一つのものができ上がった喜びは、その分ひとしおである。

第5章

どうやって第2言語は習得されるのか?
～第2言語習得の理論と教育アプローチ～

本章では、前章で触れた言語習得の3大アプローチが、どう第2言語習得に当てはまるかを見ていく。とりわけ、外国語教育において、これらの理論がどのように応用されるかに焦点を当てて議論を進めていきたい。

- 教師が教えることを強調したアプローチ　162
- 学習者が学びとることを強調したアプローチ　167
- 相互交流を強調したアプローチ　179
- それぞれの教授法はどういう関係にあるのか？　199

教師が教えることを強調したアプローチ

行動主義は、言語習得において、刺激・反応・強化という条件づけからなる習慣形成をしていくプロセスが重要であるとする。第2言語習得における教室環境でこのような考え方が応用される際は、いかに教師が生徒を指導・訓練していくかが強調される。

第2言語習得における行動主義

　行動主義では、学習者はモデルに沿った反復練習と間違い訂正を通して、正しい言葉の「習慣」を身につけていくことができるとされる。この考え方を教室環境に応用すると、生徒は教師の指示に従って発話することが求められ、それに対して教師から適切な「強化」が与えられることで「刺激・反応・強化」の結びつきが強まるとされる。生徒の発話が正しいものなら、ほめるといった「正の強化」が与えられ、間違っていれば、その場で直され正確な発話が求められる「負の強化」が与えられる。母語習得においては、子どもは無知な存在であると見なされるが、第2言語習得においてもその捉え方は同様であり、学習者はあくまでも受け身の存在として扱われる。そこには自分で創造的に考える機会はなく、与えられた情報をそのまま正しく受け取って、正しく反応することだけが求められることになる。

　第2言語習得と母語習得の大きく異なる点は、すでに習得された言語（母語）が存在するか否かである。第2言語学習者は、すでに母語という確立した言語を持っているので、母語にまつわる"古い習慣"が目標言語の"新しい習慣"を身につける上で多大な影響を及ぼすものとされる。母語と目標言語の類似点は、そのまま「転移」すれば「正の転移」となり何ら問題はないのだが、相違点を「転移」してしまうと「負の転移」となり、目標言語の習得に支障をきたしてしまう。そういったことを避けるために、目標言語と母語の構造が徹底的に「対照分析」を通して比較検討され、そこでわかった相違点に集中的な訓練が施されることになる。

オーディオリンガル・メソッド

　このような行動主義の考え方を具現化した指導法として、**オーディオリンガル・メソッド（audiolingual method）** がある。オーディオリンガル・メソッドは、

前述した行動主義心理学と**構造言語学（structural linguistics**：言葉は音、語、文等の"型"によって構成されるとする言語学アプローチ）が融合してできた第2言語教授法である。模倣と文法の反復練習による**パターン・プラクティス (pattern practice)** を特徴とするが、その根底には、「言語習得」イコール「習慣形成」という考え方がある。新たな「言語習慣」の獲得には徹底的な教育指導が必要だとされる。

　典型的な授業内容は、モデル・ダイアログの提示から始まり、それを暗唱させ、ポイントとなる表現を反復活動で徹底的に練習していくといったものである。練習方法としては、教師やCDの音声に続いて繰り返す模倣練習、パターン・プラクティスである代入練習（例：He speaks English. → <Japanese> He speaks Japanese. → <Not> He doesn't speak Japanese. → <Question> Does he speak Japanese?）、質疑応答練習（例：Do you speak English? → Yes, I do. → Do you speak Chinese? → No, I don't.）などがある。

　練習中に生徒が間違えればすぐに直され、正しい言い方を繰り返すよう求められる。誤りは放っておくと"悪い癖"になると信じられているため、迅速にかつ断固として直すことが要求される。自由なコミュニケーション活動は間違いを助長してしまい、教師が全ての間違いを指摘することが難しくなるため、奨励されない。授業時間は、あくまでも正しい言葉を覚えるための練習活動に割くべきだとされる。仮に、コミュニケーション活動が取り入れられたとしても、その目的は学習推進というよりも、動機づけといった意味合いが濃くなる。

オーディオリンガル・メソッドの利点と弱点

　オーディオリンガル・メソッドは、世界の教育現場で広く普及してきたが、その背後には、上で述べた理論的背景とともに、それまで主流であった**文法訳読法 (grammar-translation method)** への反省もあった。書き言葉に集中して、言葉を概念的に学習することばかりに終始していた文法訳読法とは違い、オーディオリンガル・メソッドは口語での練習活動を積極的に推進してきた。しかし、その広がりとともに、数々の弱点や問題点も露呈するようになってきた。

◯ オーディオリンガル・メソッドの貢献点・利点

　まずは、オーディオリンガル・メソッドが外国語教育に与えた貢献点とその持

つ利点を挙げてみよう。

- 従来の文法訳読法が書き言葉中心であったのに対し、口頭練習の重要性を認め、それを広めた。
- 文法学習を概念的な理解だけに終わらせずに、反復練習を多く取り入れ、自動化の重要性を広めた。
- 授業の流れとポイントが明確で、教師にとって授業計画が立てやすい。
- 与えるインプットやアウトプットが限定されているため、授業が脱線しにくく、計画通りに運ばせることが容易である。
- 大人数の授業でも取り入れやすく、リズミカルでテンポのいい授業展開が可能である。
- 生徒は主体的に考えたり発話内容を選択したりする必要がないので、比較的容易に授業についていける。

これらの貢献点・利点からもわかるように、オーディオリンガル・メソッドは基本的に教師主導の教え方であり、学ぶ側よりも教える側の視点が色濃く現れている。こういった点は必ずしも生徒の学習向上につながっているわけではなく、言語習得上、弱点となって現れることも多い。

○ オーディオリンガル・メソッドの弱点

オーディオリンガル・メソッドの問題は、実践的なものから理論的なものにまで及ぶが、その主なものは以下の通りである。

- ダイアログの音読練習と暗記が推進されるが、理想化されて固定化されたモデル・ダイアログと実際のコミュニケーションの展開とは必ずしも一致せず、せっかく覚えたダイアログもなかなか実践で役に立たない。
- 記号操作に終始する機械的なドリル練習の効果は長続きせず、得られた成果も実際のコミュニケーションで応用することが難しい。
- 間違い訂正の効果は、学習者、学習項目、訂正のタイミング等によって大きく異なる。一般的に、間違いは指摘されたからといって、すぐに修正されるわけではなく、無理に抑え込もうとすると、発話意欲や学習意欲を失わせることにつながりやすい。

- 学習の初期段階から正確さと流暢さが求められるが、これら両面が同時に伸びていくことは実際には非常に難しく、思い通りに学びが進まないことから教師も学習者も不満やストレスを感じることが多い。
- 練習する文型があらかじめ決められているため、意見交換を楽しんだりする機会が少なく、練習活動も単調な繰り返しが多くなるため、学習意欲を持続させることが難しい。
- 教師主導の授業展開となるため、生徒は受け身になりやすい。結果、学習者の自律性が阻まれ、学習の停滞と行き詰まりを起こしやすい。
- 対照分析を基にした言語形式主体の授業計画は、文法中心のシラバスと教育計画になりやすく、学習者のニーズや興味・関心を反映せずに学習内容の偏りを生みやすい。

◎ 「習うより慣れろ」と「習ってから慣れろ」の限界

　オーディオリンガル・メソッドの特徴を一言で言うと、「習うより慣れろ」だが、単調になりがちな教師主導の練習活動に変化を加えるため、生徒同士で練習させたり、教室内を移動してパートナーを変えながら練習させたりと、さまざまなバリエーションも試みられている。また、「習うより慣れろ」ではなく、「習ってから慣れろ」として、まず生徒に文法概念を理解させて、その後で練習活動を繰り返す試みも広く行われている。だが、いずれの場合も、先に挙げたような学びの限界と学習意欲の減退の問題を解決するに至ってはいない。

　オーディオリンガル・メソッドは、文法シラバスを基盤としており、一つひとつの文法項目を順序良く積み重ねていくことで言語習得が成り立つと想定している。しかし、本書第2・3章でも見たように、そのような想定は実際の学習過程とは矛盾してしまっている。学習者は、経験や知識を基に行動する"考える人間"であって、行動主義理論が想定するような無知の"白紙状態"ではない。人の学びは初級段階から上級段階に至るまで、決して受け身的に起こるものではなく、学習者が主体的に取り組むべきものであり、それぞれの段階で複雑な発達過程をたどるものである。

　第2言語習得においては、意識的な学習や練習活動が母語習得のとき以上に役立つと言われるが、たとえそうであっても、その学習と練習方法については、まだまだ考えるべき点が多い。機械的な練習を繰り返すことは、音声面では役立つ部分が多かったとしても、文法や語彙習得でも同様の効果が得られるわけではな

い。ただ単にドリル練習を繰り返したところで、それがどんな場面でどういった意味を伝えるために使われるのかを考慮しなければ、実際のコミュニケーションで役立つことはないだろう。その学習メカニズムを理解せずに、闇雲に"口慣らし"のためだけにいくら繰り返しやドリル練習を行ったとしても、期待されたような成果を得ることは難しい。母語習得であれ第2言語習得であれ、条件づけによる習慣形成で言葉を学んでいこうとすることには、明らかに無理があると言えよう。

学習者が学びとることを強調したアプローチ

生得主義は、母語習得において子どもが持つ生得的な普遍文法に着目する。この考え方が、第2言語習得にはどう応用されるのだろうか？

第2言語習得における生得主義

　生得的アプローチを第2言語習得で応用する際に問題になるのが、思春期を越えた子どもや大人が、子どもが持つとされる生得的な言語習得能力をまだ持っているかどうかということである。この点で、研究でははっきりとした答えは未だ出ていないが、生得的アプローチを教育に応用しようとする際は、持っているという前提で議論が展開されることになる。本書第1章から第3章までで見てきたように、母語習得と第2言語習得には数々の相違点もあれば、無視し難い類似性も存在する。第2言語習得における生得主義を支持する立場では、その類似性に着目し、学習者が環境から学びとる潜在力を強調する。人に生まれつき備わった言語習得能力を最大限に生かすためには、できるだけ自然な言語環境を作ることこそが最も重要になるとされる。

　第2言語習得研究で、このような立場を支持する考え方としてモニター・モデルがある。モニター・モデルは、学習者が備えているとされる言語習得装置を刺激し、稼働させるためには、学習者を緊張せずに学ぶことができる安心した教室環境に置いてあげ、そこでできるだけ多くの目標言語のインプットに触れさせてあげることが重要であると説いている。

モニター・モデル

　モニター・モデル（Monitor Model）は、応用言語学者であるKrashenによって提唱された包括的な第2言語習得理論である。それは、相互に関連した五つの仮説（インプット仮説、習得・学習仮説、モニター仮説、情意フィルター仮説、そして自然習得順序仮説）から構成されている。以下では、それぞれの仮説について説明していこう。

◯ インプット仮説

　モニター・モデルで一番の根幹をなすのが、**インプット仮説（input hypothesis）**である。インプット仮説によれば、学習者は**理解可能なインプット（comprehensible input）**に触れることによってのみ言葉を習得することができるとする。つまり、聞いたり読んだりして理解できるインプットが言語習得装置を刺激して、言葉の習得を促すということである。その際、与えられるインプットは、学習者の現在のレベルよりもわずかに高いレベルの言語項目を含むものでなければならない。この $i+1$ と呼ばれる最適なインプット・レベルは、学習者の現在のレベル（"i"）の次のレベル（"$+1$"）のインプットであり、学習者は既有知識やコンテクストを利用して、そのようなインプットを理解できるとされる。

　$i+1$ のインプットは、与える側が特に意識的に設定する必要はなく、互いに理解し合おうとする配慮さえあれば、自然に生まれるとされる。注意すべきことといえば、学習者が楽しんで聞き／読み続けられるインプットを、豊富に用意してあげることである。モニター・モデルは、こういったインプットの役割を強調している反面、学習者の発するアウトプットにはあまり重点を置いていない。アウトプットは、良質のインプットが豊富に与えられる中で現れる結果であり、習得の原因とはなり得ないとされる。アウトプットの習得上の価値は、インプットを受け取り続けるための会話継続の役目程度と見なされる。そのため、反復練習のようなアウトプット活動の価値はほとんどないものとされる。

◯ 習得・学習仮説

　習得・学習仮説（acquisition-learning hypothesis）は、言語習得の過程を**習得（acquisition）**と**学習（learning）**とにはっきり区別して捉えている。ここで使われる「習得・学習」という用語は、モニター・モデル内での特別な用法として使われており、一般的な意味とは異なる。「習得」というのは、理解可能な $i+1$ のインプットを受けて起こる学びを指し、一方「学習」は、言葉を意識的に分析したときに起こる学びのことを表す。

　これら二つの過程は、それぞれ独立したプロセスであり、両者が交わることはないと言われる。つまり、「学習」は、言語についての知識を増やすことであり、言語そのものの知識を発達させるわけではない。英語学習をして頭では理解しているが、実際には使いこなせないといった場合は、「学習」したけれど「習得」は

していないということになる。学習された知識はあくまでも概念的理解に基づく理屈であり、そこでいくら発話練習をしたとしても、その知識が使える習得された知識や技能と変わることはないとするのが、習得・学習仮説の主張である。

◯ モニター仮説

それでは、「学習」の役割とは何か。**モニター仮説（monitor hypothesis）**によると、学習された知識は習得された発話をチェックし、自己訂正する際のモニター役になるとされる。しかし、このモニターを使用するには、三つの条件が揃っていなければならない。一つは、学習者が対象となる文法知識を持っていること。二つ目が、発話の際に学習者の注意が言葉の形式と正確さに向いていること。そして三つ目が、自らの発話を振り返る時間的余裕があることである。

しかし、実際のコミュニケーションでこれらの条件が十分に満たされることは稀である。多くの学習者にとって、教えられた文法を完全に理解することは難しいだろうし、全ての文法項目について明示的に学ぶことには無理がある。また、人は形式よりも意味内容に注意するのが普通であるので、無理に形式に注意を払おうとすると、話し方が極端に遅くなってしまったり、限られたことしか言えなくなったりする。その上、会話のテンポは速く、いちいち自己訂正する余裕などないはずである。このように、実際にモニターを使用することは、学習者に大きな負担をかけ、会話に支障をきたしてしまうので、その運用にはおのずと限界があるとされる。

◯ 情意フィルター仮説

実際に、インプットが学習者の言語獲得装置に届くかどうかは、ひとえに学習者の心理状態にかかっているとされる。**情意フィルター仮説（affective-filter hypothesis）**はこの点を説明する。一般的に、知識の取得、分析、判断、記憶などは**認知（cognition）**と呼ばれ、それに対して感情、興味、動機づけなどは**情意（affect）**と呼ばれている。情意フィルター仮説は、第2言語学習者の特に情意面に注目し、それが習得とどう関係しているかを説明している。もし学習者がストレスや不安感を持っていたり、学習内容に飽きていたりすると、**情意フィルター（affective filter）**と呼ばれる学習者内の感情障壁が上がって、インプットが浸透することを阻害する。反対に、学習者が安心してインプットに興味を持つ場合は、情意フィルターが下がり、インプットが脳の奥まで浸透するとされる。

子どもはもともと情意フィルターが低いため、習得に障害をきたすことは少ないが、思春期になると情意フィルターが急激に上昇し、その度合いによって習得は大きく左右されると言われている。第2言語学習者間で見られる個人差は、一つに触れる理解可能なインプットの量で決まるとされるが、もう一つには学習者の情意フィルターの違いが関与していると考えられている。早いうちからアウトプットを強要したり、間違いを訂正したりすることは、情意フィルターを上げることにつながるので、避けるべきであるとされる。それよりも、学習者が黙って聞いている**沈黙期 (silent period)** を尊重して、安心して意味内容豊かなインプットに接することができるようにすることが大切であると主張している。

◎ 自然習得順序仮説

　自然習得順序仮説（natural order hypothesis） は、第2言語習得での自然な学びの順序について述べたものであり、主に形態素（進行形の-ingや複数形の-sなど）の習得の研究結果を基に提唱されたものである。これまでの研究によると、形態素の習得にはある一定の習得順序があり、それは子どもや大人の間で、また異なる学習者間で共通すると言われている。Krashenの示す第2言語習得の形態素の習得順序は、図12に示す通りである。それぞれの矢印内での順序は必ずしも固定されていないが、矢印間の習得順序は変わらないものとされる。

図12 ● 第2言語習得の形態素の自然習得順序

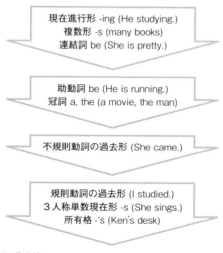

(Krashen, 1982, p.13に基づく)

図12に示される習得順序は、母語習得のものとは多少違っているが、ある程度の共通性は見られる。この習得順序は学習者に内在する習得メカニズムによって決定されるため、指導によってどうこう変えることはできないと言われている。練習問題やドリルなどで、一見順序をコントロールできたように見えたとしても、それはあくまでも一時的なものであり、その正確さはモニター使用の結果にすぎず、長続きはしないとされる。

ナチュラル・アプローチ

　前述したモニター・モデルの考え方に即して提唱された教授法が、**ナチュラル・アプローチ (Natural Approach)** である。その名の通り、ナチュラル・アプローチでは、教室環境をできるだけ自然なコミュニケーション環境に近づけることで、言葉の習得を促そうとする。ナチュラル・アプローチは、**理解優先アプローチ (comprehension-based approach)** の代表的なものでもあり、スピーキングやライティングといったアウトプットよりも、リスニングやリーディングなどを通したインプットの内容理解を重視する。ナチュラル・アプローチの具体的な特徴は、次の通りである。

- 授業時間は、生徒ができるだけ$i+1$のインプットに多く触れられるよう配慮する。
- 教師は生徒の理解度に応じて話し方を随時調整する。
- 無理に単語や文法を限定することはせずに、実物、絵、写真、映像などの視覚的補助を使いつつ、生徒の既有知識を活用してインプット理解を助けていく。
- インプットの内容はできるだけ生徒の興味・関心に合ったものを選び、生徒の集中力が持続できるように配慮する。
- 生徒に発話することを強要せず、代わりに選択肢から選ばせたり挙手させたりして、無理なく授業に参加できるよう工夫する。
- 授業内での文法説明は最小限に止める。習得がある程度進めば、文法に関する宿題を与えたりしても構わない。
- 授業中は反復練習などに時間を使うのではなく、インプットを聞いたり、読んだりすることに時間を費やす。
- 間違い訂正は情意フィルターを上げてしまうので、極力避ける。

ナチュラル・アプローチの授業においての教師の役割は、生徒にとって心地よい教室環境を整え、興味の湧く教材を準備し、それを理解可能な形で提示してあげることである。もちろん、インプットは教師が生で語りかけるのが一番望ましいが、必要に応じて CD や映像教材を使用してもよい。またナチュラル・アプローチでは、簡単な絵本から徐々に難易度を上げていく**レベル別の読み物シリーズ (graded readers)** を使って、**多読（extensive reading）** なども推奨している。

◯　内容重視言語教育

　ナチュラル・アプローチと類似した言語教育アプローチとして、**内容重視言語教育（Content-Based Language Teaching / Content-Based Instruction: CBLT / CBI）** がある。内容重視言語教育とナチュラル・アプローチはその発祥こそ違えども、教授法としての考え方はかなり似通っている。両者の最大の共通点は、言語習得の推進において理解可能なインプットを重視することと、内容あるインプットを豊富に提供するところである。言語形式よりも意味内容に注目して、形式はあくまでもインプットの中で自然に習得されると想定する。しかし実際には、インプットに触れるだけで第２言語を高度なレベルまで習得することは難しいことがわかってきたため、近年ではインプットに加えてインタラクションも取り入れたり、協働学習を推進したり、内容学習と文法・語彙指導を融合させて教えようとする試みもなされるようになってきている。この点については、次に見るイマージョン教育や、後に紹介する相互交流的アプローチのセクションで、より詳しく検討していきたい。

イマージョン教育

　内容重視言語教育を、外国語クラスだけでなく全面的な教科教育に取り入れたのが**イマージョン教育（immersion education）** である。イマージョン教育では、全ての教科、もしくは一部の教科を目標言語で教えることで、教科内容と目標言語を同時に学習させることを狙いとしている。例えば、算数・数学、理科、社会といった教科を英語で教えることで、英語のインプットの量を最大限に増やし、なおかつ教科学習を達成しようと試みるのである。つまり、英語を学ぶのではなく、英語で学ぶことで、自然に英語を習得することを目指すのである。

加算的バイリンガリズムと減算的バイリンガリズム

　イマージョンと言うと、日本では「没入法」、「浸すこと」、「英語漬け」などと訳されるが、教える言語を単に目標言語に代えて授業を行うことをイマージョンというわけではない。また、イマージョンと**サブマージョン（submersion）**は、区別して捉えられなければならない。サブマージョンは、大多数が母語話者である環境に学習者を置いて、そこで使われている言語を強制的に学ばせることである。「溺れるか、泳げるか」（sink or swim）といった選択を学習者に迫ることで、習得を促そうとするものである。一方、イマージョンは、学習者が大半のクラス環境で、学習者状況とニーズをあらかじめ想定した上で、必要な指導や援助を与えつつ教科を教えようとする教育アプローチである。

　そのため、イマージョンでは、カリキュラムからテスト作りに至るまで、教育言語が未発達な学習者を念頭にプログラムが作られている。実際の教室指導でも、イマージョンの教師はその話し方から、教材の選定、提示方法に至るまで、さまざまなことに気を配りながら授業を運営することになる。

　イマージョンとサブマージョンの違いを説明する用語として、**加算的バイリンガリズム（additive bilingualism）**と**減算的バイリンガリズム（subtractive bilingualism）**がある。加算的バイリンガリズムは、母語能力を維持・向上させつつ第2言語能力を育てていく状況を指し、社会的多数派言語を話す子どもが、その環境で少数派言語である言葉を第2言語として学ぶ際に起こる。例えば、日本人の子どもが日本で英語を学ぶ際に、日本語能力を損なわずに英語能力を高めていくといった場合がそうである。

　それに対して、減算的バイリンガリズムは、第2言語能力が伸びるに従って、母語能力が失われていく状況を表し、社会的少数派言語を話す子どもが、その地域の多数派言語を第2言語として学ぶときに起こりやすい。例えば、アメリカに移住した日本人家族の子どもが、現地の学校に通って英語を身につけていくに従って、母語である日本語の能力を弱めていくような状況を表す。あるいは、日本に住むようになった外国人児童が、日本語を身につけていくにつれて、次第に母語の能力を失っていってしまうような状況である。母語能力を弱めてしまうと、第2言語能力も伸び悩むことが多くなるため、減算的バイリンガリズムはできるだけ避けたい状況である。

　これら二つのバイリンガリズムの違いには、その社会でそれぞれの言葉に与え

られた社会的価値と、家庭もしくは学校から得られる言語的支援の有無が大きく関係している。子どもはある言葉が実生活で必要ない、あるいは社会的価値が低いと判断すると、その言葉の能力を向上させる努力をやめてしまい、その能力を失ってしまう危険性が生じてくる。反対に、ある言葉が社会的に価値の高いものだと判断し、しかも環境的な支援が十分に得られるとなると、その能力を維持・向上させようと積極的に努力していく。通常、その社会や教育で重視されていて、よく使われる言葉は価値が高いものと受け止められるが、重視されず使われない言葉は価値が低いものと判断されやすい。

イマージョンは、目標言語の伸張とともに学習者の母語の維持・発達にも相応の気を配って長期的な視野でバイリンガル教育を目指すため、加算的バイリンガリズムとなる。一方、サブマージョンは目標言語の向上の必要性は強調するが、母語の維持は特に考慮されず、本人任せとなるため、減算的バイリンガリズムとなりやすい。

◎ イマージョンのタイプ

イマージョン教育にはさまざまな形態のものが存在する。主にその導入時期と目標言語の使用時間の違いによって、次のように分類されている。導入時期は、早期イマージョン（early immersion：5、6歳から開始）、中期イマージョン（middle immersion：9、10歳から開始）、後期イマージョン（late immersion：11〜14歳に開始）、そして高等教育イマージョン（post-secondary immersion：18歳以降に開始）に区別される。目標言語の使用時間は、完全イマージョン（total immersion）と部分イマージョン（partial immersion）に文類される。完全イマージョンでは、初期の段階で全ての教科が目標言語で行われるが、学年が上がるにつれて母語による授業が徐々に増えていくことが多い。一方、部分イマージョンでは、母語で行われる科目と目標言語で行われる科目が、約半々に分けて行われている。

また、母語の違う生徒が約半数ずつ在籍するクラスでは、双方向イマージョン（two-way immersion）が採用されることもある。カリキュラムの半分を一つの言語、もう半分を別の言語で行い、生徒たちが助け合いながら、両言語を習得することを目指す。一例として、日本語を母語とする生徒と、英語を母語とする生徒が、クラスに半々在籍しているバージニアの小学校では、午前中を英語、午後を日本語といったようにローテーションしながら授業を行っている。

このように、目標言語で科目教育を行うことによって、科目学習、目標言語能力、母語能力、他文化の理解などを総合的に育成するのが、イマージョン教育の狙いである。こういった目標を達成するためには、長期的な視野に立ち、系統立てたプログラムを作成した上で、継続していくことが大事とされる。

生得的アプローチの利点と弱点

　インプット重視の教育の中で、学習者の持つ豊かな学習能力を最大限に引き出そうとするのが、ナチュラル・アプローチとイマージョン教育の目指すところである。こういった教育法は、これまでどのくらいの成果を上げてきたのだろうか。これまでの研究成果に基づき、ナチュラル・アプローチとイマージョン教育に代表される生得的アプローチの主な利点と問題点を次に挙げておこう。

◯　生得的アプローチの利点・貢献点

　まず、利点・貢献点として次のような事柄が挙げられる。

- 内容学習を中心にすることで、目標言語を使う意義と目的が生まれる。
- 目標言語のインプットが豊富に与えられるので、リスニングやリーディングの受信能力が飛躍的に向上する。
- 目標言語の豊富なインプットによって、自然な発話が生まれやすい。
- 従来の形式中心の授業と比べて、より高い目標言語の運用能力を身につけることができる。
- 文脈から内容を推測したり、知らない単語を補いながら話を維持・展開したりするコミュニケーション方略の能力が伸ばせる。
- イマージョン教育で中・長期的に教科学習を行った場合、生徒は母語で教わったのと同等か、時にはそれ以上の学習成果を得ることができる。
- イマージョンの生徒は、母語で教育を受けてきた生徒と同等レベルの母語能力を維持・発達させる。
- イマージョンの生徒は、異文化とともに自文化への感受性や興味を増すことができる。
- イマージョンの生徒は、問題解決能力、言語的感性、思考の柔軟性などの面で、優れた能力を発達させる。

ナチュラル・アプローチもイマージョンも、加算的バイリンガルの要素を持つので、母語が損なわれるどころか、目標言語の習得が母語習得にも良い影響を与え、両言語の発達に資することがわかっている。母語能力を伸ばすことは、第2言語能力の向上にも役立つが、同時に第2言語能力の向上も母語能力の向上を助ける。どんなに両言語が違っていたとしても、両言語に共通する学力基盤が存在し、その**共有基底言語能力（common underlying proficiency）**が鍛えられることで、両言語の能力が成長していくと考えらえられる。

ナチュラル・アプローチもイマージョン教育も、これまでかなりの成果を上げきており、「理解可能なインプット」の役割を実証してきた。日本の従来型の英語教育では、とかく文法理解とそれに続く練習活動ばかりに目が向けられ、学習者が主体的に学びとる力や、それを刺激するための言語環境の整備、そして触れるインプットの質や量に関してあまり注視してこなかった。しかし、母語習得でも第2言語習得でも、学習者は主体的に自らの学びに積極的に関わっていく存在であることに変わりはない。それは海外での自然環境での学びでも、日本の教室環境での学びでも同じである。同時に、言語習得におけるインプットの重要性も、学習者年齢や学習環境で変わることではない。リスニングとリーディングを通して豊富なインプットに触れる中でしか言葉の発達が望めないことは、大いに強調に値しよう。

◯ 生得的アプローチの弱点・課題

ナチュラル・アプローチやイマージョン教育は、こういった多くの利点がある反面、重大な限界や改善点があることも、これまでの研究で明らかになってきている。以下に主な課題を挙げておこう。

- 生徒の理解力が伸びる反面、発話力に問題が残る。とりわけ、流暢さが伸びるのに対して、文法的な正確さで伸び悩むことが多い。この問題は、単に文法の補講クラスを追加するといった対処法ではなかなか解決されず、言語発達と内容学習をどうバランスよく融合させていくかが大きな課題となる。
- 内容重視を優先させる中で間違い訂正を避けるため、生徒の言語的な間違いが直りにくい。生徒の内容理解やコミュニケーション意欲を妨げないよう、いかにタイミングよく適切なフィードバックを与えていくかが課題である。
- 沈黙期を尊重しすぎるがあまりに発話が奨励されず、学習者によっては長い

期間ほとんど話さないこともある。発話の少なさと、一つ目に挙げた文法面での伸び悩みとの関連性も指摘されており、最近では発話を奨励した参加型の授業形態を試みる動きが出てきている。
- 上で指摘した問題と関連して、従来のイマージョン教育では、一方的な知識伝達型の授業に陥りやすく、教師と生徒、また生徒同士でのインタラクションが限られやすい。そのため、近年は協働学習やプロジェクト活動を積極的に取り入れ、インタラクションしやすい授業作りを目指すようになってきている。
- 科目によって異なるが、生徒間の英語力の差が学力の差を招いてしまうことがある。生徒たちの学力差の問題はどの学校でも程度の差こそあれ存在するものだが、イマージョン教育の場合は言語的な問題と交わって起こるため、言語力と学力の両方の向上のための支援が必要となる。
- プログラムを運営するにあたって、国、地域、学校によっては、豊かな科目内容を目標言語で教えられる人材が不足しがちである。本来は、生徒の母語と目標言語の両方が堪能なバイリンガル教員が教えることが望ましいが、必ずしもそうはいかない。そのため、学校で起きるさまざまな問題に対処するために、教師間で密に連携・協力した組織的な対応が求められている。

　母語習得と第2言語習得には重要な共通点もあるが、見逃せない相違点もある。学習者年齢が上がるにつれて向上する認知レベル、母語能力の確立、学びの動機づけの重要性などは主な相違点だが、それらが有利に働くこともあれば、不利になる場合もある。有利に働く例としては、思春期以降の学習者の動機づけが強くなると、そこで発揮される学習能力は小さな子どもの比ではない。特に短期的に見た場合、その集中的な学習努力は、かなり効率的な学習を可能にする。しかし、これが長期的になると、年齢の高い学習者は、インプットを通した学習だけでは、小さな子どものように言語習得を進めていくことが困難になる（第4章の「臨界期仮説」参照）。母語能力の確立も、言語能力の基盤がすでにしっかりあるという点では、第2言語習得に有利に働くことも多々あるが、母語知識が目標言語習得の障害になることもある（第3章参照）。

　要するに、第2言語習得を考える上で、その母語習得との類似点と相違点の双方をしっかりと見極めていく必要がある。とりわけ第2言語習得においては、インプットは「必要条件」（necessary condition）ではあるが、高い目標言語能力を身につける上で「十分条件」（sufficient condition）ではない。豊かなインプッ

トに長期間触れていても、言語発達は途中で停滞してしまうことが少なくないからである。このような第2言語習得における伸び悩み現象は、**化石化／定着化 (fossilization / stabilization)** と呼ばれている。第2言語習得でこの化石化／定着化を避けるためには、インプットに加えて、次の節で述べるインタラクション、アウトプット、フィードバック、フォーカス・オン・フォームといった要素が重要になってくる。

相互交流を強調したアプローチ

外からの環境的・教育的要因を重視する行動主義と、学習者の内にある潜在能力を重視する生得主義の中間に位置するのが、相互交流的アプローチである。ここでは、相互交流主義の第2言語習得に対する考え方と、その教育的応用について紹介しよう。

第2言語習得における相互交流主義

　学習者の立場や能力を考慮せずに、環境要因や指導ばかりに目を向ける「自然力を無視したアプローチ」(ignore-the-nature approach) に対して、学習者に内在する能力を認めて、それを最大限に引き出すための教育や指導を考える**「自然力を育むアプローチ」(nurture-the-nature approach)** がある。後者のアプローチは、言語教育だけでなく、子育て、ビジネスのコーチング、またリーダーシップ開発等の分野でも応用されている。相互交流主義は、学習者が環境と密接に関わり合いながら言語を習得していくと考えるため、後者のアプローチに属することになる。

　相互交流主義は、内容豊かなインプットを重要視する点では生得主義と変わらないが、一方的にインプットを受け取るのではなく、対話者との相互交流を通してインプットを理解していき、また自らアウトプットを産出していくことが言語習得では大事と考える。以下に、第2言語習得における心理言語学的アプローチと社会文化理論ついて述べ、これらの考え方を教育に応用したタスク中心教授法について紹介していきたい。

インタラクションによる習得促進要因

　相互交流的アプローチを心理言語学的立場から支持するのが、**インタラクション仮説（interaction hypothesis）** と**アウトプット仮説（output hypothesis）** である。これらは、前節で見たインプット仮説を補足するものとして提唱されたものである。つまり、インプットが言語習得において最重要であることを前提としながらも、それに追加されるべき要因を明らかにしようとしたのである。

インタラクション仮説

　インタラクション仮説は、言語習得を進めるためには、対話に積極的に参加し、わからないことは聞き返したり確認したりしてインプット理解を深めるべきだと主張する。対話の中での意味の確認作業は**意味交渉（negotiation of meaning）**と呼ばれるが、それは第２言語学習者が意思疎通をする上で、自然かつ頻繁に起こる現象である。

　具体的には、学習者が相手の言っていることがわからないときに、I beg your pardon? What do you mean?などの**明確化要求（clarification request）**をしたり、内容確認のために、Do you mean ...? Did you say ...?などの**確認チェック（confirmation check）**をしたりする例がある。これらの要求やチェックを対話者にすることで、わからなかった部分がもう一度繰り返されたり、補足説明が加えられたり、具体例が示されたりして、インプットが学習者にとってより理解しやすい形になっていく。その過程で未知の部分がクローズアップされて、注意が注がれることになるので、言語習得はより一層促進される。曖昧でも会話が成り立ってしまうような状況よりも、何らかの目的があって相互理解が不可欠な状況の方が、意味交渉が起こりやすい。そのため、教育応用の際は、具体的な目標設定のあるタスク状況を作り出すことが特に重要と考えられる。

アウトプット仮説

　アウトプット仮説は、理解可能なインプットはもちろんのこと、**理解可能なアウトプット（comprehensible output）**の必要性を説く。理解可能なアウトプットとは、正確で相手に問題なく通じるアウトプットのことを指し、特に学習者が対話者から明確化要求をされたときに起こるとされる。対話者からの"プッシュ"によって促されるので、**強制アウトプット（pushed output）**と呼ばれたりもする。実際、学習者は自らの発言に対して聞き返されたりすると、言い方を変えてより正確なアウトプットを産出しようとすることがわかっている。以下はその一例である。

> 学習者： *In Japan, high school wear uniform.*
> 対話者： *What do you mean?*

> 学習者： *High school students wear uniform.*
> 対話者： *I see. But in America, students don't usually wear uniforms in high school.*

　上の例では、学習者の最初の発話の主語（high school）と述語（wear uniform）が一致しておらず、対話者から明確化要求をされた後で、より正確な発話に訂正されている。

　アウトプット仮説では、アウトプットの具体的な役割として、次の四つの作用を挙げている。一つは、**自動化促進作用（automaticity function）**である。発話の際、意思伝達に必要な語彙を脳内で検索し、それを文法規則に従ってつなぎ合わせ、目標言語の音韻規則に基づいて発声する。この一連の作業を何度も繰り返すことで、スキルの自動化が進み、流暢さを伸ばすことができるとされる。

　二つ目の働きは、自身の言葉の正確さを検証する**仮説検証作用（hypothesis-testing function）**である。ここでいう「仮説」とは、確認を必要とする暫定的言語知識のことを指す。例えば、学習者が"boring"＝「つまらない」と学んだ後で、"I am boring."と発話して、学んだばかりの知識を試したとしよう。その際、対話者から"What?"と聞き返されたり、"Yeah, it was pretty boring."などと返答されると、"Yes, it was boring."と自己訂正して言い直したりする。このとき、学習者は自分の持っている知識を一旦"仮説"として使い、発話する中で、その仮説の真偽を確かめようとしている。このように、学習者の言語知識は、最初から正確で安定した形で内在化しているわけでなく、多くの場合、インプットに触れたりアウトプットを産出したりしながら、微調整を繰り返す中で内在化を深めていくと考えられる。

　三つ目のアウトプットの役割は、**気づき促進作用（noticing function）**である。インプット理解の際、必ずしも細かな文法に気を配る必要はなく、内容語にさえ注意していれば十分であることも少なくない。しかし、アウトプットを産出する際は、言葉の使い方により注意しなければならなくなる。インプット理解は**意味的処理（semantic processing**：内容語彙に注目して言語処理を進めること**）**が中心となるが、アウトプット産出は**統語的処理（syntactic processing**：文法構造に注目して言語処理を行うこと**）**が必要になると言われるゆえんである。アウトプットで統語的処理に迫られると、聞いたり読んだりし

てわかっていたことも、思ったように表現できないことに気づく。しかし、こういった経験が、言語形式に対する注意力や感受性を高め、その後に触れるインプットの中での**気づき（noticing）**を促していく。これがアウトプットの気づき促進作用である。

　四つ目のアウトプットの機能は、**メタ言語的作用（metalinguistic function）**と呼ばれる。これは、言語が他者との意思伝達に使われるだけでなく、思考の道具としても機能するというものである。意味を伝える際にいかに言葉が使われるかについて語り合うことで、言葉に対する意識を高め、言語知識の整理や再構築が促される。これら自動化促進作用、仮説検証作用、気づき促進作用、メタ言語的作用といったさまざまなアウトプットの働きを引き出せるのは、インタラクションが豊富なコミュニケーションの中だからこそであり、そういった意味で、インタラクション仮説とアウトプット仮説は密接に結びついていると言えるだろう。

　なお、インタラクションの相手は目標言語の母語話者である必要はなく、他の学習者であっても構わない。学習者同士の会話で、たとえ $i+1$ のインプットが確保できなかったとしても、意味交渉を通して理解可能なアウトプットの産出が多く期待されるからである。さらに、国際語としての英語の役割を考えたとき、ノン・ネイティブ同士の会話は頻繁に起こることであり、それに慣れていくことは非常に重要と考えられる。その意味でも、学習者同士の英語での交流は教育的便宜性だけでなく、実生活を反映した実践的側面があることも忘れてはならないだろう（Column 6 参照）。

◯ リキャストと違いの気づき

　インタラクションの中で習得に役立つ別の要素が、リキャストである。第4章でも述べたが、大人は子どもの間違った発話に対して、あからさまに訂正することは少ないが、間違いを直して正しい形で返すことはよくある。このリキャストと呼ばれるフィードバックは、母語習得だけではなく、第2言語習得にも当てはまる。リキャストはコミュニケーションの流れを阻害せずに、意味と場面がはっきりとした状況下で起こるのが普通である。しかも、間違った言い方と正しい言い方が並列して提示されるため、両者の違いが明確になり、**違いの気づき（noticing the gap）**が促されやすい。リキャストの効果は、学習者のタイプ、習熟度、また対象となる言語項目などによって異なってくると考えられるが、多くの第2言語習得研究でその効果はおおかた認められているところである。

ティーチャー・トーク

　相互交流主義では、母語習得で大人が子どもに話しかける際に使う「養育者言葉」の役割に注目している。第2言語習得でこの養育者言葉に相当するのが、**外国人言葉（foreigner talk）**と**教師言葉／ティーチャー・トーク（teacher talk）**である。外国人言葉は、母語話者が非母語話者に話す際に使われる修正されてわかりやすくなった言葉遣いを指し、ティーチャー・トークは、教室環境で教師が目標言語で生徒に話しかける際に使う言葉遣いを指す。双方とも、話し相手である学習者が理解できるように配慮しながら言葉遣いの修正をする点で同じであり、その特徴は養育者言葉と重なる部分が多い。前章と重複する部分もあるが、以下にティーチャー・トークの特徴をまとめておこう。ここでは教師の話し方だけでなく、生徒の発話や授業運営を助けるものも含んだ、広い意味でのティーチャー・トークを示そう。

【ティーチャー・トークの特徴】

音声面：
- 通常よりもゆっくりとした速度で話す。
- 通常より長くポーズをとる。
- 明瞭な発音で話す。
- 通常よりも大げさなイントネーションで話す。
- 短縮形の使用を避ける。

語彙面：
- 頻度の高い語彙を使う（例：launch → start、revise → change）。
- スラングやイディオムを避ける（例：I don't buy into the idea. → I do not agree with the idea.）。
- 頻度の低い語彙や学習者にわかりにくい表現を使う際は、同義語、定義、具体例などを与える（例：An "alarm clock" is a clock that rings in the morning to wake you up. So, at 7:00 in the morning, it goes off like "Riiiiiing!"）。

文法面：
- なるべく短い文を用いる。
- 複雑な文型は避ける。
- 長く複雑な文を使う際は、文の分解、言い換え、繰り返し、また補足説明などを使って補う。

視覚面：
- ジェスチャーや豊かな表情を使って話す。
- 視覚教材（実物、写真、絵、地図、パワーポイント他AV教材等）を積極的に活用する。
- 重要ポイントは口頭で言いながら、板書したり、資料を配布したりする。
- 複雑な概念や物事の関係性を示す際は、図式化して（因果関係図、対比関係図、組織図、文章構成図などを使って）示す。
- 特に重要となる用語や概念は、大きく書いたり、色を変えたり、下線を引いたりして強調する。

談話面：
- 重要語や概念は繰り返し提示する。
- 生徒の既存知識（既習事項、個人の経験、一般知識など）と関連させ、それを生かしながら授業を進める。
- 抽象的な概念は、具体例や比喩などを交えて説明する。
- 複雑な概念や方法は、段階を踏んで説明する。板書してそれぞれの段階に番号を振る。
- 生徒に質問を投げかけ、掛け合いの中で話題を発展させていく（例：Have you heard about ...? What do you think about ...?）。
- 質問する際には、生徒の理解と発話力に応じて、wh-質問、yes/no質問、orを伴う選択質問等を使い分ける（例：What does UK stand for? Does it stand for Ultra King? Which do you think it means, ... or ...?）。
- 教師が生徒の発話を補助したり、発展させたりする（例：I think it's ... → You think it's exciting?）。
- 生徒の間違いに対して教師が聞き返したり、言い直したりする（例：I want nurse. → What do you mean? / Do you mean you want to be a nurse?）。

クラス運営面：
- 授業計画を最初に示して、その日の授業の"道標"を与えておく。
- 活動前には、まず活動目的を説明して、それから活動のモデルを示す。
- クラス運営をスムーズにするため、予測可能なパターン（routines）を作る（例：教師のスモール・トーク → ペアで理解チェック → 生徒同士でスモール・トーク → 代表の生徒が発表）。
- 全体 → 個人 → ペア（→ 小グループ）→ 全体といったように、授業参加形態に変化をつけて、内容の理解度をさまざまな形で確かめられるようにする。
- 生徒同士で助け合えるよう協働学習を奨励する。
- よく使う単語やフレーズは、ポスターにして教室に貼っておき、必要なときに指し示す。

日本語の使用：
- 日本語は、英語表現で挟んで提示する（例：In developing countries, 発展途上国、発展しつつある国々だね, in developing countries, ...）。
- 日本語での生徒の発話を、教師が英語に直して返答する（例：「それって何か変な気がする」→ Do you feel something is strange about it?）。

上に示したように、ティーチャー・トークにはいろいろな手法があり、これといった決まりがないのもその特徴である。養育者言葉や外国人言葉と同様、相手の理解度に合わせて臨機応変に調整しながら、随時変化する学習者の言語能力に最も適したインプットを提供することが狙いである。生徒の目標言語力が向上するに従って、内容的にも言語的にも複雑化していくことで、持続的な言語発達が可能となるのである。

◯ インプットの単純化と詳細化

上に示したティーチャー・トークの調整方法は、大きく二つに分けることができる。一つは**単純化（simplification）**と呼ばれ、主に文単位での言語調整（sentential modifications）を指す。「ゆっくりとした速度で話す」、「頻度の高い語彙を使う」、「なるべく短い文を使う」といったものがその例である。言葉遣いをより単純化することで、学習者の言語的負担を軽くし、理解を促そうとするも

のである。もう一つは**詳細化（elaboration）**と呼ばれ、主に会話交流の中で談話レベルの調整（conversational modifications / interactional modifications）をしていく。上の例で言うと、「同義語、定義、具体例などを与える」、「言い換えや、繰り返し、また補足説明などを使う」、「抽象的な概念は、具体例や比喩などを交えて説明する」などが含まれる。単純化がインプットを簡略化することで理解促進を図るのに対して、詳細化はインプットに補足説明や具体例を加えることでインプット理解を助けていく。

　インプットの単純化と詳細化は、会話に限らず講義やリーディングでも応用できる。会話では意味交渉の中でインプット調整が行われるが、講義の場合は事前準備の段階や、講義中の聴衆の反応や理解度を見ながら調整することになる。リーディングでは、書き手が読み手の言語的・内容的ニーズを考慮しながら書くことで適切な調整が行われる。以下の例は、教師が「臨界期」について講義している場面だが、生徒が(1)英語母語話者対象の場合（インプット修正なし）、(2)第2言語学習者対象で単純化した場合、そして(3)第2言語学習者対象で詳細化した場合の3通りを示している。

【三つのタイプのインプット】

(1) ネイティブ対象でインプット修正なしの場合：
The critical period hypothesis is the subject of a long-standing debate in linguistics over whether the ability to acquire language is biologically linked to age.

(2) 第2言語学習者対象で単純化した場合：
We say that you can master language only when you are young. We call it the critical period hypothesis. But some people disagree with it.

(3) 第2言語学習者対象で詳細化した場合：
There is an idea called the critical period hypothesis. Has anybody ever heard of it? It says that language acquisition — your ability to learn language — is biologically linked to age. That is, you can acquire or learn language only when you are young, perhaps before age 12 or 13. It is biologically determined, so it is part of the natural process of human growth. You stop growing tall at a

> certain age, right? It is similar to that. The critical period hypothesis is the subject of a long-standing debate in linguistics, or language studies. They are still debating it. So, some people agree with it, while other people disagree with it.

　単純化したインプットでは、母語話者対象の文で使われているthe subject of a long-standing debate in linguisticsの部分がsome people disagree with itに、the ability to acquire language is biologically linked to ageは、より口語的なyou can master language only when you are youngに置き換えられている。critical period hypothesisという単語も使われてはいるが、特に注意を引くような工夫はされていない。

　一方、詳細化されたインプットでは、critical period hypothesisという用語の後に、Has anybody ever heard of it? と生徒に尋ねて注意を引いてから、It says that language acquisition—your ability to learn language—is biologically linked to age. と説明が続く。その後で、That is, you can acquire or learn language only when you are young, perhaps before age 12 or 13. とより具体的な記述が加えられている。biologically linkedは、it is part of the natural process of human growthと言い直され、the subject of a long-standing debateはそのままだが、They are still debating it. So, some people agree with it, while other people disagree with it. と補足されている。上の例では、生徒への質問や類似例（You stop growing tall at a certain age, right? It is similar to that.）も挿入され、会話が一方通行でありながらも、インタラクティブな要素が加えられているのが特徴である。

　詳細化は一見すると元の文より長くなっているので、難しくなったように感じられるかもしれないが、これまでの研究では、詳細化されたインプットは単純化されたインプットと同等か、それ以上に理解しやすいことがわかっている。このような結果は、会話交流だけでなく、講義やリーディング理解の上でも確認されている。詳細化されたインプットの中に含まれる補足説明や、言い換え、例示、繰り返しが難しいインプットを理解する手がかりを与えて、学習者を大きく助けていると考えられる。そこでは、言語的豊かさとともに内容的豊かさが損なわれずに維持されており、「$i+1$の理解可能なインプット」を効果的に与えることができる。一方、単純化は元の文章が内容的に薄まってしまいがちで、言語的にも

"$i + 0$"、ひょっとすると"$i - 1$"のインプットになってしまうことも珍しくない。そのため、たとえ生徒がインプット理解に達したとしても、そこからさらなる言語発達を望むことは難しい。

　実際、母語話者と学習者の会話データを分析すると、インプットの単純化と詳細化はどちらも起こるが、より一貫して起こるのは、詳細化の方であることが報告されている。母語話者の中には、単純化を苦手とする人もいるが、会話交流を通して聞き返しや理解確認があると、詳細化が起こりやすくなるためだと考えられる。第2言語学習者が海外滞在経験の機会を持った際に飛躍的にその言語能力を伸ばすことがあるが、その陰にはルームメイト、クラスメイト、ホスト・ファミリーなどから得られる詳細化されたインプットが大いに関係していると推測される。インタラクションを通して豊かな言語情報に触れ続けていくことが、言語習得促進の鍵となると考えられる。

社会文化理論と第2言語習得

　第2言語習得における相互交流的アプローチは、社会文化理論からも支持されている。前述したインタラクション仮説やアウトプット仮説は、言語学習を心理言語学的な側面から見ていたのに対して、社会文化理論は、より広い観点に立って社会的交流の役割を強調している。前章で、社会文化理論は人と環境を結びつける媒介の重要性に着目していることを述べた。人は言葉という媒介を使って他者と交流する中で、社会とのつながりを深めていく。第2言語習得においては、母語以外の言語を媒介にすることで、自身の精神世界と生活範囲、そして人生の可能性を大きく広げていくことができる。

　社会文化理論は、教育的応用の大きな可能性を秘めている。今までの一般的な学校教育では、教師や教科書が伝える知識を学習者がそのまま受け取って記憶し、教えられた通りに身につけていくものであると捉えられていた。そこで言う「学習」とは、基本的に個人で行う行為であって、知識が断片的に次から次へと繰り返し伝授され、それを蓄積していく中で起こるものとされた。それに対して、社会文化理論では、学習という行為を社会的プロセスと捉え、学習者は他者と交流する中で考えや知識を構築していくことが重要であるとされる。学習を"個人"の行為ではなく、"対話"や"協働活動"といった社会的相互作用と見なしているのである。そういった意味で、教室は知識伝授の場ではなく、あくまでも学びを創

出する共同体となる。

 最近接発達領域と $i+1$ の類似点と相違点

　前章でも見てきたように、人が最初は他者の力を借りて行っていた行為を、次第に独力で行えるようになるプロセスを「自己統制」と呼ぶ。自己統制は、他者と言葉を交わしながら課題を達成していこうとする中で培われるが、そこで重要となるのが「最近接発達領域」という考え方である。学習者が一人でできることと、他者の助けを借りないとできないことの差を表す概念であるが、これはモニターモデルで紹介した $i+1$ のインプットと混同されることがあるので、ここで両者の類似点と相違点について説明しておきたい。

　一つの大きな共通点は、学習者の能力レベルよりもやや上のレベルを目指すことで、言語発達が促されるというところである。また、意味ある言葉に多く触れることで、学習者は自分のペースで言葉を学んでいくとするところも、両者の重要な共通点である。教える側ではなく、学ぶ側の視点から次の発達レベルを判断し、教え込むのではなく、学習者の学ぶ力を尊重するという点でも、両者は共通している。

　相違点としては、$i+1$ がインプットの習得最適レベルを表すのに対して、最近接発達領域はインプット理解にとどまらず、どういった課題が達成可能かということを表している。すなわち、$i+1$ が"インプット重視"とすれば、最近接発達領域は"タスク重視"と言えるだろう。また、$i+1$ は学習者にインプット理解を求める以外は特に積極的な参加を求めないが、最近接発達領域は学習者を巻き込んだ課題達成を常に重要視する。つまり、$i+1$ が学習者をインプットの"受容者"としてだけ捉えるのに対して、最近接発達領域は学習者をタスク達成のための"相互交流者"として捉えている。そのため、注目されるべき点はインプットの質だけでなく、学習者ニーズや支援のタイミング、また必要な足場がけの方法といった総合的な要素となる。

　$i+1$ と最近接発達領域は、予測性においても異なる。$i+1$ は何をもって学習者の"i"を測定し、どんな言葉の要素が"$+1$"となるかといった部分で曖昧であり、その判断は話し手の直感に任されることが多い。それに対して、最近接発達領域は、学習者が現在できることと手助けを借りてできることを基にして現時点での能力を測り、次の発達レベルを見極めようとしている。例えば、学習者がまだ一人ではうまく自己紹介できないが、他者からの質問（例：What is your name?

What is your grade? What are your hobbies?) といった助けがあれば、何とか自分のことを語れるといった際、現在の能力（actual developmental level）だけでなく、近い将来の"伸び代"（possible developmental level）も判断できるとされる。こういった考え方は生徒の能力を評価するときだけでなく、授業計画を立てる上でも大いに役立つだろう。

◯ 協働学習、足場がけ、創造的な模倣の役割

　社会文化理論とインタラクション仮説では、インタラクションの意味と役割という点でも捉え方が異なる。インタラクション仮説は相互理解を妨げる問題を解決しながら、意味交渉を進めていくプロセスが大事だと捉えている。それに対して、社会文化理論は問題解決に限らず、他者との交流の中で起こる**協働学習（collaborative learning）**が重要であるとする。人は課題を達成しようとする過程で、他者から得られる「足場がけ」を通して多くを学ぶ。そのため、意味を理解するだけでなく、助け合い、学び合いといったことが重要になる。

　足場がけは、生徒にとって難しいと思われる概念や言葉を教師が説明したり、図式化したり、モデルを示したりして与えられる。あるいは、生徒同士で活動する中で、互いの考えや意見を述べ合ったり、知っていることを教え合ったり、互いの足りない部分を補足し合ったりすることでも得られる。こういった足場がけは生徒のその時々のニーズに合わせて調整されるため、生徒の課題達成能力が上がれば、それに伴って足場がけの質や量も変容していくことになる。

　ティーチャー・トークの捉え方も、社会文化理論と心理言語学的アプローチでは多少異なる。心理言語学的アプローチでは、教師が目標言語を使って生徒にどう理解を促していくかが重視されるが、社会文化理論では、インタラクティブなティーチャー・トークを心がけながら、いかに生徒の思考を刺激して積極的な交流参加へと導くかが課題となる。さらに、社会文化理論は模倣の役割も認めているが、それは決して機械的な真似を指すのではなく、あくまでも生徒が主体的に選択して、創造的に行っていく行為を意味している。すなわち、課題に取り組む過程で豊富なインプットが与えられ、その環境の中で生徒が主体的に模倣するという意味であって、与えられた言葉をただ何度も繰り返すという意味ではない。

タスク中心言語教授法

　このような相互交流主義の考え方を主軸にして第 2 言語教育を考えたのが、**タスク中心言語教授法（Task-Based Language Teaching / Task-Based Instruction: TBLT / TBI）**である。タスク中心教授法は、タスクを使って言葉の学習を進めようとする教育法であるが、そこでは学習者がタスクの遂行者として主体的にタスクに取り組む過程で、言葉が最も効果的に習得されていくとする。タスク中心の授業では、「学んでから使う」ではなく、「使いながら学ぶ」という**体験的学習（experiential learning）**が強調され、前述したティーチャー・トーク、意味交渉、アウトプット、共同学習、足場がけなどが、あらゆるところで活用されることになる。

◯　タスクの種類

　タスク（task）とは、「目的を持った意味ある活動」（goal-directed meaningful activity）の総称であり、その内容は実生活と何らかの関係があることが望まれる。しかし、その関係は必ずしも直接的である必要はない。"レストランでの注文や支払い" "道案内" といったように、具体的な場面が設定されたタスクもあれば、ディベート、ディスカッション、プレゼンテーション、プロジェクト・ワークなどの、汎用性の高いタスクもある。他にも、情報交換を目的とする情報ギャップ・タスク（information-gap task）、与えられた情報を基に問題の解決に挑む問題解決型タスク（problem-solving task）、意見を交換して意思決定を下すタスク（decision-making task）、一連の絵を使って話を作るナレーション・タスク（narrative task）など、学びの推進のために考案された教育用タスクもある。

　また、タスクはスピーキングを重視したタスクもあれば、リスニング重視のタスクもあり、4 技能全てをカバーする。プレゼンテーションなどは、話し手にすればスピーキング・タスクだが、聞き手にとってはリスニング・タスクである。リーディングも単なる訳読ではなく、しっかりとした目的意識を持って行えば立派なタスクとなり得るし、ライティングも目的とコンテクストが与えられれば、かなり現実的なタスクとなろう。読んだり聞いたりして理解した後に、それについて質問したり、話し合ったり、その結果を書いてまとめたりと、一連の活動の流れを考えれば、4 技能全てを含んだ統合型の活動ともなる。プレゼンテーションの前には、資料を集めて読んだり、映像を見たりもするので、スピーキングだけで

なくリーディングやリスニングのタスクも自然と含むことができよう。要するに、タスクは意味伝達と課題達成を目指すことで、4技能を有効に使う活動となれるのである。

授業におけるタスク作成・選定

授業のためにタスクを作成、もしくは選択するに当たっては、大きく三つの観点から考えることができる。一つは言語形式、二つ目は言語機能、そして三つ目は意味内容を基準に考えたタスクである。以下に、その違いを示そう。

- **言語形式に焦点を当てたタスク（form-focused task）**：このタイプのタスクは、特定の形式を使わせることが狙いである。例えば、タスクの中で生徒に存在の構文（there is / there are～）や前置詞（in, on, behindなど）を使わせたければ、家の様子を描写するタスクなどが考えられる。例えば、泥棒に入られたという設定で、一人の生徒には泥棒が入る前の写真を、もう一人の生徒には後の写真を見てもらう。そして写真を見せ合うことなく、There is～や、on the～、in the～という英語を使って何がどこに移動されたのか、何がなくなったのかについて話し合ってもらう。この場合、気をつけるべきことは、タスク活動が目的言語形式を使わせるためだけのエクササイズ（機械的な形式操作活動）とならないように、活動の構成や授業内での導入と流れに配慮することである。

- **言語機能に焦点を当てたタスク（function-focused task）**：言語機能とは、言葉が使われる場面や状況、また目的のことを指す。具体的には、自己紹介、研究発表、討論といった目的を基準に設定されたものから、道案内、買い物、旅行予約といった場面や状況で設定されているタスクが考えられる。これらのタスクの第一の目標は課題の達成であるため、状況や目的は設定されているものの、使われる言葉（単語や文法）は特に指定されておらず、生徒が自由に課題に取り組めるよう配慮されるのが普通である。ここでも、有用な言語表現などがあれば、どのタイミングで、どう指導していくかが、一つの大きなポイントとなろう。

- **意味内容に焦点を当てたタスク（content-focused task）**：このタイプのタス

クは、テーマやトピックに焦点が当てられ、その内容理解の広がりと深化が問われる。例えば、世界の人口増加をトピックにしたとすると、図表から情報を読み取ったり、関連する記事を読んだり、映像を見たり、情報交換したりすることで、その理解を深めていくのである。一人ひとりの生徒の理解が深まった後は、クラス全体で話し合うこともできる。内容に基づいた活動を通して教師やクラスメイト間の交流を促すことで、生徒主体の協働的活動学習が可能となる。内容理解・伝達と言語指導をいかにうまく融合させて教えていくかが、その成功の鍵となる。

　これらのタスク区分は、あくまでもタスクの作成や選択の際の基準であり、実際のタスク使用時においては、相互に多くの重なりがあるのが普通である。例えば、言語機能に焦点を当てたタスクであっても、その場面に役立つ表現があらかじめわかっている場合も少なくないし、意味内容に焦点を当てたタスクでも、発表や討論といった言語機能が当然含まれ、使われる有用表現がある程度特定できることも多々あろう。人口問題の例で言うと、大きな数の表現（million, billionなど）や数の増減を表す言い回し（increase, decreaseなど）、過去・現在・未来形（was, is, will beなど）などが有効な言語項目となるだろう。

　いずれにしても大事なのは、タスクが目的を持った意味ある活動であり、その達成過程で言葉が使われるという点である。英語授業では、いつも言語形式ばかりに焦点を当てたタスクを使うのではなく、言語機能や意味内容に焦点を当てたタスクもふんだんに取り入れて、コミュニケーション能力をバランスよく育成していくことが大切であろう。

◯ タスクを使った授業の流れの3パターン

　タスク中心教授法には、決まった授業の流れというのはないが、体験的学習を基本に**分析的学習（analytical learning）**を織り交ぜて行うことが一般的である。その際の典型的な授業パターンを、次に紹介しよう。カッコ内は、形式（分析的学習）か意味（体験的学習）の比重を表している。

【タスクを使った授業の3パターン】

(1)　文法導入・説明　→　練習活動　　　　→　タスク
　　　（形式）　　　　　　（形式）　　　　　　（意味）
(2)　プレ・タスク　　→　タスク・サイクル　→　ポスト・タスク
　　　（意味）　　　　　　（意味）　　　　　　（形式）
(3)　プレ・タスク　　→　タスク＋形式指導　→　タスク再開
　　　（意味）　　　　　　（形式）　　　　　　（意味）

　(1)のパターンが形式から始まるのに対して、(2)(3)は意味から始まり、全体を通して意味中心の展開となる。タスクの役割がどれだけ前面に押し出されるかによって、(1)**弱形のTBLT（weak version of TBLT）**と(2)(3)**強形のTBLT (strong version of TBLT)**に分けることができる。

　(1)のパターンは、最初に文法の導入と説明から入り、その後にドリルなどの練習活動、そして最後に意味重視のタスクを行うという順序で進む。これは**PPP (Presentation-Practice-Production)**として知られるパターンであり、別名**タスク支援型教授法（Task-Supported Language Teaching: TSLT)**とも呼ばれている。簡便で効率性が高いのが利点だが、過度に形式面が強調されてしまうと、タスクの持つコミュニケーションを通した体験学習の良さが損なわれてしまう危険性がある。

　パターン(2)では、プレ・タスクの段階で、教師がトピック（例えば、「水問題」について）の説明をしつつ、タスク（例えば、世界の水問題を表す表や図をペアで解読する作業）を導入していく。最初の時点での言語指導は、語彙や有用表現（seawater, glacier, shrinking, shortageなど）の紹介にとどめておく。そしてタスク・サイクルでは、タスク → プランニング（全体発表の前の準備）→ レポート（タスク成果のクラス発表）という順序で進めていく。まず小グループでの話し合いを通して「個人的な言語使用」(private communication)の機会を与えてから、次にクラス全体での「公的な言語使用」(public communication)に移行することで、生徒の注意を徐々に意味から形式へと向けさせていく。最後のポスト・タスクでは、自らのタスク・パフォーマンスを内容的及び言語的に振り返り、文法の使い方（例えば、表の描写でいかにlarger than, less thanといった比較級が使われるか）に注目していく。ここでドリルなどの練習活動を導入することもで

きる。意味を十分に理解してから言語形式の詳細に目を向けさせることで、学習者の認知的な負担を和らげ、文法学習への動機づけを高める狙いがある。

(3)のパターンでは、(2)と同様、プレ・タスクでトピック導入と語彙指導を行い、それからタスクに移る。タスク遂行中は、教師は生徒の様子を見ながら必要に応じて言語指導を行うが、その後またタスクに戻っていく。ペアワーク中の個別指導でクラス全体に有用だと思われる事柄があれば、一時的に活動を中断し、全体での共有を図ってから活動を再開することもある。このように形式指導を意味重視活動でサンドイッチするパターンは、生徒のニーズが高まったところで言語指導を行うことになるので、意味と形式が密接に結びついた学習を推進できるという利点がある。だが、クラスの流れをうまくコントロールできないと混乱をきたすこともあるので、授業運営には十分な注意が必要となる。

もちろん、これら3例以外のバリエーションも存在する。例えば、(2)のポスト・タスクの後に再度同じタスク、もしくは類似したタスクを導入して、学習の成果を試したり、(3)のタスクの後にまとめ学習を入れたりすることができる。教える授業でどのパターンを採用すべきかは、学習目的や生徒のニーズなどを総合的に考慮して、臨機応変に判断してくべきだろう。

フォーカス・オン・フォームとCLIL

タスク中心言語教授法以外にも、相互交流的アプローチを取り入れた他の教育法として、**フォーカス・オン・フォーム（Focus on Form: FonF）** と**内容言語統合型学習（Content and Language Integrated Learning: CLIL）** がある。フォーカス・オン・フォームは、形式重視、意味重視双方の問題点を克服するために考案された教授法である。意味あるコンテクストの中で形式指導を行い、形式・意味・機能の3要素を結びつけることに重点を置く。学習者の言語ニーズや習得準備段階などを考慮しながらインプット、アウトプット、インタラクションを取り入れ、学習者の実践的な言語能力を育成することを目的としている。当然、フォーカス・オン・フォームをタスク中心言語教授法の中に組み入れて、両者を融合させた指導法を考えることもできる。

一方、CLILは、内容学習と言語学習を融合させて、双方の効果的な学習を実現しようとしている。言語と内容は相互補完的な関係にあるため、両者を分離せずに扱うことで、学びの相乗効果を狙っている。その折衷的な特徴のため、

CLILは内容重視教育、タスク中心教授法、そしてフォーカス・オン・フォームを合わせたハイブリッド形の指導法と呼ぶこともできるだろう。CLILの特徴は**四つのC（4Cs）** で表され、Content（科目やトピック）、Communication（語彙・文法・発音などの言語知識や、読む、書く、聞く、話すといった言語スキル）、Cognition（多様なレベルの思考力）、CommunityまたはCulture（共同学習、異文化理解、地球市民意識）を統合した教育を意味している。これらの指導原理を縦横無尽に組み合わせて考えることで、幅が広く、自由度の高い教育を実現させることができる。

相互交流的アプローチの貢献点と今後の課題

　第2言語習得は母語習得とは異なり、多くの学習者が習得過程で伸び悩み、停滞してしまうことがある。そのため、何がさらなる習得を促し、どういった教育的支援が必要かといった視点を持つことは、特に重要なことである。そういった観点から、以下に、第2言語習得における相互交流的アプローチの利点と課題点を、主にタスク中心教授法を念頭に置きながらまとめておきたい。

◯　相互交流的アプローチの貢献点・利点

　学習者要因と環境要因の交わりを重視する相互交流的アプローチの最大の利点は、その応用幅の広さであろう。以下に、具体的な利点を並べてみよう。

- 言語面だけでなく、学習者の実際のニーズや、興味・関心を踏まえて授業計画を考えるため、学習者主体の教育が実現可能となる。
- インプット、アウトプット、インタラクションが豊富なコミュニケーションを通して、ダイナミックな授業展開が可能となる。
- 学び合いの精神に基づいた協働学習を推進することで、足場がけの豊富な授業が可能となる。
- 内容あるタスク活動を通して、技能統合型の教育が可能になる。
- タスクを使うことで、言葉を学ぶ目的意識を高め、学びの動機づけを明確にすることができる。こういったタスク達成のための動機づけは、**タスク動機（task motivation）** と呼ばれる。
- 生徒の主体的な学びを可能にし、自らの学びに責任を持つ**自律的学習者**

(autonomous learner) の育成を可能にする。
- さまざまなタスクの中で言葉を使うことを推進するため、実用的な言語運用能力の育成が可能となる。
- 文脈に深く根ざした言語指導を行うことで、文法だけを遊離させずに、形式・意味・機能の密接な関係性を意識した学びが可能となる。
- タスク活動を通して生徒を観察することで、教師は生徒の考え、興味、学習実態などが把握しやすくなり、授業の活性化と指導向上に役立てられる。

○ 相互交流的アプローチの問題点・課題点

相互交流的アプローチには、今後取り組まなければならない問題や課題も多く残されている。理論上の課題、実践上の課題とさまざまだが、以下に、生徒、教員、そして教材・テストに関する問題点を実践面から見て記しておこう。

【生徒に関する問題・課題】
- 教師主導の形式中心授業に慣れた生徒は、意味重視で生徒主体の参加型授業に抵抗を感じることがある。そこでスムーズな移行がなされなければ、生徒の不満感の増大と学習意欲の減退を招く恐れがある。
- 英語使用の環境をうまく整えていかないと、生徒主体の活動中に母語での会話が増えてしまい、生徒に英語を使用させることが困難となる恐れがある。
- 言語指導をうまく取り入れていかないと、英語で活動中に意思疎通だけが優先されてしまい、言葉の学びがなおざりにされてしまうことがある。
- ペアやグループでの活動の仕方を適切に指導しないと、生徒同士の活動で意味交渉や足場がけがうまく起こらずに、協働学習が思ったように機能しなくなることがある。

【教員に関する問題・課題】
- 効果的なタスクの選定や作成、またティーチャー・トークの使用には、高い英語運用能力とともに、継続した訓練、そしてそこから生じる慣れが必要となる。
- インタラクティブでダイナミックな授業を展開するためには、教師の高い授業運営能力が要求される。
- タスク中心授業の中で効果的に文法を教えていくためには、従来型の文法指

導方法を超えた柔軟な対応が求められるため、相応の教育と訓練が必要となる。

【教材・テストの問題・課題】
- 生徒の興味・関心・ニーズに即したタスクを選定、調整、作成するためには、相応の授業準備時間が必要となる。
- 従来までの文法シラバスとタスク・シラバスとの折り合いをどうつけて、両者をどのように融合させて教材作りに反映させていくかが、今後継続して検討されていかなければならない課題である。
- タスクによって学ばれた成果を判断する評価方法の構築が求められる。特に、技能統合型テストやパフォーマンス・テストの開発と普及が急務である。

これらの実践課題はどれも重要なものであり、全てが同時進行で解決されるべきものである。相互交流的アプローチがこれらの課題にどう応えていけるのか、今後の広範な実践の中での成果が期待されるところである。

それぞれの教授法はどういう関係にあるのか?

最後に、これまで見てきた第2言語習得と教育に関する考え方をまとめて、それぞれの立場の相対的な位置づけを示しておこう。

第2言語習得の理論と教育法の相対的関係

第4章で示した母語習得の3大アプローチの図（図11）に沿って、第2言語習得の理論と教育法の関係を図13にまとめておこう。

図13 ● 第2言語習得の理論と教育法の相対的関係

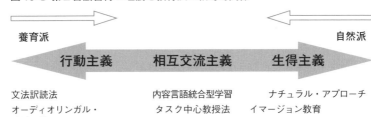

図の左側に位置するのが行動主義に代表される養育派の考え方である。本章では、特にオーディオリンガル・メソッドに焦点を当てたが、文法訳読法も養育派に属する。文法訳読法は古典的教授法として知られるが、文法規則の明示的指導を重視し、語彙、語形変化などの暗記や目標言語から母語への翻訳作業を通して、言葉の理解を図ろうとする教授法である。もともと中世ヨーロッパ社会で死語となっていたラテン語を教えるために広まった教授法であるため、その目的は実践的運用能力の育成というよりも、精神鍛錬の色が濃かった。教育現場ではまだ広く使われているが、この教授法に関する根拠となる理論的基盤は存在せず、その教育効果を科学的に検証した実証研究もほとんど見当たらない。教師自らの学習体験に基づいて行われ続けているというのが現状であろう。

文法訳読法とオーディオリンガル・メソッドは、双方とも学習者の実態よりも教師の視点を重視しているという点で共通している。同時に、双方とも教師はメソッドに忠実に教えることが求められ、教師の発言や意思決定の自由度はかなり限定的なものとなる。さらに、意味内容よりも言語形式に注目した指導が展開されることも、両者の大きな類似点である。違いと言えば、文法訳読法が概念的理解と書き言葉を重視するのに対して、オーディオリンガル・メソッドは話し言葉と自動化に焦点を当てていることである。

　両者はその相互補完的な性格のため、日本の英語授業などでは、両方の教授法を順に混ぜて使うことが多いのは周知の通りである。これにタスクを使ったコミュニケーション活動を取り入れると、PPP（Presentation［文法訳読法］→ Practice［オーディオリンガル・メソッド］→ Production［タスク］）、もしくはタスク支援型教授法となる。ただ、こういった教え方が教え込み傾向が強い行動主義の範疇から抜け出て、より学習者主体の相互交流主義の考え方へと近づくためには、単にメソッドを重ね合わせるというだけでは不十分となる。文法の導入方法、説明の取り入れ方と仕方、練習内容と方法、タスク構成や手順など、さまざまな点で工夫が必要となろう。

　養育派とは真逆に位置する自然派の代表的な教育法としては、ナチュラル・アプローチやイマージョン教育、また内容中心教授法が挙げられる。図13でこれらの教授法の位置が微妙にずれているのは、その内容に相違点があるためである。ナチュラル・アプローチはインプットを重視しつつも、習得の可否を言語獲得装置に委ねる部分が多く、また言語指導の価値をほとんど認めていないため、生得主義の色合いが最も濃くなっている。イマージョン教育は科目学習を進める上でインプットを重視するが、近年では内容学習と合わせて言語指導を進める動きや、協働学習を推進する動きも見られるようになってきている。そのため、徐々にではあるが相互交流主義の考え方に近くなってきていると言えよう。内容中心教授法（英語科で行われる内容重視型の英語授業）においては、内容主体でありながらも、より多くの言語指導を取り入れようとしているのが現状であるため、より相互交流主義に近くなっている。

　図13のちょうど真ん中に位置するのが、タスク中心教授法、内容言語統合型学習、そしてフォーカス・オン・フォームである。前に見たように、これらの教授法は学習者能力や自然な言語習得の過程を尊重しつつも、それに合わせて適宜また適時に必要な教育的手段を積極的に取り入れようとしている。まさに「自然

力を尊重し、それを支援しながら育成する立場」と言っていいだろう。

　グローバルな視点から見ると、現在の英語教育の流れは、外的要因と内的要因の双方の役割を認め、相互作用を探ろうとする相互交流主義が主流となってきていると言えよう。内的要因か外的要因のどちらかを二者択一的に選ぶのではなく、両者の役割を認め、言葉の社会的実用性や関係性を教室指導の中に求めていくところに、その独自性が現れていると言えよう。相互交流的アプローチの今後のより一層の普及とさらなる研究の進展により、相乗効果が生み出されることが大いに期待されるところである。

まとめ

　本章では、第2言語習得の理論について、特に教育面に焦点を当てて見てきた。まず最初に、自然派を代表する行動主義的アプローチと、そこから派生するオーディオリンガル・メソッドについて概観した。オーディオリンガル・メソッドは、教師主導の反復練習と間違い訂正による強化をその特徴とするが、学習者の内的要因を軽視して、外的働きかけとしての形式指導に終始してしまう問題が指摘されてきている。一方、生得的アプローチは、学習者のもともと持つ言語習得能力と、豊富なインプットによって、言語が最も効果的に習得されると捉えている。インプットが習得に重要なことは間違いないが、豊富なインプットのみでは第2言語習得は必ずしもうまく進まず、習得過程中途で行き詰まる場合が多いことが指摘された。

　相互交流的アプローチは、学習者の内在要因とインプットを含めた環境的要因が複雑に交わり合いながら、第2言語習得が展開されていくと考える。ティーチャー・トーク、フィードバック、教育指導、足場がけといった働きかけが、学習者の能力を刺激して、効果的かつ効率的な言語習得が可能になるとする。具体的にどの要素がどの学習者要因とどのように交わって習得を促すかは、今後も長く続くであろう大きな研究課題である。またこの章では、相互交流的アプローチを代表するタスク中心言語教授法、内容言語統合型学習（CLIL）、フォーカス・オン・フォームを紹介したが、これらの教授法は、言語習得の複雑さと多面性を考慮している分だけ克服すべき課題も多いが、今後の成果が大いに期待されるところでもある。

　最終章となる第6章では、第2言語習得研究でこれまで提唱されてきた主な習得モデルを考えることで、第2言語習得への理解をより一層深めていきたい。

Column 5

留学の効果を最大限に引き出すために

留学への淡い期待と厳しい現実

「日本では英語に触れる機会は少ないが、アメリカやイギリスなどの英語圏に留学すれば、英語の環境にどっぷり浸かることができる。だから、自然と英語は上達するはずである」と考える人は多い。しかし、本当にそうなのだろうか。

留学すると、確かに国内では得られない貴重な学習体験が得られる。しかし、その機会を十分に生かしきっていくことは、それほど容易ではない。その理由の一つとして、グローバル化した現代で、日本人の全くいない場所に行くのが難しいことが挙げられる。学校から集団で留学する場合はもちろんだが、単身留学でも、行った先で予想以上の数の日本人に出会うことは少なくない。せっかく留学したのだから、どんどん英語を使って上達させたいところだが、慣れない異国の地で慣れない言葉を使って生活する心労は思いのほか大きく、いつも朗らかに積極的にとはいかない。そこでホームシックやカルチャーショックにかかってしまうと、ついつい日本語が話せる日本人とつながってしまう。そして、一旦その輪に入ってしまうと、なかなか抜け出せなくなるという悪循環に陥ることも多い。また、現代のインターネット社会では、外国にいてもいとも簡単に日本にいる友達と連絡が取れてしまう。日本語情報もネット上で溢れているため、外国にいるといえども英語だけに浸かって毎日暮らすということはますます難しくなっている。

たとえこれらの障害を乗り越えて、どっぷり英語に浸かれる環境を作ったとしても、英語を話す機会は思いのほか少なく、聞く機会の方が圧倒的に多くなるのが普通である。特にネイティブとの会話で、学習者の英語能力が低いと、ネイティブ側によほどの理解がない限り、学習者側が受け身の立場に立たされてしまいやすい。しかも、会話のペースが速すぎたり、使われる英語が難しす

ぎたり、あるいは逆にこちらの英語能力を過小評価されてしまい、ペースが遅すぎたり、英語が簡単すぎたり、はたまた内容が幼稚すぎたりして、ちょうどいいレベルでの会話を維持することはそう簡単ではない。

　また、会話では普通即座に返答しなければならないため、どうしてもすぐに使える決まり文句やチャンク・フレーズを使い回すことが多くなる。そのため、文法力を駆使して、じっくりと語る機会は限られてくる。したがって、外国で諦めずに英語力を伸ばしていくためには、相当の忍耐力と努力が必要となる。このコラムではこういった留学の現実を踏まえて、留学前・中・後に分けて、それぞれの段階ですべき大事な点について述べておこう。

留学前にしておきたいこと

　留学は、外国に降り立った日から始まるというよりも、留学を決めたその日から始まると思った方がいい。そのため、留学前に日本でできることは、なるべくしておいた方がいいだろう。これまでのコラムで紹介した種々の活動は、どれも留学に役立つものなので、今すぐにでも始めたい。具体的には、リスニング能力を伸ばす多聴、ディクテーション、シャドーイングなどの練習（Column 1参照）や、話す力を伸ばすさまざまなスピーキング練習（Column 2参照）、留学での読書課題に対応するための多読、意味を考えた音読練習（Column 3参照）、読むことと書くことを行き来しながら行うプロセス志向の4スクエア・ライティング（Column 4参照）などである。他にも、留学中に使えそうな表現や語彙を覚えておくのもいいだろう。しかしこの場合、ただ闇雲に暗記するのではなく、実際に使う場面を想像して声に出す練習をしてみよう。

　文法の基礎力を身につけておくことも大事である。ただ、文法規則を気にしすぎるがあまり、頭でっかちになることだけは避けたい。文法知識ばかりが先行して間違いを犯すことを恐れてしまっては、本当の言語習得が望めないからである。文法学習の際は、使う場面と伝える意味を意識した学習をできるだけ心がけ、例文を読むときも、使用状況を思い浮かべながら現実感を持って行うようにするといいだろう。

留学中にすべきこと

　留学前に上述したような訓練をしておけば、留学中は生活の種々の場面で、実践を通してどんどん鍛えられていく。ただし、流暢に喋ることだけに重点を

置くべきではない。英語を正確かつ流暢に使えるようになるためには、しっかりと聞くことが欠かせない。内容のあることを語れるようになるためには、読むことも重要である。現地の人気番組を見たり、ニュースを聞いたり、新聞を読んだりすることは、話題や言語表現を増やす上でとても役立つ。

　また留学中は、「英語を学ぶ」姿勢から「英語で学ぶ」姿勢へとスタンスを変えていく必要がある。第5章で触れた英語教育アプローチ（内容重視言語教育、タスク中心言語教授法、フォーカス・オン・フォーム、内容言語統合型学習）は、まさに「英語で学ぶ」という考え方に基づいたアプローチである。これまで英語を勉強することに慣れてきた人たちにとっては、この「英語で学ぶ」への転換が特に重要になってくる。「英語を学ぶ」は、まず言葉自体をじっくりと学んでから使うというスタンスだが、「英語で学ぶ」だと、使いながら言葉を学んでいける。聞いたり読んだりしたことの中から、使えるものはすぐに使ってみて、わからなければどんどん人に尋ねていくのである。留学とは、そういった学びのスタイルを可能にしてくれる絶好のチャンスである。

留学後にしたいこと

　留学の成果は、留学中にだけ得られるものではない。むしろ帰国後に何をするかで、留学経験を最大限に生かすことができる。留学中の大きな収穫は、生きた英語を体感できることであろう。その記憶が新鮮なうちに、できるだけ次の課題へ結びつけていきたい。留学後も「英語で学ぶ」という姿勢を持ち続けて、英語の本や雑誌を読んだり、メディアや映画などで英語を聞いたり、機会を見つけては話したり書いたりすることを続けていくといいだろう。留学経験後は、日本国内でも生きた英語に触れる機会がたくさんあることを、これまで以上に強く実感できるのではないだろうか。

　留学後は、留学中に比べて英語を話す機会は少なくなるだろうが、日頃から自分なりに工夫して英語を聞いたり読んだりし続けている人は、いざ話さなければならなくなったときにその差が出てくる。あまりアウトプットばかりにこだわらずに、良質のインプットに触れ続けていくことが、ことのほか重要である。もし話す機会が得がたければ、書く機会を探して英語で発信していくのもいいだろう。英語力にさらなる磨きをかけるためにも、書くことの重要性は強調してもしきれない。もちろん、さまざまなスピーキング練習は継続して行える。

このように、留学の成果は、留学中だけでなく留学前後の過ごし方によって大きく変わってくる。「留学しさえすれば英語は自然とペラペラになる」とか、「留学したら、そのときに頑張ればいい」などという浅はかな考え方は捨てて、今何ができるのか、また何をすべきかをよく考えていただきたい。留学は決して魔法のようなものではない。そう考えてみると、「日本だから英語は伸びない」などとも言ってはいられなくなるだろう。

筆者のアメリカ留学経験

筆者が大学学部生のときにアメリカに2年間留学した際、最初の1年間は、勉強に明け暮れる毎日で、社交生活はほとんどなかった。学校が終わるとすぐに寮に戻り、その日録音した講義を全てノートに書き起こしたり、大量のリーディングの宿題をこなしたり、あるいは時間をかけてライティングの課題に取り組んだりした。そんな毎日だったので、その他のことに費やす時間や余裕などほとんどなかった。留学前に思い描いていた楽しく華やかな生活とは、ほど遠い現実だった。

しかし、1年目が終わる頃にはようやく余裕も生まれ、留学2年目は勉強以外の楽しみが加わった。そうは言っても、英語を使う機会がいつの間にか勝手に増えたというわけではなく、自ら積極的に行動していくことが求められた。例えば、食事会やパーティー、また勉強会などがあるときは、できるだけ億劫がらずに参加して、友人の輪を広げられるように努力した。また、インターナショナル・クラブ（各国から集う留学生のためのクラブ）の役員を買って出て、人と知り合う努力をしながら、友達の輪を少しずつ広げていったのである。

留学中は、アメリカ人学生と交流するだけでなく、世界各地からやって来た留学生とも英語でいろいろと語り合った。留学生同士には、異国に住んで生活するというお互いに共通した苦労や課題があり、異文化に対する興味も旺盛である。また、英語学習者として対等な立場にあるため、気兼ねなく意見交換をすることができる。英語を学び伸ばすために、いつもネイティブと話さなければならないというわけではなく、ノン・ネイティブとの交流もとても貴重な経験となる。筆者も、英語を使ってさまざまな民族の人々と交流することで、英語学習のみならず、自分の世界観を広げる上で、大きな恩恵を受けたことを強く実感している。

第 6 章

言葉の学び方

~第2言語習得モデルから得られる英語学習と教育へのヒント~

本章では、第2言語習得の代表的モデルを紹介していく。習得モデルとは、言語習得で重要とされる要因を特定し、それらがどう関係し合って習得を促すかを説明しようとするものである。それぞれのモデルの特徴を見ながら、第2言語習得過程のダイナミズムについての理解を深めていきたい。

文法学習とコミュニケーション能力はどう関係しているか？
　　~インターフェース・モデル~　208
正確さと流暢さはどう関係しているか？
　　~分析と統制の2次元モデル~　220
インプットとアウトプットはどう関係しているか？
　　~インプット・アウトプット・モデル~　229

文法学習とコミュニケーション能力はどう関係しているか?
〜インターフェース・モデル〜

前章で見たモニター・モデルでは、「学習」と「習得」を別の行為として捉え、両者には交わりがないものとすると述べた。このセクションではこれに対抗するモデルを取り上げ、第2言語習得で学習と習得がどのように関わり得るかを示していきたい。

明示的学習と暗示的学習とは?

　モニター・モデルでは、言語知識の獲得において「学習」と「習得」というそれぞれ独立したプロセスが関与していると捉えたが、認知心理学では、別の捉え方として**明示的学習（explicit learning）**と**暗示的学習（implicit learning）**の研究が広く行われてきている。明示的学習とは意図的で分析的な学びを指し、言語習得においては主に文法学習のことを表す。一方、暗示的学習は体験的に知識を獲得していく行為を指し、コミュニケーション中心に起こる学びのことを意味する。明示的学習から得られる知識は**明示的知識（explicit knowledge）**と呼ばれ、意識的に考えて説明が可能な知識である。一方、暗示的学習から得られる知識は**暗示的知識（implicit knowledge）**と呼ばれ、意識的に説明はできないが、実際は問題なく使える知識のことを言う。

　明示的・暗示的学習の概念は、モニター・モデルで言う「学習」・「習得」とよく似ているが、大きな違いは、二種類の知識の関係性をどこまで柔軟に捉えているかである。モニター・モデルでは、「学習」と「習得」の間には何の交わりもないとする立場を取るため、**非インターフェースの立場（non-interface position）**と呼ばれている。それに対して、明示的知識と暗示的知識は相互に交わるとする立場として、**インターフェースの立場（interface positions）**が提唱されている。以下では、明示的・暗示的学習／知識という用語を用いながら、これらの異なる立場について、より詳しく説明していきたい。

「文法学習はコミュニケーション能力につながらない」
～非インターフェースの主張～

非インターフェースの立場を、図14に図式化して示してみよう。

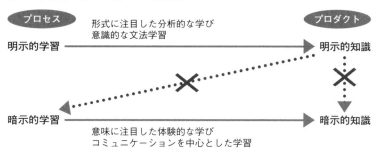

図14 ● 非インターフェースの概念図

　図14では、左側に習得過程のプロセスが、右側にその結果として得られるプロダクトが表されている。上部には意識的な文法学習によって言語の明示的知識が得られる過程が描かれ、下部にはコミュニケーションを中心とした暗示的学習を通して、実践で無理なく使える暗示的知識を獲得する過程が示されている。

　非インターフェースの立場では、明示的に獲得された知識がそのまま直接的に暗示的知識になることはないし、間接的に暗示的学習を助ける作用もないとしている。つまり、明示的知識はあくまでも時間的に十分余裕があり、形式へ注意が注げるときにのみ使えるのであって、通常速いペースで進み、意味が中心となる実際のコミュニケーションでそれを使用することは難しいとされる。例えば、3人称単数現在形の説明を聞いて理解した後に、たとえ練習問題が解けるようになったとしても、実際のコミュニケーションで使えるようにはならないということである。言語使用に際しては、仮に意味だけでなく形式にも相応の注意を払おうとすると、その結果、話の内容がおろそかになってしまったり、自己訂正の多い不自然な言語使用になってしまったりする。

　一方、暗示的学習によって得られる暗示的知識は、実際にコミュニケーションで使うことはできるが、うまく説明できない知識のことである。3人称単数現在形で言えば、She speaks good English. と正しく言えるが、「なぜspeakの語尾に-sがつくのか」「いつ-sをつけて、いつつけないのか」と聞かれても、系統立っ

た答えをすることは難しい。She speakよりもShe speaksと言った方が、"自然な響き"がするといった感覚で答えることが多い。非インターフェースの立場では、明示的学習と暗示的学習はどこまで行っても平行線の関係であり、意識的な文法学習を通して概念的に理解したことは、いくら練習を重ねても、意識せずに使える知識にはならないとされる。

こういった主張は、教室で英語学習を重ねてきた日本人学習者にとっては、ショッキングなものである。だが、周りの多くの学習者の学習実態を見てみても、実はそれほど的外れな主張ではないことに気がつくだろう。「文法の勉強はたくさんしたけれども、全然使えない」、「3単現の-sや冠詞の使い方について習ったけれど、実際のコミュニケーションではすっかり忘れてしまう」、「練習問題ではできる複雑な文法も、実際には使いこなせない」などといったことは、日本人学習者の間で決して珍しいことではない。また、文法説明は苦手だけれども、日常生活で困らない英語力を持つ学習者も多く存在する。こういった学習者には、子どもの頃から長い間海外で過ごした帰国子女などだけに限らず、大人になってからワーキングホリデーなどで海外に行った人や、日本国内で体験的な英語学習を多くしてきた人たちも含まれる。

コミュニケーションを中心とした暗示的学習には、スピーキングやリスニングのオーラル・コミュニケーションだけでなく、リーディングやライティングを通した書き言葉のコミュニケーションも含まれている。そのため、学習方法としては英会話だけでなく、テレビ、ラジオ、インターネット、映画、洋書などを使った学習もある。いずれの方法であっても、意味重視のコミュニケーション体験を通して英語を学んできた学習者は、暗示的知識を多く獲得してきていると考えられる。そのため、日本で英語を学習した者は明示的知識を、海外で英語を習得した者は暗示的知識を獲得するなどと、二項対立的に短絡的に捉えることはできない。

「練習すれば使えるようになる」～強形のインターフェースの主張～

非インターフェースの立場は、明示的知識を実践上で生かすことはできないと主張するが、果たしてそれはどこまで本当なのだろうか。第2言語習得では、学習者の年齢が上がるとともに母語能力が確立していき、暗示的学習だけではどうしても習得に行き詰まりが生じてしまうという事実がある。例えば、音声面や文法面で母語の影響が残ってしまったり、細かな文法規則がいつまで経っても身に

つかなかったりといった事例が挙げられる。非インターフェースの立場からすると、もっとインプットを増やすべきだと言うが、実際それだけではなかなか問題の解決には至らない。こういった非インターフェースの立場に異議を唱えるのが、インターフェースの立場である。この立場では、明示的知識を持つことが暗示的知識の獲得を触発し、より高度な言語能力に結びつくと考える。この考え方には、「強形」と「弱形」があるが、以下では、まず強形から見ていくことにしよう。

スキル獲得理論

強形のインターフェースの立場（strong interface position）は、明示的学習で得た知識は、何度も練習を重ねることで暗示的知識に変えることができると主張している。ただ、その練習方法は、**スキル獲得理論（skill acquisition theory）**に則って、三つのステップをしっかりと踏むことが条件とされる。図15にそのステップを示してみよう。

図15 ● スキル獲得のプロセス

宣言的知識を意識しながら、最初のうちはゆっくりと感触を確かめながら練習する。

正確な行為を徐々に速度を上げながら繰り返し行うことで、考えずにできるような段階にまでもっていく。

スキル獲得では、まず**宣言的知識（declarative knowledge）**を習得し、それを**手続き的知識（procedural knowledge）**に変換して、最終的に**自動化された知識（automatized knowledge）**へとしていくことを目指す。宣言的知識とは、方法や規則を概念的に理解した知識を指す。"Know what"とも言われ、明示的知識と似ている。英語学習では、英文法や英単語について説明する際に用いられる知識のことを言う。例えば、仮定法過去は現在の事実とは反対のことを仮定するときに用い、条件節では動詞の過去形を使い（If I knew his phone numberなど）、主節ではwould / could / shouldなどの助動詞と動詞の原形（I could contact him.）が使われるといった具合である。これが手続き的知識に変換

されると、こういった説明的知識は徐々に不要になり、実践的に即役立つ感覚的知識となる。手続き的知識は"Know how"とも呼ばれ、暗示的知識と似ている概念である。英語学習で言えば、読み聞き話し書くといった4技能全体での実践言語使用で欠かせない知識のことである。

　宣言的知識から手続き的知識へは、**手続き化（proceduralization）**というプロセスを経て変換される。手続き化は、知識形態を「知っている」という理屈から「使える」という体感へと変えていく脳内での変容過程のことを表す。いわば、口に覚え込ませるといった過程だが、覚えるのは口ではなく、あくまでも脳である。そのため、無闇に繰り返せばいいというわけではなく、しっかりと考えながら行うことが必要となる。そして、使うことに慣れてくれば、徐々にその速度と精度を高めていって、自動化された知識へと到達することができる。この手続き的知識を自動化された知識に変換するプロセスを、**自動化（automatization）**と呼ぶ。

　スキル獲得理論は、もともと一般技能の獲得の研究が基になっているため、言語以外の例で説明するとわかりやすい。例えば、自転車に乗れるようになるまでの過程を見ると、最初は乗り方の説明を受けながら観察するところから始まる。この段階で、学習者は乗り方の宣言的知識を得ることになる。今度は、実際に自分で自転車にまたがってみて体感する（手続き化）。その際、宣言的知識を思い起こしながら、行うことが重要とされる。例えば、「右足が踏み込みやすい位置（時計の2時の位置あたり）にペダルをセットする。ペダルを真下まで力強く踏み込むとスピードが出て自転車が安定する。自転車が安定した後に、左足もペダルに乗せる。こいでいる間は、顔を上げて前を見るようにする」等である。

　こうして焦らずに自分のペースで感覚を身につけるようにする。ある程度慣れてきたら、徐々に速度を上げていき、意識しないでできるまでにもっていく（自動化）。この間、なかなかうまくいかないようであれば、改めて宣言的知識を思い起こしてみる。このようなスキル獲得のプロセスは、スポーツや音楽、タイピング、算数、仕事作業等と、多くの分野で取り入れられ応用されているものである。

　ここで特に重要なのは、手続き化である。すぐに自動化へと進むのではなく、宣言的知識を頭にとどめながら、最初はゆっくりと丁寧に行うことが大事であり、最初から急いでしまうと、スキル獲得が困難になってしまったり、うまくいったとしても、雑なスキルが身についてしまいかねない。一方、手続き化と自動化のプロセスをじっくりと経て身につけた知識は、正確なだけでなく、同時進行で他

の行為を行う余裕も生じさせることができる。自転車の例で言うならば、最初はペダルをこぐことで精一杯だが、それが次第に他の人と会話しながら運転できるようになるといった具合である。言語習得なら、文法や発音ではなく、伝える意味自体にもっと注意を払いながら、的確で適切な発話がリアルタイムで無理なくできるようになる。

このスキル獲得理論を言語習得に応用しようとしたのが、強形のインターフェースである。先の図14に沿ってその習得プロセスを描くと、図16のようになる。暗示的知識を獲得するためには、コミュニケーション中心の暗示的学習を経てか、もしくは明示的知識から手続き化と自動化を経て変換させるかの2通りの方法を通ることになる。

図 16 ● 強形のインターフェースの概念図

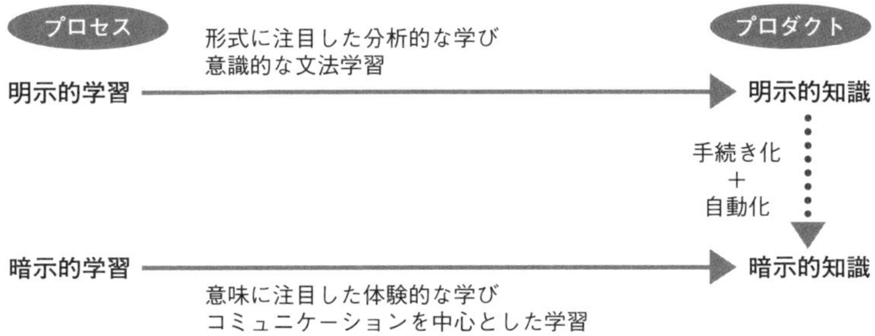

プロセス　　形式に注目した分析的な学び　　　　　　　　　　　プロダクト
　　　　　　意識的な文法学習
明示的学習 ──────────────────────────▶ 明示的知識
　　　　　　　　　　　　　　　　　　　　　　　　　　手続き化
　　　　　　　　　　　　　　　　　　　　　　　　　　　＋
　　　　　　　　　　　　　　　　　　　　　　　　　　自動化
　　　　　　　　　　　　　　　　　　　　　　　　　　　▼
暗示的学習 ──────────────────────────▶ 暗示的知識
　　　　　　意味に注目した体験的な学び
　　　　　　コミュニケーションを中心とした学習

強形のインターフェースの留意点

スキル獲得理論を言語習得に応用する際、いくつか頭にとどめておかなければならない点がある。まず、宣言的知識の獲得方法と、手続き化や自動化における練習方法である。宣言的知識を身につける際は、何でも文法規則を理解・暗記すればいいというのではなく、最終的に獲得するスキルが一体どのようなものなのかを考えた上で、どういった宣言的知識を獲得すべきかを吟味することが大切になる。具体的には、実際に使える言語知識にするためには、形式面だけに注目するのではなく、形式と意味、そして目的・状況・場面などを結びつけて学ぶことが大事になる。前に示した仮定法過去について言えば、いつどういった場面でどういったメッセージを伝えたい際に仮定法過去が用いられるのかということを理解する必要がある。そうしてこそ、コミュニケーションにつながる能力へとしていくことができるからである。

手続き化のための練習の際も、何を手続き化するのかを考慮することが必須である。例えば、wh-疑問文を学ぶのであれば、wh-疑問を使って何を尋ねたいのかといった意味や意図をはっきりさせ、それを表すための必要な文法操作とを関連させて練習することが大事になる。そういった思慮なしに、例えば肯定文から疑問文へと変換する**機械的な練習（mechanical practice）**ばかりをいくら繰り返しても、そこで手続き化されるのは、単なる文法の記号操作にすぎない。実際に必要となるのは、**意味ある練習（meaningful practice）**、もしくは**コミュニケーション練習（communicative practice）**である。意味ある練習では、形式だけでなく意味にも注目する必要があり（例えば、実際の事実関係に基づいて、What is your hobby? What is your favorite meal? What is your favorite subject? などを聞き合う練習活動）、コミュニケーション練習では、形式、意味に加えて、場面や状況設定も考慮されなくてはならない（例えば、上の「意味ある練習」に場面設定と達成目的を加えて、進学面接、就職面接、婚活といった状況で相手の、あるいはお互いの情報を集めて最適なマッチングを選ぶ等の練習活動がある）。そして、こういった練習をする際は、活動前にリハーサル時間を設ける等の工夫も含めて、宣言的知識を思い起こすだけの十分な余裕を持って、焦らず丁寧な練習を行えるような配慮が必要になってくる。

◯ 強形のインターフェースの問題点

　強形のインターフェースに関する問題点についても、ここで言及しておかなければならない。一つに、言語と他のスキルをどこまで同一視できるかという問題がある。つまり、言葉の習得は、自転車に乗ったり、スポーツをしたりするということと、どこまで同じに扱っていいのだろうか。発音する際の音声器官の操作は、運動的側面から見ればスキル習得的な色が濃そうだが、文法の習得もこれと同じに扱って差し支えないのだろうか。実はこの点で、第2言語習得研究では、今のところ結論はまだ出ていない。第2章で見たような、学習過程でいくつもの段階を経て習得に至るといった言語習得の発達過程は、能力の獲得を一方向的に単純に捉えるスキル獲得理論とはなかなか相いれないものとなっている。その点で、言語習得の中でもとりわけ文法習得においては、それ独自の特異性があるのではないかと考えられている。

　また、よく考えてみると、言語習得は必ずしも宣言的知識から出発しているわけではないことがわかる。母語習得では、宣言的知識から始めるという子どもは

まず存在しない。もし宣言的知識から始めることがあるとすれば、それは文章の書き方や丁寧な言葉遣いなどに限られており、基本的な口語の習得ではそれは全く当てはまらない。文章の書き方に関しても、どちらかというとたくさん読み聞かせしてもらった、また自分自身で読んだという経験が学習のベースになっていることが普通であり、必ずしも宣言的知識を教わるというステップを踏んで習っているわけではない。

第2言語習得においても、全て宣言的知識から始まって、それを順々に手続き化していくわけではない。そういう過程を経るものもあれば、そうでないものもあり、学習者、学習内容、そして学習状況によって大きく異なってくるのが実情だろう。また、文法学習や練習活動を通してはあまり伸びなかった学習者が、英語の多聴や多読を実践することで、いつの間にか英語能力を伸ばしていることもある。その場合は、宣言的知識を通してそれを自動化していったのではなく、多くの体験的な暗示的学習を通して暗示的知識を身につけたと考えられる。

要するに、言語習得の全てをスキル獲得理論で説明することは難しいと言えよう。第2言語習得のどの部分がスキル獲得理論で説明可能で、どこまでが教育的に応用可能なのかは、今後のさらなる研究に委ねられなければならないだろう。こういった点を踏まえて、教育実践においては、文法理解と練習活動を過信することは慎まなければならないだろう。

「文法学習は気づきを促す」〜弱形のインターフェースの主張〜

強形のインターフェースの立場は、明示的知識を練習活動によって直接暗示的知識に変えることが可能だとするが、**弱形のインターフェースの立場（weak interface position）** は、明示的知識が暗示的学習を間接的に助けると主張する。つまり、明示的知識を持ってコミュニケーションすることで、持っていない場合よりも効果的な学習が可能になるというのである。この考え方を図に表すと、図17のようになる。

図17 ● 弱形のインターフェースの概念図

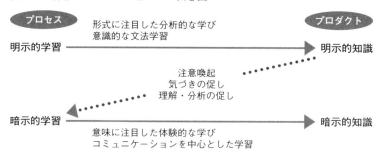

気づき、理解、分析の促進

図17では、明示的知識を保有していると、言語形式への注意が喚起され、インプットに触れたりアウトプットを産出しようとする際に、言葉への気づきが促されることを示している。このような気づきを誘発する働きは、**意識高揚（consciousness-raising）** と呼ばれる。意識高揚は、聞いたり読んだりする際に、言葉の使われ方への注意を高め、話したり書いたりする際には、使われる言語形式をより正確で複雑なものにする作用がある。明示的学習を通して得られた知識は、それ自体コミュニケーションの場ですぐに使えるようになるわけではないが、それは後々の学習過程を助ける重要な役割があるとされる。

例を挙げてみよう。何の文法指導も受けていない学習者が、The umbrella that I bought last week is already broken.という文に触れたとしよう。普通注目するのは、umbrella, bought last week, brokenといった内容語であろう。実際、これらの単語がわかれば、あとは推測力を駆使すれば内容は十分に理解できる。そのため、関係詞といった文法構造に注意を払う必要はさほどなく、この構造に気づく可能性は小さくなる。

自然習得環境に置かれた学習者の大きな課題は、日頃の生活で必要最低限の内容理解や意思伝達以外の部分で、どこまで細かな言語構造や形式を学ぶことができるかである。課題をこなす上で絶対的に必要とされない部分に注意を向けていくことは、それほど容易なことではない。しかし、もし学習者が関係詞についての明示的な学習をしていたならば、そこで得られた明示的知識が助けとなって、形式面により注意が注がれやすくなり、気づきが促されることになる。その結果、内容理解がより一層確かなものとなるだろう。アウトプットする際にも、明示的

知識の保有によって自らの発話により注意を払うようになり、場面や状況、またジェスチャーといった視覚的な補助に頼らずに、的確な伝達が可能となるだろう。

別の例として、If I had known his phone number, I could have contacted him. を考えてみよう。この場合、場面と状況が明らかで、If, I, know, phone number, contactといった内容語さえしっかり聞き取れれば、意味を理解することができる。つまり、条件節のhad knownや、主節のcould have contactedの使い方には特に注目する必要はなくなり、結果、仮定法過去完了の習得が困難になる。特に会話では、I'dやwould'veなどの短縮形が使われるため、さらに単語の聞き取りが困難になるので、習得の可能性はより低くなる。しかし、もし明示的学習を通して仮定法過去完了の文構造を習っていたならば、そこから得た明示的知識が助けとなって、形式の気づきや分析が促され、推測に頼らずに的確に意味の把握ができるようになるだろう。アウトプットの際も、より誤解のない正確な発話が可能になってこよう。

◯ 明示的知識の働きを抑制する要因

このように、明示的知識は言葉の気づき、理解、分析を促す役割があるが、その働きにはいくつかの制約要因が存在することも覚えておかなければならない。その一つが、学習者の**心理言語的なレディネス（psycholinguistic readiness）**である。レディネスとは、特定の言語項目を学ぶために、学習者がどこまでの習得段階に達しているかを表している。これは、学習者がいつでも、どんな言語項目でも自由に学べるわけではなく、また教師が教えることがすぐに学習可能となるとは限らないことを意味している。

レディネスは、これまで研究でわかってきているその言語項目の習得順序段階を見て判断するのが普通である。例えば、疑問文の習得で、学習者が上昇調イントネーションの肯定文を使って疑問文を作る段階（第1・2段階）にいたとしたら、次の第3段階（疑問詞の文頭への前置き）を飛ばして第4・5段階（yes/no疑問文とwh-疑問文が使える段階）に行くのは難しいとされる（第2章、表7、pp.64-65参照）。たとえその文法規則を概念的に理解できたとしても、意味中心のコミュニケーションで触れるインプットの中で、その使われ方にどこまで気づくかは定かではない。自然なリアルタイムのアウトプットとなると、ほぼ不可能だと言われている。このような考え方は、**教授可能性仮説（teachability hypothesis）**として知られ、学習者の発達段階を考慮しない指導は、効果が期

待できないとされる。特定の言語項目が"教えられる"（teachable）かどうかは、学習者が"学ぶ準備ができている"（learnable）かどうかにかかっているためである。

　明示的知識の働きは、心理言語的レディネスだけでなく、**学習者傾向（learner orientation）**、**言語適性（language aptitude）**、また**学習方略（learning strategies）**とも関係すると言われている。学習者傾向の場合、正確さを重視する人の方が流暢さを重視する人よりも、気づきの可能性が高くなろう。言語適性では、**文法的感受性（grammatical sensitivity）**が豊かな人ほど気づきの度合いが高くなるとされる。さらに、**作動記憶（working memory）**の容量にも個人差があり、作動記憶容量の大きい人ほど、気づきに有利と言われている。

　学習方略に関しては、記号操作的な学習ばかりをずっとしてきた人よりも、文法学習に加えて意味内容にも十分に配慮した学習をしてきた人の方が、コミュニケーション場面での気づきの可能性は高くなりやすいだろう。また、学習方略は教育方法とも関連しており、学習者が日頃からどういった英語授業を受けているか、またどのような宿題を課されているかといったことも、明示的知識の活用を左右する。こういった要因は相互に関連し合っており、その作用は複雑である。いずれの場合も、ただ教わってさえいれば、いつでも明示的知識が役立つ、もしくはいつの日か役立つといった簡単なものではないことは確かである。

インターフェース・モデルが示す英語学習と教育へのヒント

　これまで述べてきたインターフェース・モデルを基に、日本人英語学習者の問題点について少し考えてみよう。日本人英語学習者は、何年も勉強しているにもかかわらず、使える英語力がなかなか身につかないと言われる。その理由として、次のようなことが考えられよう。

　一つに、多くの学習者は明示的学習止まりで、コミュニケーションを中心とした学習が圧倒的に不足しているということがある。これらの学習者が明示的学習と暗示的学習のインターフェースを築くためには、何よりもまず訳読作業や語彙・文法の理解・暗記といった明示的学習だけに止まらずに、4技能にわたって言葉を使う機会をもっと持たなければならないだろう。話したり書いたりする練習も大事だが、その前に、訳読ではない本当の意味で内容を楽しむリーディング活動をしたり、与えられた問題を解答するためだけの聞き取り練習ばかりではなく、内容を楽しむリスニング活動とすることが必要になってこよう。その意味で、日

頃から自然に話される英語に触れたり、情報やアイデアを読み取って意見交換をしたりするような機会を持つことは重要である。多読や多聴といった試みは、自然なインプットを確保する上で特に有効な手立てとなろう。

　使える英語力がなかなか身につかない別の理由として、練習方法に問題があることも多い。具体的な問題としては、意味を差し置いて文型だけに注目した学習を行って、それに基づいて記号操作的な練習問題や反復練習ばかりを行ってしまうことが挙げられる。意味を伴わない学習は、意味伝達が重要となるコミュニケーション状況下で応用することが難しいことは、第2言語習得の研究を見るまでもなく明らかであろう。スキル習得の手順を無視して、手続き化をなおざりにして無闇に自動化に走ってしまうという問題もある。練習はただ何度も繰り返せばいいというものではなく、何に注目して、どういった手順で行うのかという質的な問題を避けて通ることはできないことは前にも述べた通りである。

　また、仮に、学習者がインプットに十分触れていたとしても、意味と形式のつながりに気づかないということもある。単なる"聞き流し"や"読み流し"だけでは、インプットは頭の中を通り過ぎるだけであり、そこで重要となる言語処理がなされずじまいとなってしまう。アウトプットに関しても、ただ話したり書いたりすることばかりに目を奪われるのではなく、発話前に考える時間を十分設けたり、発話後は自らの発話に対して振り返って反省したりすることがなければ、ただ通じるだけの"言いっ放し"のコミュニケーションで終わってしまいかねない。

　これらの問題解決のためには、できるだけ多くのインプットに触れる機会を確保しつつ、そこに含まれる意味内容の理解に努め、それに関連させて言葉の学習を行っていくことがどうしても必要となってこよう。練習活動をする際には、自動化を目指す前に、しっかりと手続き化のプロセスを踏むことが大切であり、機械的な練習ではなく、意味ある練習、もしくはコミュニケーション練習をすることが必要となる。自由度の高い内容重視のアウトプットの機会も重要であり、その際は、言いたいことが伝わるということだけで満足せずに、自らの言葉遣いを見直す機会を持ち、そこからさらなる向上を目指していきたい。

　明示的知識と暗示的知識の二つの知識は、何の努力もせずに勝手に交わるものではない。両者の間にどう橋を渡すかは、ひとえに学ぶ学習者とそれを支援する教師の努力にかかっていると言えよう。

正確さと流暢さはどう関係しているか？
〜分析と統制の2次元モデル〜

第2言語を学ぶ者にとって、正確で流暢な会話力をマスターすることは、一つの憧れであり大きな目標でもある。しかし、これらの両面をどうやって伸ばしていけばいいのか。両方同時に伸ばすことは可能なのか。また、学習者タイプや学習環境による影響はどこまであるのか。このような疑問に答える第2言語習得モデルとして、分析と統制の2次元モデルがある。以下では、このモデルについて紹介しよう。

分析と統制の2次元モデルの概観

分析と統制の2次元モデル（bi-dimensional model）では、第2言語習得を二つの側面から説明しようとしている。**分析の次元 (analysis dimension)** は、言葉の規則や内部構造がどこまで把握されているかを表す。例えば、Do you like it?という文は、Do youがDo + youの二つの要素から構成され、Doの部分が時制によってはDidになったり、主語が変わればDoesになったりすることを理解していれば、それは**分析された知識（analyzed knowledge）**と言える。しかし、もしDo youが"Do-you"とひとまとまりのチャンクとして覚えられていて、内部構造が理解されていなければ、それは**未分析の知識（non-analyzed knowledge）**となる。この観点から見れば、言語習得は、未分析の知識が分析された知識へと徐々に発達していく過程と見なすことができる。

一方、**統制の次元（control dimension）**は、獲得した知識をどの程度実践活用できるかということを示している。ここで言う「統制」とは、脳内にある知識をどれくらい素早くかつ容易に取り出せるかを表している。上のDo you like it?の例で言えば、コミュニケーションでスラスラと言えるのであれば、**統制された知識（controlled knowledge）**であり、言えなければ、**統制されていない知識（non-controlled knowledge）**となる。この観点からすると、言語の発達とは、未統制状態から統制状態へと進む過程と言える。いくら分析の次元で発達していても、統制の次元で同様に伸びるとは限らない。また、逆も同じで、いくら統制の次元で伸びていっても、分析の次元でも同じように発達するとは限らない。その意味で、両次元はそれぞれ独立していると言える。この両者の関係を図で表すと、図18のようになる。

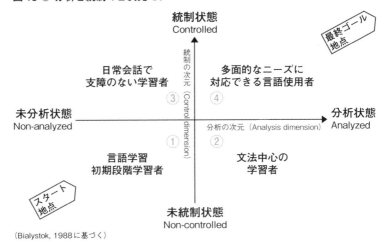

図18 ● 分析と統制の２次元モデル

（Bialystok, 1988に基づく）

○ 四つの異なる発達エリア

　図18では、横軸に分析の次元、縦軸に統制の次元が表されており、左下の未分析で未統制の状態が習得のスタート地点となる。最終目標は、右上に記された分析かつ統制された状態である。図18の中で４区分された、それぞれのエリアに属する学習者を見てみよう。

　まず、エリア①は初期段階の学習者である。まだ言葉を習い始めたばかりなので、分析面も統制面もあまり発達しておらず、使用できる言葉の範囲は非常に限られている。これが分析面で発達してくると、②のエリアに移行する。言葉の構造面に注目して学習することで、エリア①から②へと進んでいく。英語授業や塾、または参考書などを通して英文法を勉強したりする学習者が、その典型と言えよう。このエリアの学習者は、時間に余裕がある場合は、その強みである文法力を発揮することができるが、時間的制約を受けると、統制力の低さから、その力が途端に出せなくなってしまう。

　一方、分析面ではなく統制面で発達するとすれば、③のエリアに進んでいくことになる。このエリアに属する学習者は、日常会話であまり困らない。レストランに行けば、I'd like to order .... Could you give me the check, please? などと支障なく言うことができ、買い物に行けば、I'm just looking. やDo you have it in a different color? などと言って、問題なく生活課題をこなすことができる。ただ、

分析面では未発達なため、表現の幅が限られてくる。そのため、話題が複雑になり、緻密な内容を表現することが要求されるようになると、困難が生じてくる。例えば、時事問題に関する討論やビジネス交渉などでは、幅広く複雑な言語使用が求められるため、限界が生じやすくなるだろう。レストランや買い物といった比較的単純な場面であっても、クレームや交渉などが必要になってくると、言語能力が追いつかない場合もある。そんな③の学習者の特徴を一言で言うと、「流暢ではあるが、さまざまな状況に対応する言語的柔軟性に欠ける」となろう。

そして、流暢さと柔軟性を兼ね備えたのが、④のエリアに属する学習者である。これらの学習者は、分析・統制の両次元で卓越しており、日常会話を越えた多角的な言語ニーズに対応できる言語使用者である。言葉の分析的な構造理解ができているので、複雑な内容の読解、討論、発表、交渉、論文・報告書の執筆等、多面的な言語使用場面に対応することができる。また、統制面でも発達しているため、知識の取り出しも素早く流暢である。

これら両次元の発達は、言葉の4技能全てに当てはまるものである。例えば、②のエリアに属する学習者は、発達した分析能力を使って文を解析することはできるが、統制面が未熟なため、話すときだけでなく、書くときも、はたまた聞いたり読んだりする際も、過度な時間と労力が取られてしまうことになる。そのため、限られた時間内で多量の英文を読むことは困難となり、長時間のリスニングも難しくなる。また、このエリアの学習者は言葉を分析的に考えすぎるので、文法的ではあっても不自然な言葉遣いになることも多い。これとは逆に③の学習者は、統制面で発達しているため、日常会話はテンポよくこなせるが、複雑なリーディングやライティングとなると、分析面の弱さのため手に負えなくなったり、理解や表現が雑になってしまったりする。

発達の方向性を決める要因

理想を言えば、分析と統制の両次元を同時に伸ばしていくことが望ましいが、実際は、①のスタート地点から④のゴールまで一直線に進んで行くのは容易ではなく、どちらか片方の次元に偏ってしまう学習者が多いのが実情である。どちらの方向に偏るかは、少なくとも二つの要素が関係していると言われている。一つは学習者タイプであり、もう一つは学習環境である。

学習者タイプと学習環境による違い

　学習者タイプは、文法や正確さにこだわる学習者と、コミュニケーションや流暢さを優先する学習者に大きく分けられる。文法や正確さを気にする学習者は、分析面で発達しやすく、①から②のエリアへと進んでいく学習者となる。一方、コミュニケーションと流暢さを優先する学習者は、言葉の構造よりも意思伝達の機能性を重視するため、①から③のエリアに進みやすい。

　学習環境に関しては、一般的に、教室環境で英語を学ぶ場合は、分析面に偏りやすくなる。これは現在日本で行われている多くの英語授業では、分析中心の学習が多く、4技能を使った英語使用の機会が限られているからである。結果、英語は分析、理解、暗記を通して学ぶ文法規則の集まりとして扱われ、**規則に基づく学習（rule-based learning）**、あるいは**文法モードの学習（grammatical mode of learning）**が進行しやすくなる。一方、海外やイマージョン教育などで英語を学ぶような際は、統制面が強調されやすくなる。なぜなら、そういった環境では即座に理解し応答することが求められ、文法や正確さにいちいちこだわっていられないからである。この場合、言葉は規則の集まりではなく、有意味の語彙とチャンクの集まりとして捉えられ、**記憶に基づく学習（memory-based learning）**が推し進められやすくなる。これは別の言い方で言えば、**語彙モードの学習（lexical mode of learning）**とも呼ばれる。図19に、こういった学習者タイプと学習環境に伴う学習パターンを示しておこう。

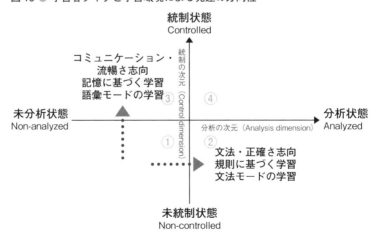

図19 ● 学習者タイプと学習環境による発達の方向性

学習者タイプと学習環境の交互作用

　学習者タイプと学習環境が、相互に影響し合うことも考えられる。例えば、文法や正確さにこだわるタイプの学習者が、分析重視の学習環境に置かれると、得意とする分野をどんどん伸ばしていくことになるだろう。しかし、コミュニケーション主体の環境に置かれた途端、それまでの学習方法では太刀打ちできないことを実感するかもしれない。一方、コミュニケーションや流暢さを重視する学習者が、自然な英語使用環境に置かれれば、比較的スムーズに順応していくはずである。だが、これらの学習者が文法主体の授業に身を置くとなると、苦手意識を持ちやすくなり、その克服に迫られることになるだろう。

　いずれの場合も、言語習得の多面性を考えたとき、自分の得意分野を伸ばしつつも、さまざまな学習ニーズに応えられる柔軟性を養っていくことが重要となる。そのため、教育応用の際は、教師が教える生徒の中の異なる学習者タイプを見極めつつ、多角的な教え方を採用することが必要となってくるだろう。いつも文法説明と練習問題ばかりを行うのではなく、意味中心となるコミュニケーション活動を増やしたり、いつも教師主導の説明が最初に来るのではなく、タスク活動を行った後で言葉の仕組みについて考える機会を持つといったように、多様な授業パターンの工夫が必要となるだろう。

　また、学習傾向は環境によって作り出されることが多いということも、忘れてはならない点である。文法主体の環境でずっと英語を学んできた学習者が、「文法規則を理解し、語彙を暗記することが英語学習だ」といった学習観を持つことは少なくない。このような学習者がコミュニケーション主体の環境に置かれると、戸惑ってしまったり、過度に緊張して拒否反応を示してしまったりすることがある。これと似たような問題は、小学校でコミュニケーション主体の英語授業を受けてきた子どもが、中学や高校で突然文法主体の英語授業を受けるようになった際にも見られることである。こういった学習観と順応性に関する問題を、生徒自身のやる気や動機づけの問題として片付けてしまうのはあまりにも酷であろう。

　別のケースとして、海外で英語を使って生活してきた生徒が、日本で文法主体の英語授業を受けるようになると、突然やる気を失ってしまうといったことがある。それは必ずしも授業内容が簡単すぎるとか、学習意欲が低いといった理由からではなく、それまで培ってきた学習観から来る英語授業への期待と英語授業の学習内容との間に埋められないギャップを感じてしまい、うまく順応できないた

めに起こることと考えられる。こういった学習者タイプの違いや生徒の英語授業に対する期待を十分に考慮しながら、多様性ある学習ニーズに応えた教育のあり方を模索することが望まれる。

典型的な発達パターン

　学習者タイプと学習環境が発達パターンに与える影響は複雑であり、英語学習がスタート地点から最終ゴールまで最短距離で一直線に進むことはまずないと言えよう。では、学習者はどのように最終ゴールに到達するのだろうか。④のエリアに達する多面的なニーズに対応できる英語使用者の成長を観察すると、その学習軌跡には、図20に表されるような典型的なパターンが見られる。

図20 ● 異なる発達パターン

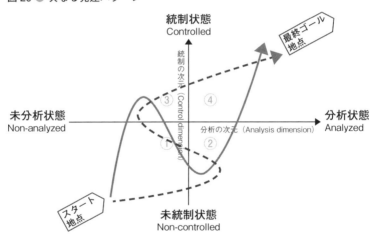

◯　S字型発達パターン

　一つのパターンが、図20でS字の破線で描かれている曲線である。日本で文法主体の英語授業を受けた場合、この発達パターンをたどることが多くなると考えられる。最初は文法学習によって分析面が伸びていくが、その後で十分にコミュニケーションの機会を持つようになると、統制力が伸びていくというパターンである。

発達順路が②からまっすぐ上の④に行くのではなく、分析面で一時後退して③を経由しているのは、学んだ文法規則をコミュニケーションの中ですぐに使いこなすことが難しいからである。そのため、少なくとも最初のうちはチャンク表現などを多用して、コミュニケーションを何とか維持していくことに専念せざるを得なくなる。分析面での発達を一時的に保留して、統制面の発達を優先させるのである。その後、コミュニケーションに慣れて余裕が生じて来るに従って、徐々に文法規則を使いこなしていけるようになっていく。

◯　N字型発達パターン

　もう一つのパターンは、図20でN字の実線で描かれている曲線である。このパターンは、まず統制面が伸びていき、後から分析の次元の能力が発達していくものである。例えば、英語圏に移り住んだ子どもが、日常生活の課題に英語で対応しようとする中で、まず日頃からよく耳にする単語やフレーズを取り込んで語彙モードの学習で言語能力を発達させていく。やがて日常のコミュニケーションに慣れてきて、さらに脳内に蓄えられた言語情報が多くなってくると、徐々に文法面に注意が注がれるようになり、分析面での発達が促されていく。

　特に、現地の学校で勉強するような場合は、学年が上がるにつれて複雑な言語使用が求められるようになるので、分析面での発達はおのずと刺激されることになる。しかし、言葉を分析的に考えようとすると、言語処理に相応の時間と労力がかかることになるので、分析面の発達に伴って統制面での一時的な後退が余儀なくされる。それは、話す際につかえたり自己訂正したりする現象として現れたりしよう。そして学習がさらに進むと、文法使用における統制面でも伸びてくるので、複雑な言葉も無理なく使えるようになっていく。

◯　スパイラルな発達パターン

　S字やN字型の発達パターンは、分析と統制がそれぞれ順に発達する際に見られる曲線だが、両次元で適度に刺激されるような学習環境にいる場合は、①から④へとジグザグに進んだり、スパイラル状に発達したりすることも考えられる（図21参照）。いずれの場合も、分析と統制の両次元を同時に発達させることが難しいため、発達の軌跡はまっすぐの直線とはならないのが普通である。

図 21 ● スパイラルな発達パターン

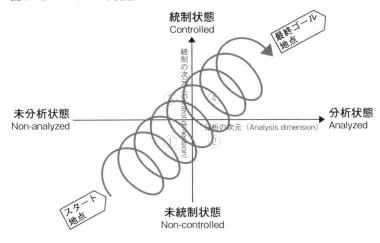

分析と統制の2次元モデルが示す英語学習と教育へのヒント

　前述した発達例は習得が高度な段階まで進む場合を表しているが、実際は、④のエリアに行き着く前に発達が停滞してしまうことも少なくない。②や③のエリアで止まったままになってしまう学習者も多いし、英語嫌いや苦手意識のため、①のエリアからなかなか抜け出せない学習者も少なからず存在する。

◯ タスク負担の重要性

　それでは、英語力はどのようにしたら停滞せずに伸ばし続けることができるのだろうか。分析と統制のモデルから得られるヒントは、**タスク負担（task demand）** の重要性である。タスク負担とは、学習者が言葉を必要とする何らかの課題に取り組む際、どのような言語能力が要求されるかということを指している。学習者が日頃からどういったタスク負担を与えられ、それにどう対処していっているのかによって、言語能力がどのようにどこまで発達していくかが決まってくると言えよう。これを教育面から見ると、英語授業で教師が生徒にどのようなタスクを与えて、それに対処するための方法をどのように指導していくかによって、これからの生徒の英語能力の伸展の方向性と度合いをある程度予測することが可能となるだろう。

例えば、日常英会話などでは言語使用の即応性が求められるが、内容的複雑さはさほど求められないのが普通である。また、決まり文句などの使用も自然と多くなり、それを巧みに使い回すことが求められよう。そのため、タスク負担は統制の次元で重くなりやすいが、分析の次元ではそれほどでもないと言える。一方、社会問題に関して説明や意見を述べたりする場合は、即応性もさることながら、内容に則した言語の複雑さや正確さがより一層求められることになる。発表、討論、報告書、論文の読み書きといったタスクともなると、さらに分析面での負担が重くなってこよう。

　こういった与えられた課題を何とかこなそうと努力する中で、人はそれに応じた能力を伸ばしていけると考えられる。タスク負担に基づいて考えることの利点は、英語学習を漠然と知識獲得の追求として捉えるのではなく、英語学習の目的をよりはっきりと捉えて、どのようなタスクがどういった能力を要するのかを具体的かつ柔軟に判断できることである。教育的応用に際しては、言葉の発達をコミュニケーションの目的や状況と密接に結びつけて考えるため、それぞれの学習者ニーズに応じた実践的能力の育成を可能にできるだろう。

　例えば、ショッピングといった日常タスクを例にとって考えても、普通に商品を選び、その代金を支払うというのであれば、一通りの決まり文句で事足りることであろう。しかし、買う品を吟味する際に自分の細かい要望を伝えたり、店員の助言を得ようとしたりするような場合は、タスク負担は増し、より分析的な言語使用が求められてくる。さらに、在庫のない品の注文をお願いしたり、支払いの際にトラブルが発生したり、はたまた返品や交換を要求したりするといった場合は、タスク負担はなおさら高まり、文法面でより注意した言語使用が促されるだろう。教育用タスクを使用する際には、タスク負担を十分に考慮して生徒に与えることで、どういった部分での言語発達を刺激できるのかを考えることができる。

　このような考え方は、前章で紹介したタスク中心教授法の理念とも一致するものである。「すでに能力が備わっているから、タスクができる」と考えるのではなく、「タスクを行う中でこそ、必要な能力が培われていく」という発想である。当然、タスク負担が最初から高すぎれば、学習意欲を削いでしまったり、中途半端に終わってしまったりする可能性もあろう。そのため、教える生徒に応じて、前章で見た「$i+1$」や「最近接発達領域」に則してタスク負担を考えながら、その学習過程でどんな「足場がけ」が必要なのかを見極めることが効果的な教育のためには大切になってこよう。

インプットとアウトプットはどう関係しているか?
〜インプット・アウトプット・モデル〜

最後に、第2言語習得研究で最も基本的な考えとして多くの研究者から支持されている、インプット・アウトプット・モデルを紹介しておきたい。インプット・アウトプット・モデルは、言葉の習得がインプットから始まり、いかにアウトプットまでつながっているかを説明したものであり、学習や教育のあり方を考える上で多くの示唆を与えてくれる。まず、このモデルを概観した後で、そこから得られる学習と教育へのヒントについて考えてみたい。

インプットからアウトプットへ

図22に示すのが、インプット・アウトプット・モデルの概観である。左側には、**インプット（input）**から**インテイク（intake）**、そして**統合化（integration）**を経て、アウトプット（output）に至るまでの習得の流れが示されている。図の右側に描かれているのは、言語習得に影響を及ぼすと考えられる要因で、学習者に内在する要因と環境的な要因に分けて示されている。

図22 ● 第2言語習得のインプット・アウトプット・モデル

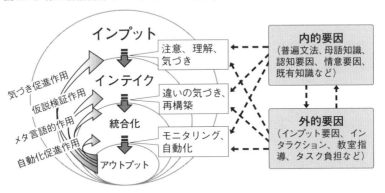

第4・5章で見てきたように、理論によって内的要因を強調するものから外的要因を強調するものまでさまざまではあるが、どの理論であっても、言語習得におけるインプットの重大な役割を否定するものは存在しない。インプットなしでは言語習得はあり得ないからである。ただそうは言っても、インプットはあくまでも言語の"生データ"であり、それが適切に処理されて理解されなければ、イ

ンテイクへと変わることはない。インテイクは日本語では「取り込み」と訳されるが、それは文字通りインプットを脳内に取り込む（'take in'）ことを表す。このインテイク時に大切になるのが、インプットに注意を払ってその内容を理解し、それを伝える言葉の使い方に気づいていくことである。

　インプットはリスニングからでもリーディングを通してでも得られるが、学習者年齢、習熟度、学習ニーズ、学習目的などによって、必要なインプットの種類は変わってこよう。例えば、学習者年齢によって、リスニングとリーディングの比重は変わってくる。通常、小さい子どもの場合はリスニングが主体となり、大きくなるに従ってリーディングの重要性が増してくる。ただ、その場合でも、言語習得の基本はリスニングのインプットにあることは変わりない。また、日常会話力を養う場合のインプットと、社会問題に関する議論をする際に必要となるインプットは違ってくる。特に後者の場合は、リスニングとともにリーディングを通したインプットに多く触れることが必要になってこよう。さらには、言語習得で役立つインプットは、意味内容があって、場面や状況がしっかり伴っており、加えて学習者にとって自身との何らかの関連性が感じられることが重要になってくる。そうしてこそ、"使える"言語情報が得られることになるからである。そのため、意味内容や状況的情報がない、もしくは薄い例文などは、良質のインプットと呼ぶことはできない。

　インテイクした情報が、学習者の中間言語体系にしっかりと取り込まれるためには、それがさらに統合化されていく必要がある。統合化とは、インテイクしたものを脳内にすでに存在している関連知識と結びつけて、整理した形で長期記憶に収めることである。その際に重要な役割を果たすのが、「違いの気づき」と呼ばれる認知行為である。例えば、学習者がI look forward to seeing you.といった表現を聞いて、look forward toの使い方を学んだとしよう。その後、自らI look forward to see you.と試して使ってみると、対話相手からI look forward to seeing you, too.と返されたとする。そこで、自分の使ったseeと相手の発したseeingの違いが対比され、両者の違いに気づくことで、自らの知識の再調整と再整理を図ることができる。

　違いの気づきに触発されて起こる脳内の調整作用は、**再構築・再構成（restructuring）**と呼ばれている。人は何か新しいことを学ぶ際、個々の知識をただ積み重ねていくわけではなく、取り込んだ知識を整理して管理することが必要となる。例えば、現在形と過去形を学び、次に現在完了形を学んだとすると、

それは単に現在完了形という新しい知識をつけ足すということでは済まない。これまで学んだことと新しく学んだ内容がどのように関係していて、どういった類似性や相違性があるのかを把握して整理する必要に迫られるのである。こういった脳が自然と引き起こす知識の再構築・再構成の働きは、脳内に蓄える情報量が増えてきたり、または類似形態を学んだりした際、特に誘発されやすくなる。第1・2章で見てきたU字型発達曲線のような現象は、再構築によって学びが進展したときに見られる発達の様子として捉えられよう。

統合化された知識は学習者の中間言語体系の一部となり、アウトプットの際に役立てられるようになる。中間言語体系を駆使して自己の意思や考えを伝えようとするアウトプットは、単に学んだことを吐き出すだけの"プロダクト"ではなく、習得過程に作用する大事な"プロセス"の一部となると考えられる。図22で示されているアウトプットから発せられる四つの矢印は、アウトプットが習得プロセスのどの部分でどういった働きをするかを示している。第5章でも紹介したように、アウトプットをすることで言葉の形式や構造の気づきが促され（気づき促進作用）、自らの言語知識を試してフィードバックを受けることでそれに調整を加えることを可能にし（仮説検証作用）、アウトプットを通して言語について考えることでメタ認知力が鍛えられる（メタ言語的作用）。さらに、伝えたい意味内容に合致した言語形式を脳内から何度も取り出して使おうとすることで、知識アクセスの自動化が促されていくことになる（自動化促進作用）。

なお、図22でインプットからインテイク、統合化、アウトプットへと進むに従って、描かれている円が徐々に小さくなっているのは、それぞれの段階で、情報や知識の選択（selection）、刈り込み（pruning）、整理（restructuring）、もしくは忘却（attrition）が起こるからである。そのため、言語習得の最初の起点となるインプットが果たす役割は非常に大きいと言える。インプットが限られていれば、それだけインテイク量は減り、当然、最終的に発することができるアウトプットはより限られたものとなるのは明らかであるからだ。

第2言語習得に影響を与える内的要因と外的要因

図22の右端に示されるのが学習者に内在する要因と環境的な要因であるが、これらが相互に交わり合いながら習得過程に大きな影響を及ぼすことになる。

言語習得に影響を及ぼす内的要因

内的要因には、普遍文法、母語知識、認知要因、情意要因、またその他の既有知識などが含まれる。**認知要因（cognitive variables）**には、**選択的注意（selective attention）**、**作動記憶（working memory）**、**言語適性（language aptitude）**などがある。選択的注意とは、人の限られた注意資源をどう効果的に分配していくかに関することであり、人は意識的にも無意識的にも常に何らかの優先順位を決めて注意を払うことを表している。当然、何に注意を払うかで、気づきなどの認知行為が引き起こされるか否かが決まるため、それは習得においてとても重要な要因となる。また、注意それ自体、母語知識や情意要因などからも影響を受けており、その働きは複雑である。

作動記憶は、人の内部世界と外部世界をつなぐ出入り口のようなものであり、外から入ってくる情報を一時的に保ちながら操作する際の"作業台"のような役割を果たす。作動記憶には個人差があり、その差が学習者のインプット処理やアウトプット処理に影響を与えるため、習得の効率性を左右すると言われている。言語適性には**音声的感受性（phonological sensitivity）**や**文法的感受性（grammatical sensitivity）**などが含まれ、これもその強み・弱みによって習得の方法や傾向が左右されることになる。

情意要因（affective variables）には、**動機づけ（motivation）**、**言語不安（language anxiety）**、**コミュニケーションしようとする意欲（willingness to communicate）**などの要素が含まれ、それらの状態によって習得が促進されたり、阻害されたりする。動機づけに関しては、第２言語習得過程に多大な影響を及ぼすことは言うまでもないだろう。ただ、動機づけと言っても多種多様なものがあり、**統合的動機づけ（integrative motivation**：目標言語話者の中へ溶け込みたい欲求から来る動機づけ）から**道具的動機づけ（instrumental motivation**：何らかの実利を求めて生じる動機づけ）、**内発的動機づけ（intrinsic motivation**：自己の好奇心や関心から来る動機づけ）、**外発的動機づけ（extrinsic motivation**：外から与えられる賞罰などによって生じる動機づけ）、はたまたタスク動機づけ（task motivation：目の前の課題を達成するために生じる動機づけ）そして**結果的動機づけ（resultative motivation**：学習の結果により増す動機づけ）といったさまざまなものがある。そのどれもが重要だが、動機づけだからといってどれも学習に同じような影響を与えるとは限らない。それぞれ違った形

や度合いで習得過程と習得結果へ作用すると考えられる。

　言語不安は、母語とは異なる言葉を学習しようとする際に起こる心理的緊張感のことを指す。教室内で特に起こりやすい不安として、授業内容を理解できないことに対する不安や、問われたときに答えることができないことに対する不安、またテストに対する不安といったものが挙げられる。他にも教室内外で当てはまるものとして、第2言語で話しかけられた際に感じる不安や、自分の発話力に対する不安、また他人にどう見られるか、思われるかと感じる不安などがある。

　言語不安と密接に関係している概念として、コミュニケーションしようとする意欲がある。自分の持つ外国語能力への自信度や外国文化への態度、その場の状況的要素、さらにタスク負担などとも交わって、コミュニケーション意欲を高めたり、低めたりする作用がある。こういった要素も学習者がインプット、アウトプット、インタラクションなどの言語使用の機会をどれだけ持つようになるかを左右するため、結果、言語習得の速度や達成度に大きく関わってくるものとなる。

◎ 言語習得に影響を及ぼす外的要因

　外的要因には、インプット要因、インタラクション、教室指導、タスク負担などが含まれる。インプット要因としては、インプットの量と質、言語項目の**顕著さ（saliency）**、**頻度（frequency）**、**複雑さ（complexity）** などが挙げられる。インプットの質に関しては、新項目を学ぼうとする際は、理解可能でありながらも、未修項目が含まれるものが良質なインプットになろう。一方、もしスキルの自動化が目的であれば、やや難易度の低いインプットが適当となることも考えられる。インプットの顕著さは、リスニングなら特定の語や表現の聞き取りやすさ、リーディングなら視覚的に目を引く度合いで計られるので、強勢が置かれた語句や、長い単語などは自然と顕著さが高くなる。文のどこに特定の表現が置かれているかも顕著さに影響を与え、文中よりも文頭や文尾の方が顕著さが高くなるのが普通である。

　頻度は、触れるインプットの中で特定の単語や表現がどれくらい繰り返し使われているかを表し、頻度が高くなれば、その項目が習得される確率も高まりやすい。しかし、冠詞のa, theなどは頻度が高いにもかかわらず習得が遅いことはよく知られた事実である。それは冠詞の顕著さの低さとともに、その使い方の複雑さ、またタスク負担の低さ（タスク達成の上で冠詞に注目する必要性はあまりないこと）などが関係しているからである。つまり、一言でインプットと言っても、

さまざまな要素が複雑に絡み合っており、一つの要素だけを取り上げて習得の是非を論ずることは難しい。

インタラクションに関しては、前章で見たように、学習者と母語話者もしくは他の学習者や非母語話者との相互交流の有無と豊かさが、第2言語習得の速度や学習内容、また学習側面に影響を与えると考えられる。タスク負担に関しても、前のセクションで見たように、学習者が直面する言語課題によって、何に注目し何を使うべきかが左右されることになるので、そこで培われていく能力も同様に大きく変わってくると考えられる。

◯ 教室指導のプラス作用

外的要因の中でも特に注目されるのが、**教室指導**（classroom instruction）である。広い定義の教室指導は、授業内で行われるコミュニケーション活動まで含み得るが、ここでは、狭義に教師が与える説明とそれに伴う練習活動のことを指すこととする。日本のように英語使用が限られた学習環境では、教室指導が特に大事な要素となろうが、それでも教室指導が全てそのまま生徒の学びにつながるわけではないことは留意すべき点である。それは他の要因と複雑に絡み合いながら習得に影響を与えるものとなるからである。

教室指導は、とかく言語習得にいつもプラスに働くと安易に考えられがちだが、時にはマイナスに働くこともあり得るので、注意が必要である。うまくプラスに働けば、授業で教わったことでインプットが理解できるようになったり、アウトプットで使えるようになったりする。例えば、ある高校生は授業で、She wants to go shopping. と She wants me to go shopping. という例文から、「want + 人 + to 動詞の原形」という文法について学んだ。そのときにはその文型を使いこなすことはできなかったが、その後、大学入学後にアメリカに留学した際、Do you want me to open the window? Do you want me to give you a ride home? といった表現を耳にするようになった。そのとき、高校時代に教わった「want + 人 + to 動詞の原形」という文法を思い出し、それが伝える意味と使われる場面・状況とを照らし合わせ改めて気づくことで、自らもその表現を使えるようになったという。

この例は、教室指導が理解や気づきを促すのに、好影響を与えていることを表している。必ずしも教わった直後に使えるようにならなかったとしても、教わったことをその後に触れるインプットの中で気づくことは、とても大事なことである。教わって概念的に理解するだけでは、ただの理屈としての「静的な知識」で

終わってしまうが、意味あるインプットの中でその使われ方に気づいていき、また自らアウトプットとして使っていくことで、実用的な「動的な知識」へと変化させていけるのである。このような考え方は、前々セクションで見た「弱形のインターフェース」が表す、明示的知識の気づき促進作用の現れと言えるだろう。

◯ 教室指導のマイナス作用

　教室指導は、時に習得にマイナスに働くこともある。特に、文法の積み重ね学習ばかりに終始して、コミュニケーションが目的のインプットやアウトプットの機会が限られてしまうと、いつしか学習の目的感が失われてしまったり、学習意欲が削がれてしまったりする。そういった状況で言語習得が進まなくなってしまうのは、自明の理であろう。また、生徒の発達段階を見極めない教室指導や、正確さばかりを追い求めた形式中心授業では、生徒の回避行動を助長させてしまい、習得に必要な使用機会を減らしてしまうことになるだろう。

　教わったせいで気づきが遅れる、もしくは阻害されるということもあり得る。例えば、授業で「時制の一致」について教わり、時間軸に合わせて文の時制を変化させる規則を学んだとしよう。(例：〈直接話法〉Bob said, "I a_m innocent." → 〈間接話法〉Bob said that he wa_s innocent.)。しかし、実際のインプットでは、Bob said he i_s innocent. といった表現も実はよく聞かれ、学校で教えられた文法規則が、必ずしも反映されていないことがある。このような教室指導を受けた生徒が自然なインプットに触れた際、どういった反応を示すだろうか。

　典型的なパターンとしては、二つ考えられる。一つは、実際の用法に全く気づかないパターンである。教室指導の影響で「英語はこうあるべきだ／はずだ」との思い込みが強くなってしまい、実際のインプットでの気づきが抑制されてしまうのである。学んだことが思い込みを助長して関連するインプットからの注意を削いでしまうこういった現象は、心理学では**学習された注意効果（learned attention effects）**として知られている。もう一つのパターンは、違いに薄々気づいてはいるが、インプットの方を誤りと判断してしまい、自らの中間言語知識を修正しようとしないパターンである。「ネイティブは文法に弱い／間違った文法を使う」、「日本人は文法に強い／正しい文法を知っている」、「会話では文法はあまり関係ない」といった考え方は、教室指導から来る思い込みと無関係ではないだろう。

　学校で学ぶ文法とネイティブの使う文法が異なるのは、何もネイティブの文法

力が弱いとか、会話と文法が無関係だということのせいではない。問題は、ネイティブの持つ文法知識（**記述文法 [descriptive grammar]** と呼ばれる）と、学習者の習う文法規則（**教育用文法 [pedagogical grammar]** と呼ばれる）とが異なることにある。ネイティブは、時制の一致などの文法規則を機械的に当てはめて英語を使っているわけではなく、その時々の思い入れや状況判断によって微妙に時制を調節して使っている。先の例で言えば、Bob said he is innocent. と Bob said he was innocent. はそれぞれ違ったニュアンスを持つ。前者は「Bobは今も自分は無実だと信じている」（だから現在形のisを用いる）のに対して、後者は「今はどうかわからないが、当時Bobは無実だと言っていた」（だから過去形のwasを使う）という意味合いになる。表面的な正確さという意味では、どちらも正確と言えるが、それは結局伝えたい意味合いによって異なってくることになる。

つまり、時制の一致は単なる形式操作として自動的に当てはめられる絶対的規則などではなく、あくまでも伝えたい意味を考慮してそれに即して使われる柔軟な文法規則なのである。とかく白黒といったように正解か不正解かを断定しようとする学校文法には、必ずしも反映されていない実際の文法の姿である。このような例からもわかるように、教室指導が習得に与える影響は、その指導内容、指導方法、また指導タイミングなどとも大きく関係しており、他の多くの外的要因と内的要因と複雑に絡み合いながら、習得プロセスに関わってくるのである。

インプット・アウトプット・モデルが示す英語学習と教育へのヒント

◯ 「説明と暗記主体の学習」から「インプット主体の学習」へ

インプット・アウトプット・モデルから得られる英語学習と教育へのヒントは多い。とりわけ、従来型の学習・教育方法は必ずしもインプット・アウトプット・モデルに沿った形とはなっていないという事実を考えると、その重要性は強調してもしきれないだろう。従来型のやり方は、文法や語彙学習ばかりに時間を注いで、有意味のインプットに触れることがおろそかにされてしまっていることが多い。また、オーラルの英会話練習に力を注いでいる場合でも、単調な発話練習ばかりに終始してしまい、やはりインプットへ注目することがなおざりになってしまっていたりする。インプット・アウトプット・モデルが強調するのは、インプッ

トを起点とした学びのあり方であり、インプットなくしては、文法学習もアウトプット練習もその効果はおのずと限られたものとなる。そのため、何よりもまず、意味内容豊かなインプットをできるだけ多く確保することが重要である。

　そうかといって、インプット全てをインテイクへと変えようと頑張りすぎてしまうことも問題である。わかることしか聞かない読まないでは、インプットの絶対量が減ってしまうのは目に見えているからである。7〜8割もわかれば十分とするぐらいのゆったりとした態度を持つことが、言語習得ではとりわけ重要である。また、わからないことはいつも和訳するといった対処法では、いつまで経っても言語習得に大切な「曖昧さの許容性」が養われない。わからないことが多少あったとしても、聞き続けられる、読み続けられる、またそこにある少しの手がかりからでも推測することができるといった能力は、長期にわたって起こる言語習得の性質を考えたとき、学習者がぜひとも身につけていかなければならない重要な能力である。

　要するに、効果的な言語習得のためには、「説明と暗記主体の学習」から「インプット主体の学習」へと変えていく必要がある。インプット主体の教育過程で教師がすべきこと、またでき得ることは、決して少なくない。例えば、生徒が興味を持って聞ける、読めるインプットをできるだけ多く用意し、生徒がそれらに取り組みやすいように導入に工夫を凝らしたり、インプットをうまく活用できるタスクを設定したり、クラス全体、ペア・グループワーク、また個人作業などを通して必要な足場がけを与えて、インプット理解と言葉への気づきを助けていく。こういったインプット主体の授業では、教師は「知識伝授者」(knowledge giver / authority) だけにとどまらず、「インプット提供者」(input provider)、「アドバイザー」(advisor)、「ファシリテーター」(facilitator)、「支援者」(supporter)、「コミュニケーション・パートナー」(communication partner)、また「生きたロール・モデル」(living role model) と、多彩な役割を演じることになるだろう。

◯ インプットとアウトプットの循環学習のすすめ

　インプットとともに、アウトプットの役割も重要である。インプットからできるだけ多くの知識や情報をアウトプットへ取り込むことは大事だが、だからといって、聞いたことを全て言えるようにしようとか、読んだことを全て書けるようにしようなどと考えてはいけない。人の言語能力には、**受容能力（receptive abilities）** と **産出能力（productive abilities）** の2側面があるが、まず後者

が前者を上回ることはないからである。授業や講義がわかっても、自分で同じように講義することは難しいし、文章を理解できたからといって、同じように書けるわけではない。聞いたり見たりしたことの一部でも、自分なりに使えればいいぐらいの姿勢が大事である。そうやってアウトプットを試みた後で、再度インプットに触れる機会を持つと、その聞き方や読み方が以前より鋭くなり、新たな気づきが生まれてくる。

　つまり重要なのは、インプットからアウトプット、そしてアウトプットからインプットへと、ダイナミックな学習サイクルを築いていくことである。そのためには、目標言語でたくさん読み聞きして生きた言葉に触れ、その言葉がどう使われているかを学んでいくことである。アウトプットの際には、定型表現を活用するのはもちろんのこと、今ある文法力を使って自分の意思を伝える努力をすることである。そして、通じたからといって言いっ放しにするのではなく、再度インプットに戻って、自分の言えなかったことを確認するといった学習サイクルがとても大事になるだろう。

まとめ　本章では、第2言語習得研究の代表的な習得モデルを紹介してきた。まず最初に紹介したモデルが、明示的学習と暗示的学習の関係を示したインターフェース・モデルである。インターフェースには強形と弱形があるが、強形のインターフェースはスキル獲得理論を用いて、明示的知識は手続き化を経た練習を重ねることで自動化された暗示的知識へと変わるとする。一方、弱形のインターフェースは、明示的知識は暗示的学習の中で理解や気づきを促すことで、間接的にではあるが暗示的知識の獲得を助けると説いている。文法学習等で得られた明示的知識をコミュニケーションで使える暗示的知識へと変えていくためには、学習と教育の実践形態を今一度考えて、向上させていくことが必要である。

　次に紹介したモデルは、分析と統制の2次元モデルである。分析の次元は言葉の内部構造に関する理解度を表し、統制の次元は既有知識をいかに素早く使えるかの度合いを表している。これら二つの次元はそれぞれ独立して発達していくため、その発達パターンは学習者タイプや学習環境によって大きく異なってくる。学習促進の上では、どのようなタスクをどういった教育的支援のもとで行うか、つまりタスク負担について具体的に考えていくことが重要なポイントとなる。

　本章の最後のセクションでは、インプット・アウトプット・モデルを紹介した。

このモデルでは、インプットを起点として、インテイク、統合化へと発展し、アウトプットに至る習得過程を表している。その過程では、内的要因と外的要因が相互に影響し合いながら言語習得に関わっていることを示した。特に強調すべきは、インプット主体の学習形態のあり方であり、インプットとアウトプットが相互に循環した学習と教育の方法である。効果的な言語学習のためには、語彙の暗記や文法規則の理解と機械的な練習にとどまるのではなく、もっと多く"生きた英語インプット"に触れる機会を持ち、"意味あるアウトプット"を発していくことが何よりも重要となるだろう。

　第2言語習得のプロセスは、実にダイナミックで複雑である。それに応じて、我々の学び方や教え方も、多角的な面から考え展開されていかなければならない。本章で紹介したモデルは、どれも第2言語習得の重要な側面を扱っており、それぞれが相互補完的な関係にあると言えるだろう。これらのモデルを単なる学術的な理論としてだけ理解するのではなく、自らの学習や教育のあり方を振り返る糧として実践に生かしていっていただきたい。学習と教育の実践の中で、今の自分に何が足りないのか、何に偏りが生じてしまっているのか、何を改善する必要があるのか等、常に模索しながら一歩でも前進しようとしてこそ、初めて言語習得研究について学ぶ価値が生まれてくると言えよう。

Column 6

ネイティブ主義と英語学習

ネイティブ主義とは?

　第2言語学習者の多くは、母語話者（ネイティブ・スピーカー）のようになることを夢見ながら、日々学習に取り組んでいる。ネイティブと全く同等の能力とまではいかなくても、近ければ近いほどいいと考えている。学習者同士を比べて、よりネイティブっぽい方が「英語がうまい」と判断する傾向も強い。日本で売られている英語学習本のタイトルにも、どれだけ「ネイティブ」という言葉が氾濫していることか。英会話学校などでも、「ネイティブが指導する」といった謳い文句が商売道具にされているほどである。いかにネイティブという言葉が、日本人英語学習者の心をくすぐるかがうかがわれる。

　学習者のネイティブに対する思い入れは、時には憧れとして、また時には劣等感として現れる。いずれの場合も共通して言えるのは、ネイティブが"上"で、学習者は"下"といった根拠のない認識である。こういった思い込みが、ネイティブの前で英語を話すことをためらわせてしまったり、自分の英語を必要以上に卑下して萎縮してしまったりする原因になっていると考えられる。その奥底には、**ネイティブ主義（native speakerism）** と呼ばれるネイティブ至上主義の考え方が存在する。

ネイティブとは誰のことを指すか?

　ここで今一度"ネイティブ"とは誰のことを指すのかを考えてみたい。ネイティブの基本的な定義は、「その言葉を母語として学んだ人」である。だが、ここまで世界的に広まった英語の場合、ネイティブと言っても、その出身国や育った環境によって、ずいぶん違った英語を話していることがわかる。発音、アクセント、単語、表現、間の取り方に至るまで、実にまちまちである。英語のネ

イティブの代表格であるイギリス人やアメリカ人の間でさえも、互いの話す英語を必ずしも正しいとは思っていないこともある。また同じ国の中でも、方言によってその英語は変わってくるため、誰が正しい英語を使っているのか意見が食い違うこともある。その他、教育程度、社会階級、人種などによっても、使われている英語はだいぶ変わってくる。この場合、どの人を指して英語教育で理想とされるネイティブと捉えるのか。答えは思ったほど簡単ではない。また、何をもって誰の英語が"正しい"と判断するのか、実にあやふやなことも多い。

　そもそも二つの言語のネイティブ・スピーカーになるためには、小さい頃から両言語に囲まれて育つという環境にいなければならない。しかし、第2言語習得の場合、母語を身につけた後で次の言葉の習得に入るため、第2言語でネイティブになるということ自体、事実上不可能なことと言える。そういった観点から考えると、日本語を母語として育った日本人が、英語のネイティブになりたいと願うのは、「アヒルが白鳥になりたい」、あるいは「ミカンがリンゴになりたい」と言っているようなものである。我々が英語学習で必要としているのは、そんな非現実的で漠然とした理想論ではなく、もっと現実的で、意味ある、そして到達可能な目標であるはずである。

「良き英語の使い手」を目指して

　確かに、第2言語習得において、ネイティブはモデルとして重要な役割を果たすことは間違いない。しかし、ネイティブはあくまでも一つのモデルであり、学習者がそうならねばならないといった絶対的な姿などではない。いたずらにネイティブを絶対視したり、学習の成果を測る上での物差しにしたりしてしまうと、第2言語学習者は常にネイティブに劣った存在としてしか扱われなくなってしまうだろう。せっかく英語が上達したとしても、「まだネイティブじゃない」「しょせんネイティブには追いつけない」「ネイティブにはやっぱりかなわない」などと不当に自己評価をしてしまっては、卑屈な気持ちしか残らない。ネイティブ主義にこだわっている限り、いつまで経っても言語的劣等感を乗り越えることができず、本当の目指すべき目標も見えてこなくなってしまう。

　第2言語として英語を学んだ学習者は、立派な**第2言語の使い手（L2 user）**であり、**複数言語に通じた話者（multi-competent speaker）**という素晴らしい存在なのである。学習過程で考えるべきことは、自分がどこまでネイティブみたいになったかということではなく、自己の掲げ

る学習目的に応じた言語能力がどこまで身についたかということである。バイリンガルの日本人が、モノリンガルのアメリカ人のようになる必要は全くなく、何の劣等感も、また逆に優越感も持たなくていいのである。そういったことをしっかりと心にとどめて、グローバル化した社会の中で相応しい、自分らしい英語を伸ばす努力を続けていっていただきたい。

　こういった観点から日本の英語教育を改めて見てみると、その教育内容、教育方法、そして教育環境について考え直すべき点は多い。教育内容と方法に関しては、とかくネイティブの英語だけが正しいものと強調して、生徒たちにそれをマスターさせようと、解説や練習活動ばかりを繰り返してしまう傾向がある。しかし、それでは生徒たちの自尊心や有能感は一向に育たないし、いい第２言語の使い手を育てることはできない。文法、語彙、発音といった言葉の形式ばかりに目を奪われるのではなく、その伝える中身や伝える目的にもっと注目した教育のあり方を考えていかなければならないだろう。

　教育環境に関しては、生徒がネイティブ以外のお手本に触れる機会が少ないという問題がある。生徒のお手本となれるのは、ALTなどのネイティブ教員や教科書付属のCDなどに吹き込まれているネイティブ・スピーカーの音声だけではない。それと同じか、時にはそれ以上に重要となるのは、より身近にいるノン・ネイティブの日本人教員である。ネイティブは一つの"モデル"(model)として活躍してもらい、日本人教員は第２言語の使い手として"ロールモデル"(role model)の役割を果たすべきである。日本人教員が第２言語学習者として生徒にとっての良きロールモデルになっていけば、生徒たちがネイティブ主義に不必要に惑わされることはなくなるだろう。教師が楽しく英語を使おうとするコミュニケーション態度そのものが、生徒にとって最良の教育メッセージとなっていくだろう。

　これからの英語教育では、ぜひとも偏狭なネイティブ主義を取り払って、堂々と英語を使っていける「良き英語の使い手」を育てていきたいものである。

筆者のネイティブ主義に関する体験

これまでのコラムでも言及してきたが、筆者は大学4年次にアメリカに留学するまでは、日本国内で英語教育を受けて育った。中学、高校、大学を通じて、筆者にとってネイティブの英語力はまさに憧れであり、絶対的な目標であった。単語力、文法力、発音や話し方、どれをとってもネイティブのようになることが夢であった。当時、頭に思い描いていたネイティブ像は、ハリウッド映画で見るようなアメリカ人俳優であったり、または日本の大学で見かける快活で積極的なアメリカ人留学生たちであったりした。しかし、いくら努力しても、自分はネイティブとは何かが違い、どうしようもない苛立ちや無力感を抱いたものである。「どうしたらネイティブのように聞いたり話したりできるようになれるのか」「英語を使う際、なぜ必要以上に緊張したり萎縮したりしてしまうのか」ということをいつも気にしていた。

しかし、アメリカに留学して1年が過ぎた頃から、「ネイティブにはネイティブの良さがあり、自分にはネイティブとは違った自分らしい良さがある」ということに気づいたのである。ネイティブと一言で言っても、流暢な人から口下手な人、無駄口をたたく人、人の話をじっくりと聞く人、あまり聞かない人とさまざまである。一方、ノン・ネイティブの中にも、ネイティブの英語とは明らかに違えども、しっかりとした内容を話す人がいる。言葉はコミュニケーションの上で重要な手段であり、大切なのは対話者間で何が語られ、そこで何が伝えられるかということである。そうした本来のコミュニケーションの役割を考えたとき、ネイティブであれノン・ネイティブであれ、それぞれの人格を磨き鍛える努力が欠かせないはずである。流暢に喋れても相手の意見をしっかりと聞けなかったり、自分の考えを適当に伝えたりしているのでは、真のコミュニケーターとはいえない。筆者にとって、留学期間中はそういった英語学習の本来の意味と意義について根本的に見直す良い機会となった。

その後、大学院で学んだ「臨界期仮説」(第4章参照)は、自身の感じたことを理論的に裏づけてくれるものであった。ほとんどの第2言語学習者は、ネイティブと同レベルの言語能力に達することは難しく、表面上はネイティブのように振る舞っていたとしても、その持つ言葉の感覚や捉え方はネイティブとは違っていたりする。さらに、バイリンガリズムの研究で明らかにされてきたのは、バイリンガル(広い意味で二言語を使う人)は、単にモノリンガルの能力を二つ足し合わせたものではなく、バイリンガル特有の感性や感覚を備えた存在だということである。そのため、バイリンガルは、第2言語のみならず母語においても、他のネイティブとは違った考え方、発想、言語的感覚を持つことが普通である。こういった理論的な学習は、自分に大きな自信を与えてくれた。

筆者も、現在では英語を学び始めて30年以上が経ち、大学では15年以上にわたって英語教育に携わっているが、未だネイティブとは違う自分を発見する。もちろん、今でもネイティブから学ぶことは多いが、同時に、自分らしく英語を使うことに誇りを感じている。4技能を通じたコミュニケーションの中で何を理解し受け取り、何を考え発信していくのか。そして、そのために言葉をどう的確に使っていくべきなのか。それが毎日の課題であり挑戦である。ネイティブでないことに萎縮していても何も始まらないし、何も進まない。そのことを肝に銘じ、これからも謙虚かつ大胆に、日本語力、英語力の両方を使い伸ばし続けていきたいと思っている。

索 引

あ

曖昧さの許容性
(tolerance of ambiguity) …… 40
アウトプット仮説
(output hypothesis) …… 179
足場がけ（scaffolding） …… 150
誤り分析（Error Analysis） …… 98
暗示的学習（implicit learning） …… 208
暗示的知識（implicit knowledge） …… 208

い

意識高揚（consciousness-raising） …… 216
一語発話期（one-word stage） …… 22
一般的生得説（general nativism） …… 140
遺伝・環境論争
(nature-and-nurture debate) …… 127
意図読み（intention-reading） …… 141
「今、ここで」（here and now） …… 27
イマージョン教育
(immersion education) …… 172
意味ある練習
(meaningful practice) …… 214
意味交渉（negotiation of meaning） …… 180
意味的処理
(semantic processing) …… 73,181
インターフェースの立場
(interface positions) …… 208
インタラクション仮説
(interaction hypothesis) …… 179
インタラクティブ処理
(interactive processing) …… 38
インテイク（intake） …… 229
イントネーション
(intonation：高低・抑揚) …… 88
インプット（input） …… 137,229
インプット仮説（input hypothesis） …… 168

う

裏づけ記述・詳細説明
(supporting details) …… 119

お

オーディオリンガル・メソッド
(audiolingual method) …… 162
オフラインの学び（off-line learning） …… 56
オペラント条件づけ
(operant conditioning) …… 130
音声的感受性
(phonological sensitivity) …… 232
音節（シラブル／syllable） …… 89
音素（phoneme） …… 83
音読（oral reading） …… 121
オンラインの学び（on-line learning） …… 56

か

外国語（foreign language） …… 44
外国人言葉（foreigner talk） …… 183
外在化（externalization） …… 150
外発的動機づけ
(extrinsic motivation) …… 232

回避行動（avoidance）・・・・・・・・・・・・・・ 101
「書き手の立場に立って読み、読み手の気持ちに寄り添って書く」(Read like a writer. Write like a reader.) ・・・・・・・・・・・・・・ 158
学習（learning）・・・・・・・・・・・・・・・・・・・・・ 168
学習された注意効果
(learned attention effects) ・・・・・・・・ 235
学習者傾向（learner orientation）・・・・・ 218
学習方略（learning strategies）・・・・・・・ 218
確認チェック（confirmation check）・・・ 180
隠れた誤り（covert error）・・・・・・・・・・・ 110
加算的バイリンガリズム
(additive bilingualism) ・・・・・・・・・・・・ 173
過剰産出（overproduction）・・・・・・・・・・ 102
過剰般化（over-generalization）・・・・・・・ 19
化石化／定着化
(fossilization /stabilization) ・・・・・・・・ 178
仮説検証作用
(hypothesistesting function) ・・・・・・・ 181
過渡的な言語能力
(transitional competence) ・・・・・・・・ 116

き

記憶に基づく学習
(memory-based learning) ・・・・・・・・・ 223
機械的な練習
(mechanical practice) ・・・・・・・・・・・・ 214
記述文法（descriptive grammar）・・・・・ 236
規則に基づく学習
(rule-based learning) ・・・・・・・・・・・・・ 223
気づき（noticing）・・・・・・・・・・・・・・・・・・ 182
気づき促進作用（noticing function）・・ 181
教育用文法
(pedagogical grammar) ・・・・・・・・・・ 236

強形のインターフェースの立場
(strong interface position) ・・・・・・・・ 211
強形のTBLT
(strong version of TBLT) ・・・・・・・・・・ 194
教師言葉／ティーチャー・トーク
(teacher talk) ・・・・・・・・・・・・・・・・・・・ 183
教室指導（classroom instruction）・・・・・ 234
教授可能性仮説
(teachability hypothesis) ・・・・・・・・・・ 217
強制アウトプット（pushed output）・・・・ 180
共通語（lingua franca）・・・・・・・・・・・・・・ 44
協働学習（collaborative learning）・・・・・ 190
共同注意（joint attention）・・・・・・・・・・・ 143
共有基底言語能力
(common underlying proficiency) ・・・ 176

く

グローバル・コンプリヘンション
(global comprehension) ・・・・・・・・・・ 40

け

経験主義（empiricism）・・・・・・・・・・・・・・ 127
結果的動機づけ
(resultative motivation) ・・・・・・・・・・ 232
言語間影響
(crosslinguistic influence) ・・・・・・・・・ 80
言語間の誤り（interlingual errors）・・・ 93
言語習慣（verbal habit）・・・・・・・・・・・・・ 131
言語習得研究
(Language Acquisition Research) ・・・ 14
言語習得装置（Language Acquisition Device: LAD）・・・・・・・・・・・・・・・・・・・ 137
言語習得の論理的な問題（logical problem of language acquisition）・・・・・・・ 137

言語適性（language aptitude）……218, 232
言語的生得説（linguistic nativism）…… 140
言語転移（language transfer）……… 80
言語内の誤り（intralingual errors）…… 93
言語能力（linguistic competence）…… 59
言語不安（language anxiety）………… 232
減算的バイリンガリズム
（subtractive bilingualism）………… 173
顕著さ（saliency）……………………… 233

こ

語彙モードの学習
（lexical mode of learning）………… 223
構造言語学（structural linguistics）… 163
肯定証拠（positive evidence）……… 152
行動主義（behaviorism）……………… 128
項目学習（item learning）……………… 55
国際語（international language）……… 44
個人的特有方言
（idiosyncratic dialect）……………… 116
古典的条件づけ
（classical conditioning）…………… 130
コネクショニズム（connectionism）… 141
コミュニケーションしようとする意欲
（willingness to communicate）…… 232
コミュニケーション能力
（communicative competence）……… 59
コミュニケーション方略
（communication strategies）……… 101
コミュニケーション練習
（communicative practice）………… 214
コンテント・スキーマ
（content schema）…………………… 120

さ

最近接発達領域（Zone of Proximal Development：ZPD）………………… 150
再構築・再構成（restructuring）……… 230
作動記憶（working memory）……218, 232
サブマージョン（submersion）………… 173
産出能力（productive abilities）……… 237

し

子音（consonants）……………………… 84
刺激の貧困
（poverty of the stimulus）………… 137
刺激・反応・強化（stimulus-response-reinforcement）……………………… 131
自然習得順序仮説
（natural order hypothesis）……… 170
自然力を育むアプローチ
（nurture-the-nature approach）…… 179
自動化（automatization）……………… 212
自動化された知識
（automatized knowledge）………… 211
自動化促進作用
（automaticity function）…………… 181
社会文化理論
（sociocultural theory）……………… 147
弱形のインターフェースの立場
（weak interface position）………… 215
弱形のTBLT
（weak version of TBLT）…………… 194
シャドーイング（shadowing）………… 40
習慣形成（habit formation）………… 131
習得（acquisition）…………………… 168
習得・学習仮説
（acquisition-learning hypothesis）… 168

247

縮小方略（または減退方略、reduction strategies）······ 102
主語・述語構造（subject-predicate structure）······ 108
主語優勢言語（subject-prominent language）······ 108
主題文（thesis statement）······ 119
主題優勢言語（topic-prominent language）······ 108
受動的なリスニング（passive listening）······ 73
受容能力（receptive abilities）······ 237
情意（affect）······ 169
情意フィルター（affective filter）······ 169
情意フィルター仮説（affective-filter hypothesis）······ 169
情意要因（affective variables）······ 232
状況依存型（context-dependent）······ 27
状況独立型（context-independent）······ 27
詳細化（elaboration）······ 186
処理能力（processing capacity）······ 26
自律的学習者（autonomous learner）······ 196
心理言語的なレディネス（psycholinguistic readiness）······ 217
心理的類型（psychotypology）······ 82

す

スープラ・セグメンタル／プロソディ特徴（suprasegmental / prosodic features：超分節的／韻律的特徴）······ 83
スキーマ（schema）······ 120
スキル獲得理論（skill acquisition theory）······ 211

ストレス（stress）······ 88
ストレス・タイミングの言語（stress-timed language）······ 90

せ

生得主義（innatism / nativism）······ 128
正の強化（positive reinforcement）······ 131
正の転移（positive transfer）······ 80
セグメンタル特徴（segmental features：分節的特徴）······ 83
宣言的知識（declarative knowledge）······ 211
選択的注意（selective attention）······ 232

そ

相互交流主義（interactionism）······ 128
「そのとき、あの場所で」（there and then）······ 27

た

第1言語習得研究（First Language Acquisition Research）······ 14
体系学習（system learning）······ 55
体験的学習（experiential learning）······ 191
対照分析（Contrastive Analysis）······ 115
第2言語（second language）······ 44
第2言語習得研究（Second Language Acquisition Research）······ 14
第2言語の使い手（L2 user）······ 241
タスク（task）······ 191
タスク支援型教授法（Task-Supported Language Teaching: TSLT）······ 194

タスク中心言語教授法（Task-Based Language Teaching / Task-Based Instruction: TBLT / TBI）……… 191
タスク動機（task motivation）……… 196
タスク負担（task demand）……… 227
多聴（extensive listening / pleasure listening）……… 39
達成方略（achievement strategies）… 101
多読（extensive reading / pleasure reading）……… 120,172
単純化（simplification）……… 185
単母音（simple vowels）……… 84

ち

違いの気づき（noticing the gap）…… 182
中間言語（interlanguage）……… 70
沈黙期（silent period）……… 170

て

ディクテーション（dictation）……… 40
手続き化（proceduralization）……… 212
手続き的知識（procedural knowledge）……… 211
電報文発話期（telegraphic stage）…… 22

と

動機づけ（motivation）……… 232
道具的動機づけ（instrumental motivation）……… 232
統合化（integration）……… 229

統合的動機づけ（integrative motivation）……… 232
統語的処理（syntactic processing）……… 73,181
統制（regulation）……… 149
統制された知識（controlled knowledge）……… 220
統制されていない知識（non-controlled knowledge）……… 220
統制の次元（control dimension）……… 220
特殊生得説（specific nativism）……… 140
トップダウン処理（top-down processing）……… 38
トピック・コメント構造（topic-comment construction）……… 105
トピック・センテンス（topic sentence）……… 119

な

内在化（internalization）……… 149
内発的動機づけ（intrinsic motivation）……… 232
内部シラバス（built-in syllabus）…… 116
内容言語統合型学習（Content and Language Integrated Learning: CLIL）……… 195
内容語（content words）……… 26
内容重視言語教育（Content-Based Language Teaching / Content-Based Instruction:CBLT / CBI）……… 172
ナチュラル・アプローチ（Natural Approach）……… 171

に

二語発話期（two-word stage） ……… 22
二重母音（diphthongs） ……… 84
認知（cognition） ……… 169
認知要因（cognitive variables） ……… 232

ね

ネイティブ主義
（native speakerism） ……… 240

の

能動的なリスニング
（active listening） ……… 73
脳内辞書（mental dictionary） ……… 26

は

媒介／橋渡し（mediation） ……… 148
拍（モーラ／mora） ……… 89
白紙状態（tabula rasa, blank slate） ……… 130
パターン・プラクティス
（pattern practice） ……… 163
パターンを発見（pattern-finding） ……… 141
発達順序
（developmental sequence） ……… 30
発達上の誤り（developmental error） ……… 93
パラグラフ・ライティング
（paragraph writing） ……… 158
パラグラフ・リーディング
（paragraph reading） ……… 119

ひ

非インターフェースの立場
（non-interface position） ……… 208
否定証拠（negative evidence） ……… 152
独り言（private speech） ……… 150
敏感期（sensitive periods） ……… 140
頻度（frequency） ……… 233

ふ

フォーカス・オン・フォーム
（Focus on Form: FonF） ……… 195
4スクエア・ライティング
（Four Square Writing Method） ……… 158
フォーマル・スキーマ
（formal schema） ……… 120
複雑さ（complexity） ……… 233
複数言語に通じた話者
（multi-competent speaker） ……… 241
負の強化（negative reinforcement） ……… 131
負の転移（negative transfer） ……… 80
普遍文法（Universal Grammar: UG） ……… 137
プロセス・ライティング
（process writing） ……… 157
プロソディ（prosody） ……… 88
プロダクト・ライティング
（product writing） ……… 157
分析された知識
（analyzed knowledge） ……… 220
分析的学習（analytical learning） ……… 193
分析と統制の2次元モデル
（bi-dimensional model） ……… 220
分析の次元（analysis dimension） ……… 220
文法語・機能語（grammatical words／function words） ……… 26

文法的感受性
（grammatical sensitivity）………… 218,232
文法モードの学習
（grammatical mode of learning）…… 223
文法訳読法
（grammar-translation method）……… 163

ほ

母音（vowels）……………………………… 84
母語干渉による誤り
（interference error）…………………… 93
ボトムアップ処理
（bottom-up processing）………………… 38
ホロフラスティック発話期
（holophrastic stage）…………………… 24

み

未分析の知識
（non-analyzed knowledge）…………… 220

め

明確化要求（clarification request）…… 180
明示的学習（explicit learning）………… 208
明示的知識（explicit knowledge）……… 208
メタ言語的作用
（metalinguistic function）…………… 182
メタ言語能力
（metalinguistic abilities）………………… 25
メタ言語の知識
（metalinguistic knowledge）…………… 63

も

モーラ・タイミングの言語
（mora-timed language）………………… 90
モニター仮説（monitor hypothesis）… 169
モニター・モデル（Monitor Model）… 167
模倣（Imitation）………………………… 131

ゆ

誘発された誤り（induced error）……… 97

よ

養育者言葉（caretaker speech, baby
talk, child-directed speech）………… 142
用法基盤理論
（usage-based theory）………………… 141
四つのC（4Cs）………………………… 196

り

理解可能なアウトプット
（comprehensible output）…………… 180
理解可能なインプット
（comprehensible input）……………… 168
理解優先アプローチ（comprehension-
based approach）……………………… 171
リキャスト（recast）…………………… 145
リズム（rhythm）………………………… 88
理性主義（rationalism）……………… 127
臨界期仮説
（Critical Period Hypothesis）………… 138

れ

レベル別の読み物シリーズ
(graded readers) ……………… 172

I

$i+1$ ……………………………… 168

O

object-regulation：モノ統制 …………… 149
other-regulation：他者統制 ……………… 149

P

PPP（Presentation-Practice-
Production）……………………… 194

S

self-regulation：自己統制 ………………… 149

U

U字型発達曲線
(U-shaped learning curve) …………… 20

参考文献

Bialystok, E. (1988). Psycholinguistic dimensions of second language proficiency. In W. Rutherford & M. Sharwood Smith (Eds.), *Grammar and second language teaching* (pp.31-50). Rowley, Mass.: Newbury House.

Bialystok, E. (1994). Analysis and control in the development of second language proficiency. *Studies in Second Language Acquisition, 16*, 157-168.

Cazden, C.B. (1972). *Child language and education*. New York: Holt, Rinehart & Winston.

Celce-Murcia, M. (2010). *Teaching pronunciation: A course book and reference guide*. Cambridge: Cambridge University Press.

Cook, V. (1999). Going beyond the native speaker in language teaching. *TESOL Quarterly, 33*: 2, 185-209.

Cook, V. (2001). *Second language learning and language teaching*. London: Arnold.

Corder, S. P. (1967). The significance of learners' errors. *International Review of Applied Linguistics, 5*, 161-170.

DeKeyser, R. (2007). Study abroad as foreign language practice. In R. DeKeyser (Ed.), *Practicing in a second language: Perspectives from applied linguistics and cognitive psychology* (pp.208-226). New York: Cambridge University Press.

DeKeyser, R. (Ed.)(2007). *Practicing in a second language: Perspectives from applied linguistics and cognitive psychology*. Cambridge: Cambridge University Press.

Dulay, H., & Burt, M. (1972). Goofing: An indicator of children's second language learning strategies. *Language Learning, 22*, 235-252.

Dulay, H., & Burt, M. (1974), You can't learn without goofing: An analysis of children's second language "errors." In J. C. Richards (Ed.), *Error analysis: Perspectives on Second Language Acquisition* (pp. 95–123). London: Longman.

Ellis, N. C. (2002). Frequency effects in language acquisition: A review with implications for theories of implicit and explicit language acquisition. *Studies in Second Language Acquisition, 24*, 143-188.

Ellis, R. (1990). *Instructed second language acquisition*. Oxford: Blackwell.

Ellis, R. (2008). *The study of second language acquisition*. Oxford: Oxford University Press.

Ellis, R., & Shintani, N. (2014). *Exploring language pedagogy through second language acquisition research*. London and New York: Routledge.

Gass, S. (2013). *Second language acquisition: An Introductory course* (4th edition). New York: Routledge.

Gleason, J. Berko, & Ratner, Nan Bernstein (Eds.)(2009). *The development of language* (7th edition). Boston: Pearson/Allyn & Bacon.

Gould, J., Gould. E. J., & Burke, M. F. (2010). *Four square writing method for grades 7-9: A unique approach to teaching basic writing skills*. Dayton, OH: Teaching and Learning Company.

Hyland,K. (2002). *Teaching and researching writing*. Harlow, Essex: Pearson Education.

Izumi, S. (2013). Noticing and L2 development: Theoretical, empirical, and pedagogical issues. In J. M. Bergsleithner, S. N. Frota, & J. K. Yoshioka, (Eds.), *Noticing and second language acquisition: Studies in honor of Richard Schmidt* (pp. 25-38). Honolulu: University of Hawai'i, National Foreign Language Resource Center.

Kellerman, E. (1985). If at first you do succeed.... In S. Gass & C. Madden (Eds.), *Input in second language acquisition* (pp. 345-353). Boston, MA: Heinle and Heinle.

Krashen, S. (1982). *Principles and practice in second language acquisition*. Oxford: Pergamon.

Krashen, S., & Terrell, D. (1983). *The natural approach: Language acquisition in the classroom*. Hayward, CA: Alemany.
Levelt, W. (1989). *Speaking: From intention to articulation*. Cambridge, Mass.: The MIT Press.
Levelt, W. (1992). Accessing words in speech production: Stages, processes and representations. *Cognition, 42*: 1-22.
Lightbown, P. (2014). *Focus on content-based language teaching*. Oxford: Oxford University Press.
Lightbown, P., & Spada, N. (2013). *How languages are learned* (4th edition). Oxford: Oxford University Press.
Long, M. (1996). The role of the linguistic environment in second language acquisition. In W. Ritchie & T.K. Bhatia (Eds.), *Handbook of second language acquisition* (pp. 413-468). New York: Academic Press.
Long, M. (2007). *Problems in SLA*. Mahwah, NJ: Laurence Erlbaum.
Maynard, T., & Thomas, N. (2004). *An introduction to early childhood studies*. London: Sage Publications.
McNeill, D. (1966). Developmental psycholinguistics. In Smith, F. & Miller, G.A. (Eds.), *The genesis of language: A psycholinguistics approach* (pp.15-84). Cambridge, Mass: MIT Press.
Ortega, L. (2009). *Understanding second language acquisition*. London: Hodder Education.
O'Grady, W., & Dobrovolsky, M. (1992). *Contemporary linguistic analysis. An introduction*. Toronto: Copp Clark.
O'Grady, W., Archibald, J., & Katamba, F. (2011). *Contemporary linguistics: An introduction*. New York: Longman.
Richards, J. C., & Rodgers, T. S. (2001). *Approaches and methods in language teaching*. Cambridge: Cambridge University Press.
Richards, J.C., & Rodgers, T. (2014). *Approaches and methods in language teaching* (3rd edition). Cambridge: Cambridge University Press
Robinson, P. (Ed.)(2013). *The Routledge encyclopedia of second language acquisition*. New York: Routledge.
Rutherford, W. (1987). *Second language grammar: Learning and teaching*. New York: Longman.
Sasayama, S., & Izumi, S. (2012). Effects of task complexity and pre-task planning on Japanese EFL learners' oral production. In A. Shehadeh & C. A. Coombe (Eds.), *Task-based language teaching in foreign language contexts: Research and implementation* (pp. 23-42). Amsterdam: John Benjamins.
Saxton, M. (2010). *Child language: Acquisition and development*. London: Sage Publications.
Schachter, J. (1974). An error in error analysis. *Language Learning, 24*, 205-214.
VanPatten, B., & Williams, J. (Eds.)(2014). *Theories in second language acquisition: An introduction* (2nd edition). New York: Routledge.

伊東美津(2012)「英語学習者のエラーについて」『九州国際大学教養研究』第18巻第3号
池田真、渡部良典、和泉伸一(編)(2016)『CLIL(内容言語統合型学習):上智大学外国語教育の新たなる挑戦―第3巻 授業と教材』上智大学出版
和泉伸一(2009)『「フォーカス・オン・フォーム」を取り入れた新しい英語教育』大修館書店
和泉伸一(2013)「英語学習における「正確さ」と「流暢さ」の関係とは」『英語教育』October, Vol.62, No.7, pp.10-13
和泉伸一(2014)「ティーチャー・トークのすすめ:即興で対応できる英語力のトレーニング」『英語教育』Vol.63, No.8 (増刊号), pp.34-37

和泉伸一（2014）「SLAの視点から見た『定着』の意味」『英語教育』June, Vol.63, No.3, pp.10-12
和泉伸一（2016）『フォーカス・オン・フォームとCLILの英語授業』アルク
和泉伸一、池田真、渡部良典（編）（2012）『CLIL（内容言語統合型学習）：上智大学外国語教育の新たなる挑戦—第2巻 実践と応用』上智大学出版
市橋敬三（2000）『中学英語で言いたいことが24時間話せる! Part 1&2』南雲堂
卯城祐司（2011）『英語で英語を読む授業』研究社
卯城祐司、高梨庸雄（2000）『英語リーディング事典』研究社
太田洋（2012）『英語の授業が変わる50のポイント』光村図書
門田修平、玉井健（2004）『決定版 英語シャドーイング』コスモピア
門田修平、野呂忠司、氏木道人（編著）（2010）『英語リーディング指導ハンドブック』大修館書店
門田修平（2007）『シャドーイングと音読の科学』コスモピア
国広正雄、千田潤一（2000）『英会話・ぜったい・音読【標準編】』講談社インターナショナル
静哲人（2009）『英語授業の心・技・体』研究社
鈴木寿一、門田修平（2012）『英語音読指導ハンドブック—フォニックスからシャドーイングまで』大修館書店
高瀬敦子（2010）『英語多読・多聴指導マニュアル』大修館書店
中島和子（2016）『完全改訂版　バイリンガル教育の方法　12歳までに親と教師ができること』アルク
野中泉（2005）『英語舌のつくり方——じつはネイティブはこう発音していた!』研究社
深沢俊昭（2015）『改訂版　英語の発音パーフェクト学習事典』アルク
松村昌紀（2012）『タスクを活用した英語授業のデザイン』大修館書店
柳瀬和明（2007）『主語の設定で迷う学習者—「は」の処理に関する調査報告』ASTE 第148回例会
吉田研作、柳瀬和明（2003）『日本語を活かした英語授業のすすめ』大修館書店
渡部良典、池田真、和泉伸一（共著）（2011）『CLIL（内容言語統合型学習）：上智大学外国語教育の新たなる挑戦—第1巻 原理と方法』上智大学出版
和田玲（2009）『5STEPアクティブ・リーディング—単語・聴解・読解・音読・確認』アルク
和田玲（2010）『論理を読み解く英語リーディング』アルク

おわりに

　本書の主な部分は、筆者がニュージーランドのオークランド大学で客員研究員として在籍しているときに執筆した。ちょうどその最中に、ラグビーの2015年ワールドカップがイギリスで開催され、ニュージーランドのオールブラックス（All Blacks）が、前回大会に引き続き連続優勝を果たした。ラグビーW杯史上初の偉業達成である。筆者は、特に熱烈なラグビーファンというわけではないが、ラグビー王国ニュージーランドで、この熱気を味わうことができたのは幸運であった。特に感銘を受けたのは、オールブラックスのチームとしての完成度の高さと、選手たちの誠実さである。スポーツを超えた次元で、我々が彼らから教わることはとても多いと感じる。オールブラックスの強さの源泉は、ラグビーを心から楽しむことであるという。英語学習の秘訣を考える際も、全く同じことが言えるのではないだろうか。楽しみながら英語を学んでいく人こそ、努力し続け、上達し続けていく人だからである。

　このラグビーW杯では、日本チームも優勝候補であった南アフリカを相手に勝利し、日本では特に大きなニュースとして報道されたようである。その陰の立役者として活躍したのが、2012年から2015年にかけて日本チームのヘッド・コーチを務めたエディー・ジョーンズ（Eddie Jones）氏である。彼の卓越したスポーツ論やリーダーシップ論は日本でも注目され、これまで数々の名言を残してきた。

　ジョーンズ氏は、日本チームはもっと「遊び心」を持たなければならないと主張する。ジョーンズ氏曰く、日本では「ラグビーを愛する気持ちを忘れた人が多い。どうやれば監督に怒られないか、どうやったら監督に檄（げき）をとばされないで済むかと考えている。もっとゲームを愛さないと。ラグビーを愛さないといけない」「ゲームには常にカオス、混沌とした状態があります。それがスポーツというものなので、それに対して準備をすることが重要です。混沌とした状態に対して準備をすること。そして私たちコーチの仕事は、そのカオスからどう切り抜けるかを考え、その方法を選手にさしのべてやることなんです。」（「ジョーンズと権藤博との対談」日本経済新聞2014/3/4より）

　ジョーンズ氏の言葉は、英語学習と教育にもそのまま通じるのではな

いだろうか。日本人学習者は、その生真面目さゆえに、「遊び心」を忘れている人が多いようである。ひたすら練習問題と暗記作業に従事して、英語学習は「こうあらねばならない」といった固定観念からなかなか抜け出せないでいる。どうしたら間違わないか、どうすれば注意されないか。そんなことばかりを考えてしまい、いつの間にか、学習目的も学習意欲も失ってしまっていたりする。

　教師自身も、「こうあらねばならない」といった固定観念に縛られていることが多いようである。ラグビーのゲームで混沌とした状態が常であるように、コミュニケーションでも予測できないことだらけである。学んだダイアログと同じように会話が展開するとは限らないし、ドリル練習のように機械的に文法規則を当てはめて言葉を使って済むことは、実際のコミュニケーションではあり得ない。ラグビーで、不測の事態に対応できる選手を育成することが大切なように、やはり英語教育でも、臨機応変に対応できる"コミュニケーター"を育てていくことが不可欠なのではないだろうか。

　ジョーンズ氏は言う。「日本のラグビーで感じるのは完璧を追求しようとする選手が多いということです。完璧な試合というものはないんです、実際は。今、コーチとして教えているのもそういうことです。たとえばクギをとんかちで打つときに、とんかちをどう動かすかは関係なくて、とにかくクギが板に入っていけばいいわけです。とんかちがどうヒットするかは関係なくて、結果がすべてなんです。そしてそのやり方は自分で探すものなんです。とんかちをこういう風に使え、ああいう風に使えという決まったテクニックはないんです。やり方はいろいろあるんじゃないでしょうか。」（日本経済新聞2014/3/4より）

　「完璧を追求しようとする選手が多い」ということは、英語学習で言えば、言語使用の正確さや、"正しい理解"の追求、もしくは"ネイティブらしさ"へのこだわりといった形で表れるだろう。しかし、「完璧な試合」というものが存在しないように、「完璧な英語使用」や「完璧な英語話者」など存在しない。それをいたずらに追い求めることは、無駄なエネルギーを使うだけでなく、学習を滞らせてしまったり、学習努力

おわりに　257

を放棄させてしまったりすることにつながりかねない。

　スポーツの世界でも教育の世界でも、我々が本当に必要としているのは、知識の詰め込みや、表層的な技術の伝授ではなく、もっと根本的な次元での発想の転換ではないだろうか。そういった意味で、英語教育に突きつけられた課題は、これまでの英語学習と教育に関する固定観念を打ち破って成長していくという、大きく意義深い挑戦なのである。

　ジョーンズ氏は、「日本選手も内側には闘争心を秘めていると思う。ただそれを引き出すのに正しい環境を与えないとだめなんです」（日本経済新聞2014/3/4より）とも述べている。日本の英語教育でも、生徒のやる気のなさを嘆く前に、彼らの「闘争心」（やる気・向上心）と「潜在能力」（自ら学び取る力・意思疎通を通して人とつながっていく力）をどう引き出していけるかを考えていかなければならない。それこそ、英語教育の"コーチ"、また授業の"ヘッド・コーチ"としての大きな役割なのではないだろうか。そして、英語教育にとっての「正しい環境」とは、豊かなインプット、アウトプット、インタラクションがある授業の中に見出されるものであると信じている。読者がその方向性を確かめる上でも、本書がその一助となってくれればと願っている。

　本書を締めくくるに当たって、2015年のW杯を最後に引退した、オールブラックスのキャプテン、リッチー・マコウ（Richie McCaw）氏の言葉を引用したい。以下は、W杯優勝後に彼が言った言葉である。

　"Sometimes we think the end goal is the happy part. But it's doing the work along the way that you've got to enjoy and that makes the end part." (*New Zealand Herald* 11/1/2015)

　英語学習において確かな実力を養うことは、大切である。だが、その過程は長く、複雑であり、喜びと困難が共存したものでもある。だからこそ我々は、そんなプロセスを歩んでいく一歩一歩をもっと楽しんで進んでいかなければならないだろう。生徒も、教師も、共々に。

　Let's enjoy both the process and the product of learning and teaching English! It's all worth the effort! And it should be a lot of fun all along the way!

2016年10月
和泉　伸一

和泉 伸一(いずみ しんいち)

上智大学外国語学部英語学科・言語科学大学院教授(第二言語習得、英語教育学)。ジョージタウン大学博士課程修了。Ph.D.(応用言語学)。ハワイ大学、オークランド大学(ニュージーランド)、ウィラメット大学(アメリカ、オレゴン州)客員研究員等を経て現職。主な単著に『英語学習の「新常識」』(大修館書店)、『フォーカス・オン・フォームとCLILの英語授業:生徒の主体性を伸ばす授業の提案』(アルク)、『「フォーカス・オン・フォーム」を取り入れた新しい英語教育』(大修館書店)、共著に『実践例に学ぶ! CLILで広がる英語授業』(大修館書店)、『CLIL:内容言語統合型学習:上智大学外国語教育の新たなる挑戦』全3巻(上智大学出版)、『コミュニカティブな英語教育を考える:日本の教育現場に役立つ理論と実践』(アルク)、*Soft CLIL and English Language Teaching: Understanding Japanese Policy, Practice and Implications*(Routledge)などがある。他に、中学校検定英語教科書『New Horizon English Course』(東京書籍)編集代表委員、日本英語検定協会「研究助成制度」選考委員、東京都英語村(Tokyo Global Gateway)企画運営委員会副委員長、ベネッセ教育総合研究所 英語教育研究会(ARCLE)委員なども務める。

撮影:著者。本書執筆当時に滞在していたニュージーランド・オークランドにて。

アルク選書シリーズ
第2言語習得と母語習得から「言葉の学び」を考える

発行日	2016年11月15日（初版）
	2024年10月10日（第3刷）

著者	和泉伸一
編集	株式会社アルク 文教編集部、丹治亮子
英文校正	Peter Branscombe
写真	和泉伸一
デザイン	松本君子
DTP	株式会社創樹
印刷・製本	萩原印刷株式会社
発行者	天野智之
発行所	株式会社アルク

〒141-0001 東京都品川区北品川6-7-29 ガーデンシティ品川御殿山
Website : https://www.alc.co.jp/

地球人ネットワークを創る
アルクのシンボル
「地球人マーク」です。

落丁本、乱丁本は弊社にてお取り替えいたしております。
Webお問い合わせフォームにてご連絡ください。
https://www.alc.co.jp/inquiry/

本書の全部または一部の無断転載を禁じます。著作権法上で認められた場合を除いて、本書からのコピーを禁じます。
定価はカバーに表示してあります。
ご購入いただいた書籍の最新サポート情報は、以下の「製品サポート」ページでご提供いたします。
製品サポート : https://www.alc.co.jp/usersupport/

©2016 Shinichi Izumi / ALC PRESS INC.
Printed in Japan.
PC : 7016083
ISBN : 978-4-7574-2851-5